震災考

赤坂憲雄

2011.3-2014.2

藤原書店

はじめに

東日本大震災が起こってから、わたしはしばらく言葉というものを失っていた。語るべき言葉など、どこにもなかった。空っぽだった。一週間ほどしてようやくある覚悟を決めて語りはじめたが、幾度となく、あらゆる自分の言葉に日付けのタグを付けたいと思わずにはいられなかった。状況のめまぐるしい変転に翻弄され置き去りにされながら、いつだって言葉を探しあぐねていた。やっとのことで発した言葉が、活字になる頃には、すっかり色褪せ干からびていることに、しばしば打ちのめされた。活字メディアのなかの言葉はつねに、遅延という宿命《さだめ》を背負わされている。気付いていなかったわけではないが、痛みとともに思い知らされたのだった。

異様な日々があった。三・一一から二週間あまりあとに書いた論考は、編集部の忌避に遭った。正直に言えば、いまだに定かな理由はわからない。日本社会が喪に服しているときに、こんな悠長な論考を掲載すれば、非難を浴びるにちがいない、といったところであったか。数か月後に書いた新聞への寄稿は、掲載が二、三週間も引き延ばされた挙句、五行ほどが削られていた。境界をめぐる政治学が見え隠れしていた。ほかのある新聞では、ある何気ない言葉が忌まれたし、別のある業界紙では、ある一行をめぐって編集者から執拗に訂正を求められた。宗教の匂いのする雑誌のインタヴュー記事が、妙に誘導的に作られていて戸惑いを覚えたこともあった。わたしはそのつど、たいていは妥協した。じつのところ、それらの多くは、意外に思われるかもしれないが、わたし自身にとってはむしろ些末といっていい事柄だった。わたしがけっして妥協できないことは、ほかのところにあった。ただし、今回、この『震災考』を編むにあたって、可能なかぎり元の原稿のかたちに戻してあることをお断りしておく。

　いくつかの文章やインタヴュー記事は、予想をはるかに越えた応答を受けた。ほとんどは過剰反応めいたものだった。三・一一以後、われわれ日本人のなかでは、異質なるモノをやわらかく受けとめる心とからだの能力《ちから》が眼に見えて低下したのではないか、という印象を拭うことができない。未成熟ゆえにか、ネット社会はあらゆる場面で、敵か味方かを瞬時に識別して、いや、決めつけて、熱狂的に歓声をあげるか、攻撃を加える。微細な差異が極限にまで押し広げられて、「敵」がねつ造される。「祭り」が始まる。幾度となく、ささやかな規模ではあれ、そんな見えない暴力の奔流に引きずり込まれることになった。なす術はない。わたしにはそもそも、反論する回路がなかった。

　われわれはきっと、東日本大震災によって巨大な傷を精神のうえに負わされたのである。しかも、それはそれとして自覚されぬままに、放置されている。たとえば、もし、あの震災が地震と津波に留まり、福島第一原発の爆発・メルトダウンという事態を惹き起こしていなかったならば、それは「奇跡の復興」のドラマでありえたのかもしれない。あるいは、そのとき、もしアンシャンレジームの担い手たちが政治の中枢にいて、その責任が真っすぐに問われていたならば、震災後の風景はもっと鮮明に浮き彫りになっていたのかもしれない。不幸な偶然が重なってしまった。あらゆる責任は曖昧に宙吊りにされ、いまそれは、ひたすらなかったことにしておく方向へとなし崩しに誘導されているかに見える。この途方もないモラル・ハザードはおそらく、さらに巨大な傷と裂け目を社会にもたらすにちがいない、という予感がわたしにはある。しかし、それもまた、抑圧され、無意識の闇のなかに封じ込められるはずだ。思考停止の状態にあることが、きちんと自覚されずに、あくまで曖昧に忘却の政治学が深まろうとしている。

いま・ここが、厳粛な分岐点となるのかもしれないと思う。関東大震災(一九二三年)のあとの日本社会の大きな変容や瓦解のプロセスとの比較が、奇妙にリアリティを増している気がする。

一九二五年　治安維持法
一九二九年　世界恐慌
一九三一年　満州事変
一九三二年　五・一五事件
一九三三年　国際連盟脱退
一九三六年　二・二六事件
一九三七年　日中戦争始まる
一九四〇年　幻の東京オリンピック
一九四五年　太平洋戦争敗戦

ヘイト・スピーチ、特定秘密保護法、NSC、武器輸出、憲法改定、二〇二〇年東京オリンピック開催……、まるで戦前の歴史を辿り直そうとしているかに見える。白日夢を見せられているようにも感じられる。すでに、そこかしこで異端排除の動きが始まっている、そんな気配が感じられてならない。批判を許さない、大政翼賛会的な傾向が強まっていく。国家の責任が問われず、国民の責任ばかりが問われる時代が始まろうとしているのではないか。原発事故によって難民化した人々にたいして、自己責任(放射線量の自己管理)の名のもとでの帰還政策が強いられようとしている。それが棄民政策ではないことを、誰が保障してくれるというのか。チェルノブイリ事故から六年後に、ソ連という国家が瓦解したことは、たんなる偶然であったはずはない。

いずれであれ、この社会がすでに、「撤退」と「縮小」に向けて大きく舵を切ったことは否定しようがないことだ。三〇年後の、また五〇年後の日本社会の姿を思い描きながら、いま・ここでなすべきことを考えねばならない。そう、三・一一から遠からぬ日に建築家の安藤忠雄が発したメッセージを、わたしはけっして忘れない。過去に引きずられがちな民俗学者にとっては、もっとも隔絶した思考のありようであるが、民俗学が経世済民を初志として抱え込んでいるかぎり、わたしがその未来へのメッセージに呼応することにもまた、避けがたい必然があるにちがいない。

五〇年後には、日本社会は人口が八千万人台に減少し、その四五パーセントが高齢者であるという現実が、変更のきかぬ未来予想図として示されている。いかなる民族や国家も体験したことのない、それゆえに、未知の領域に属する問いが、そこには数も知れず埋め込まれている。とりわけ、東日本大震災の被災地となった地域は、時間が早回しされたかのように、三〇年後に訪れるはずであった超高齢化社会をいま・ここに手繰り寄せてしまった。復旧はありえない。右肩上がりの時代には自明に信じることができた、旧に復するシナリオはすっかり色褪せ、リアリティを喪失している。それだけが、眼を背けることを許されない現在の事実である。東北に、とりわけ福島に踏みとどまって生きるということは、まったく新しい暮らしや生業のかたちを前向きに創造してみせることなしには、不可能なのである。二〇一一年の三陸や福島は、一九九五年の神戸からははるかに隔絶した、いわば次元を異にする時代のなかへと漂流を強いられている。どれだけ時間がかかっても、東北はしたたかに・しなやかに、みずからの未来を草の根の力で創造してゆくしかない。その覚悟だけは、いま・ここで固めるしかない。

これは、生存を賭けた、新たな自由民権運動である。三〇年後へ、さらには五〇年後へと差し向けられるべき想像力を鍛えながら、いま・ここに生きて在ること。縮小と撤退のシナリオを、あくまで前向きに受け入れること。やわらかく壊れること。弱者を基点として社会の全体をデザインすること。なんと、生存の技法として学ぶべきことがたくさんあることか。かくして、いま、三・一一以後がくっきりと像を結びはじめている。

震災考　2011.3-2014.2　目次

2011年

2012年

2013年

震災考

2011.3-2014.2

〈編集部付記〉

二〇一一年三月から二〇一四年二月までに発表された著者の原稿を、原則として時系列で配列した。但し、脱稿日・刊行日など、配列の基準は原稿によって異なる。

写真は全て著者撮影。

2011年

2011.4.22　南相馬市

東北の民俗知、今こそ復権

『読売新聞』3月23日

東京にいた。揺れた。何か、巨大なできごとが、どこかで起こっているのかもしれない、そんな不吉な予感がよぎった。それから数時間もせずに、駅前の群衆のなかで、どす黒い津波に舐め尽されてゆく家や田んぼや道の映像を見た。それは始まっていたのである。

次々と、残酷な現実がむきだしに顕われてくる。その海辺の村や町をくりかえし歩いたことがある。聞き書きもした。どこにも、津波の恐怖の記憶が刻まれていた。自然がときに与える試練のような地震や津波に、いかに立ち向かうか。東北にはどこよりも、そのための知恵や技が豊かに蓄積されてきた。見上げるような堤防が築かれたが、この大津波はそれすら越えて、村や町を呑み込んだ。

しだいに、被災地の消息が明らかになる。「壊滅」という言葉が踊る。やっとのことで生き延びた人々のあくまで静謐な語りに触れる。けっしてパニックなど起こらない。東北の人々は黙って、何もかも引き受ける。どれほど寸断されても、コミュニティが生きている。東北の村々は地震や津波、冷害やケガチ（飢饉）によってくりかえし壊滅しながら、あらたに村を起こし、さまざまな縁によって結ばれたコミュニティを再興してきたのである。東北はやさしく、寡黙で、禁欲的だ。その東北が、日本が厳しく試されている。

めまぐるしく場面が転換する。津波から原発へ。言葉を失っていた。やがて、いくつもの問いがあふれ出す。なぜ、またしても東北なのか。なぜ原発なのか。なぜ、東京の「負」を東北が背負わされるのか。それが現在の事実か、それが構造か。東北が依然として強いられている辺境としての役割と、それはまったく無縁といえるのか。

巨大なできごとが起こっている。東北は変わる。日本も大きく変わる。どのように変わるのかを語ることはむずかしいが、変わらざるをえない。わたしたちは幸か不幸か、きっと、この地球の未来図を先取りするように、いま・ここに生かされているのである。

いまこそ東北ルネサンスについて語らねばならない。ここでの復興とはしかし、元に復することではない。未知なる地平へと踏み出すことだ。たとえば、東北から、新たな人と自然を繋ぐ世界観を創ることだ。そのためにこそ、人としての身の丈に合った暮らしの知恵や技を、民俗知として復権させねばならない。人智が制御しえぬものに未来を託すことはできない。

やがて東北学の第二楽章が幕を開ける。方位は定まった。将来に向けて、広範な記憶の場を組織することにしよう。途方に暮れているわけにはいかない。見届けること。記憶すること。記録に留めること。すべてを次代へと語り継ぐために、希望を紡ぐために。

静かに覚悟を固めよう。それぞれの胸のうちで。歩み出さねばならない。

広やかな記憶の場を

『日本経済新聞』3月29日

大正九（一九二〇）年の八月のことだ。柳田国男は仙台を起点にして、野蒜《のびる》・女川・石巻から気仙沼・釜石・大槌・吉里吉里・山田・宮古・田老、そして小子内・八戸へと、徒歩や船でたどる旅をしている。まさに、このたびの大震災によって壊滅的な被害を受けた、三陸海岸の村や町を歩いたのである。海沿いを行く道はなく、むろん鉄道もなかった。

その折りに書き継がれた紀行が、「豆手帖から」と題して残されている。名所旧跡はあえて外した。暮らしのなかに息づく民俗知を掘り起こすための旅だった。気仙沼湾に浮かぶ大島では、村長にオシラサマやザシキワラシについて尋ねて、一蹴された。柳田はメモに、「蒼生《そうせい》を問わずして鬼神を問われたることを、非常に憤る心持が見える」と書いた（高柳俊郎『柳田国男の遠野紀行』）。蒼生とは人民や民衆を指す。いわば、民衆の暮らしや生業を問わずに、小さな家の神々について問いかけるなど、何の役にも立たない好事家的な関心にすぎない、相手をしている暇はない、そう、村長はまっとうにも考えたのだ。柳田はそれにたいして、憤然として一喝したという。民俗知の掘り起こしこそが、経世済民に繋がると信じられていた。

その前日には、島の対岸の唐桑半島に発動機船で渡っている。半島の突端に近い崎浜に泊まったらしい。「社参、好風景」とメモに見える。御崎神社に参詣して、その風光明媚を楽しんだのである。同時に、柳田はどこの浜でも、老人たちが語る「無細工なる海嘯史論」（「豆手帖から」）に耳を傾けている。ここで、「二十五箇年後」というエッセイが書かれた。

その冒頭には、唐桑浜のある集落では「家の数が四十戸足らずの中、只の一戸だけ残って他は悉くあの海嘯で潰れた」とある。この二五年ほど前、明治二十九（一八九六）年の六月、旧暦の五月節句の夜に起こった「三陸大津波」にかかわる、ささやかな聞き書きだった。その残った家でも、津波は床の上に四尺上がり、さっと引いて、浮くほどの物はすべて持って行ってしまった。八歳の男の子が亡くなった。この話をした女性は、津波のときには十四歳であったが、高潮の力に押し回され、柱と蚕棚のあいだに挟まって、動けずにいるうちに水が引いて助かった。その晩は、三百束ほどの薪を焚いた。海上にまで流され、この光を目当てに泳いで帰った者も大分あった、という。

柳田の旅から九〇年あまりが過ぎた。唐桑半島の村々はまたしても、巨大な津波に襲われることになった。あるブログに出会った。そこには、この半島に生きてきた人々が取り交わす、安否情報や消息を求める声があふれていて、胸を衝かれた。途方もない出来事が起こってしまったのだ。おそらく、その全貌を知ることはだれにもできない。マス・メディアにはむろん、その細部を伝えたり、記録することはできない。しかし、どうやらわたしたちの時代は、まったく別種の記憶／記録のメディアを手に入れたらしい。

柳田は書いていた。大津波についての文字なき記録は、「話になるような話」だけが繰り返され、濃厚に語り継がれているうちに、しだいに減少してゆく。ほかの数も知れぬ大切な死者たちの記憶は、肉親のなかだけに残り、やがて忘却される。文明年間の大津波は、いまでは完全なる伝説であり、金石文などの遺物はひとつもない。そして、明治二十九年の大津波の記念塔は村ごとにあるが、その碑文は漢語で書かれており、もはやその前に立つ人はいない、と。

いまはまだ、あまりに多くの悲惨が転がっている。九〇年も前に書かれた紀行文など読んでいる余裕は、だれにもない。それでも、何とかこれからの礎石を築くために働き始めたい。わたしは民俗学に連なる者のひとりとして、何をなしうるのか。広範に、記憶の場を組織しなければならない、と思う。無数の記憶を集積するデジタル・ミュージアムのようなものが構想されるのかもしれない。それはたとえば、「東日本大震災の記憶」と呼ばれる、だれもが参加できる記憶／記録の広場といったものだ。

二五年の後に、この大震災はどのように語り継がれているのか。広やかに組織される記憶の場こそが、やがて鎮魂の碑となり、未来へと架け渡される希望の礎となるだろう。息の長い戦いが、いま始まろうとしている。

大震災のあとに東北がはじまりの地となる

『g²』vol. 7、講談社、4月15日発行

そのとき、わたしは東京の自宅に近い国分寺にいた。駅ビルの三階の喫茶室で、産経新聞の記者Sさんから岡本太郎についての取材を受けていた。大きく揺れた。店内はいくらか騒然となった。コーヒーが皿からテーブルにこぼれた。やがて、緊急の放送が入り、駅ビルから出るように促された。誘導されて、ほかの客たちといっしょに非常階段を降りていった。駅前には、静かな群衆がいて、ひそひそと言葉を交わし、黙って空を仰いでいた。そのとき、わたしはふっと、どこか遠くの町ではSF映画のような、あるいは見たことのない悪夢のような光景が、すでに始まっているのかもしれない、と思った。わたしはそれを口にして、あわてて心のなかで打ち消した。

余震らしき揺れがくりかえしやって来た。携帯は通じない。携帯メールも使えない。街路には人があふれていたが、車は何もなかったように行き交っている。とりあえず別の喫茶店に入った。インタヴューは続いたが、何度も中断した。そこではじめて、若い男が掌に転がしていた携帯電話の向こうから聞こえてくるニュースの声によって、東北で大きな地震が起こったらしいことを知った。しかし、携帯の小

さな画面を覗き込んでも、映像はぼやけているし、声も聞き取りにくい。何が起こっているのか、よくわからない。Sさんは都内に戻らねばならない。

とにかく駅の改札に行ってみることにした。やはり、中央線は動いていない。西武線もだめだ。バスもタクシーも無理だろう。改札を閉鎖する、通路からも立ち去るように、と駅の放送がくりかえしている。気がつくと、改札の手前にテレビが吊り下げられていた。人が群がり眺めていた。音声はない。空から撮った映像だ。何か、巨大な怪物の黒ずんだ舌のようなものが、見る見る田んぼや住宅地や道路を舐め尽くしてゆく。仙台市若林区という。たぶん車で走ったことがあるあたりだ。海が近い。頭をよぎったSF映画とも悪夢ともつかぬ光景が、まさに現実と化しているのだった。

急いで自宅に戻った。Sさんはわたしの車で都内へと向かった。

＊　＊　＊

しばらくは思考が麻痺していたらしい。失語症のように言葉がなかった。まともな精神状態ではないことに、気づかずにいた。いまも、どこかまともではない。わたしはただ、テレビ画面やネットのなかをうろうろと徘徊していたのだった。いくつかの新聞社から連絡があり、原稿を依頼された。しかし、まるで書ける気がしない。いくつかは曖昧に断わり、ひとつだけ締め切りを決めずに引き受けた。その原稿はちょうど七日目に脱稿し、新聞社にメールで送った。掲載日はわからない。

ためらいがあった。わたしは実は、いろいろな事情があって、一九年間勤めてきた大学を辞めている。元旦に出した辞表が受理された。ずっと東北学の拠点としてきた大学を離れたのである。これからは東京を含めて、会津／福島県立博物館、遠野／遠野文化研究センター、肘折／湯治文化研究所といった複数の活動拠点を繋ぎながら、あらためて東北学をめぐる知のネットワークを再構築することになる。その端境期にあって、ひとつひとつ将来への準備を進めてきた。そこに大震災が勃発したのである。思い描いてきたビジョンが変更を余儀なくされるのは、むろん避けがたい。

巨大な津波が、東北の太平洋岸の村や町を次々と呑み込んでゆくのを、ただ声もなく、呆然と眺めていることしかできなかった。八戸市、宮古市、山田町、大槌町、釜石市、大船渡市、陸前高田市、気仙沼市、南三陸町、石巻市、東松島市、相馬市、南相馬市、いわき市……、そのほとんどは、聞き書きや取材のために訪れたことのある土地だ。見知った人たちも少なからずいる。その村や町が大津波に呑み込まれて、「壊滅状態」にあるという。数万の命が失われたことが、いつしか予測として語られるようになる。

海辺の村や町をくりかえし訪ねた。海沿いの道を車で走った。海のほとりの旅館や河口近くのホテルに泊まった。地震に遭遇したこともある。とりわけ三陸海岸の村々には、そこかしこに津波の恐怖の記憶が生々しく残されていた。いくつもの声が重奏する。そんな折りの記憶のかけらが、不意に、生々しく甦る。削りかけの調査で訪ねた岬の神社では、宮司さんから祭りの話を聞かせてもらった。静かで美しい湾の奥まったあたりで、牡蠣の養殖について熱く語る人の言葉に、耳を傾けた。地続きの島の先端には、縄文の遺跡があり、考古資料館があった。河口には、明治期の築港の跡がわずかに残っていた。白砂の浜辺には、子どもたちや若者の姿があり、いつでも穏やかで気持ちのいい時間が流れていた。おそらく、別の河口に近く、屋根を葺くためのヨシの原っぱが一面に広がっており、案内してもらった。

そのすべてが津波に舐め尽くされたにちがいない。どこも、あまりに海が近い。逃れようがない。

しだいに、断片的な情報が伝わってくる。仙台の知り合いの編集者とは、翌日に偶然のように携帯が繋がって、無事であることだけは確認していた。住まいのマンションは半壊の状態だ。事務所のあるマンションも傾いて、余震が怖いから、みなで車に泊まっている、という。その二日後の携帯電話では、すでに切迫していた。避難所にも食料がない。ガソリンがない。大きな余震がいつ来るかわからない。結局、この編集者グループは、東京から救援物資を運んでいった仲間の車で山形へと一時的に避難し、再建へと動き出している。

かれらの事務所は仙台駅から一キロほどの距離にあるが、駅裏にあたり、海に近い側だ。反対側の、いわば山の手の市街地とは、どうやら様子がまるで異なるらしい。仙台はこの大震災では、まさしく海側／山側において明暗を分けたのかもしれない。どこの地点から報告がなされているかに、眼を凝らす必要がある。福島県の相馬に実家のある友人からは、六五戸のムラで生き残ったのはわずかに、いくらか高台になっている丘のうえの五戸にすぎず、実家は幸運にもそのなかの一戸だった、という。当然とはいえ、津波の被害は海に近い、低い側に集中しているのである。

石巻に実家がある教え子からは、八日目になって携帯メールが届いた。やっと石巻に行くことができたらしい。家族はみな無事だった。避難所に入ったが、ボケが入っている祖母がまわりに迷惑をかけたようで、自宅に戻っていた。一階は水に浸かり泥まみれだが、二階は大丈夫だった。治安が悪くなっていて、少しでも家を離れると壊されたり、盗まれたりするので、離れられない、という。ライフラインはまったくだめで、電話も繋がらない。避難所に並べばお握りをひとつもらえる。そんなことが淡々と書かれてあった。

気がつくと、場面はすっかり転換していた。地震や津波から、原発へ。

ゆるやかに言葉が回復してくる。まるで、やっとのことで生き延びた人々のかぎりなく静謐な語りに触れて、癒され、励まされたかのように。それが東北だ。東北人はたしかに、言葉少なく、禁欲的なのである。黙って、すべてを宿命のように受け入れ、耐えようとする。どれほど寸断されても、そこにはコミュニティが生きている。相互扶助の精神がともあれ生き残っている。思えば、東北の村々は地震や津波ばかりではなく、台風や水上がり、地滑り、冷害やケガチ(飢饉)によってくりかえし壊滅状態に追い込まれながら、そのたびに、よそから人を呼び寄せ、あらたに村を立て直し、さまざまな縁によって結ばれたコミュニティを再興してきたのではなかったか。福島の、わたしの父の故郷の村にも、そんな歴史が埋もれていると聞いたことがあった。

＊　＊　＊

その東北がいま、はるかに厳しい試練の場に曳き出されようとしている。大自然がときに与える試練のような地震や津波に、いかに立ち向かうか。東北にはどこよりも、そのための知恵や技が豊かに蓄積されてきたにちがいない。しかし、周到に築かれてきたはずの見上げるような防潮堤すら、マグニチュード九・〇の巨大地震と、それが惹き起こした大津波によってあっけなく決壊した。またしても東北は巨大な犠牲を強いられることになった。

しかし想定外という、専門知がもてあそぶ言い訳は、いかにも虚しい。そこに、まったく人間の側の奢りはなかったのか。たとえば、自然の猛威に対抗するために高々と堤防を築くといった、どこか近代工学的な発想ではなく、もっとやわらかく身を避ける方法があったのかもしれない。不便ではあっても少しだけ高台に集落をいとなむ、といったことだ。乱暴な議論であることは承知している。当然だが、だれかを責めているわけでもない。あの大津波が尋常なレヴェルではなかったことも確実だ。それにもかかわらず、わたしたちはきっと根底からの発想の転換を求められているのだ、という予感だけは拭うことがむずかしい。

そして、福島第一原子力発電所では、あってはならぬ事故が起こってしまった。震災の勃発から一〇日目にして、いまだ原発事故の収束する地点は見えていない。ここでも、専門知は飽かずくりかえし、想定外という言い訳をもてあそんでみせた。もはや騙されるわけにはいかない。飽き飽きだ。わたしたちの眼前にむきだしになったのは、原子力というものが人智によっては制御しがたい荒ぶる力であるという、否定しようもないシンプルな現実であったからだ。核兵器はいらない、核弾頭を積まぬミサイルすら必要ではない。すでに現実と化しているように、もし見えないサイバー・テロに狙われ突破されたら、それだけで今回のような原発事故が惹き起こされるだろう。たぶん、そんなものはそれこそ想定外の情景にすぎないとしても……。だが、きっかけが何であれ、この荒ぶる力がひとたび荒れ狂いはじめたときには、途方もない犠牲によって贖うことなしに鎮めることができないのだということを、わたしたちは身をもって思い知らされた。日本人だけではない、世界中の数十億の人々が、同時進行のドラマとしてそれを目撃したのである。

チェルノブイリ、スリーマイル島から、フクシマへ。あるいは、ヒロシマ・ナガサキから、フクシマへと、イメージの軌道が曳かれたのかもしれない。たとえ、どれほど不吉な予感であるとしても、その覚悟だけは固めておかねばなるまい。世界の人々がそうして福島／フクシマの名を記憶に留めたことだけは、もはや確実なのだから。わたしたちに可能なのはただ、徹底して事故の情報を公開して、開かれた検証作業をおこない、深い思索と反省のうえに立って、このフクシマから世界史そのものを変容させてゆくことだ。フクシマ／福島が、そして東北が、ひたすら受け身に忌みモノとなることだけは、けっして許してはならない。

＊　＊　＊

もはや忍耐や禁欲は、少しも美徳ではない。それは宿命でもない。まさしく人災である。人災であるからには、黙って耐えることは、次の人災を呼び込むことにもなり、逆にまた、許されないことだ。東北はいかにも過酷にすぎる試練を課せられたのである。

いくつもの問いがあふれ出す。なぜ、またしても東北なのか。なぜ原発だったのか。それはたんなる偶然か。いや、違う。なぜ、東京の「負」を東北が背負わされるのか、と問いかけてみればいい。それが現在の事実か、構造か。それが、東北が依然として強いられている辺境としての役割と無縁であるとは、少なくともわたしには思えない。

それにしても、いま・ここで起こっているのは、たんなる地震や津波や、原発すらもはるかに超えた、巨大な何かだ、という謂れのない確信がある。何か途方もなく巨大なできごとが起こっている。わたしたちはきっと、世界がこれから体験しようとしていることを、幸か不幸か、生身をもって先取りするように生かされているのである。かつて、ヒロシマ・ナガサキの地で原爆の災禍に遭い、いままたフクシマの地で原発の恐怖にさらされることになった。あるいは、それこそが世界史的な運命なのかもしれない。

東北は変わる。日本も大きく変わる。いま・ここで、どのように変わるのかを語ることはむずかしいが、変わらざるをえないことだけは、否定しようがない。だから、いま・ここから始まる復興とは、たんに元に復すること、ひとたび壊れたものをまた整った形に戻すことではありえない。求められているのは、未知なる地平へと踏み出すことだ。東北の思想を創らねばならない。たとえば、東北から、あらたな人と自然を繋ぐ世界観を探り求めてゆくことだ。見上げるような堤防を築いても、大津波はそれを乗り越えてきた。まさか五〇メートルの高さの堤防を、万里の長城のように海岸沿いに築くことはできないだろう。原発事故の一部始終を目撃してしまったわたしたちは、原子力という、どう足掻いても人智が完璧には制御することのかなわぬ荒ぶる力に、未来を託すことはできない。

フクシマ／福島、そして東北から、新たな世界観を創るために働くことにしよう。そのためにこそ、人としての身の丈に合った暮らしの知恵や技を、民俗知として復権させねばならない、と思う。東北学のあらたなステージが見えてきた。方位は定まったようだ。将来に向けて、広範な記憶の場を組織しなければならない。見届けること。記憶すること。記録に留めること。すべてを次代へと語り継ぐために。禍々しい災厄の記憶を、やがて希望への種子へと転換させるために。

東北ルネサンスがほんとうに始まる。ひそかに覚悟を固めた人々の群れが、やがて姿を現わす。わたしもその知の戦列に加わることにしよう。

東北はいま、はじまりの土地となった。

海のかなたより訪れしもの、汝の名は

『群像』5月号、講談社（5月1日発行）、3月29日脱稿

チュラカサの伝統

やはり東北は沖縄に似ている、と思う。

岡本太郎がその『沖縄文化論』のなかで、「ちゅらかさの伝統」について書いていたことを思い出す。太郎は沖縄に烈しく恋をしたが、そのまなざしは恋情に曇らされていない。よく沖縄の深いところに届いている。沖縄の人々の、「あのやわらかい表情、運命的力に対して恭順に、無抵抗に見える態度」の底には、チュラカサの伝統があるのではないか、と太郎はいう。それはいわば、災厄を慇懃にあつかって外へと送り出してしまう、じつに辛抱強い護身術である。

沖縄にはかつて、「美瘡《ちゅらかさ》」という、疱瘡（天然痘）を指す言葉があった。どうして瘡が美しいのか。人間が自然の気まぐれな猛威にたいしてひたすら無力であった時代には、災禍をもたらす力は「凶なる神聖」として祀りあげられた。それは「幸いなる神聖」と表裏なすものだった。幸いはそのままに災いに

転じ、災いはつねに幸いと隣り合わせに見いだされた。そこには転換の回路があった。かつてマルセル・モースから学んだ、聖なるものの弁証法についての理解が沈められている。太郎は書いている、「強烈に反撥し、対決してうち勝つなんていう危険な方法よりも、うやまい、奉り、巧みに価値転換して敬遠して行く」ことこそが、「無防備な生活者の知恵」であり、チュラカサの伝統であった、と。

ところで、そこに、太郎には珍しく引用がなされている。折口信夫の名前が見える。出典は明らかにされていないが、どうやら「民族史観における他界観念」(『折口信夫全集』第二十巻)の「海彼の猛獣」と題された一節からの引用である。以下に、原典から引いてみる。

海の彼岸から来るものは、病ひと謂へども、——病気として偉力あるだけに——一往は讃め迎へ、快く送り出す習しになつてゐたのである。流行病の神も亦、常に他界から来るものと思うてゐる為にする作法であり、神を褒めると共に、災浅く退散してくれることを祈るのである。此は心理が二様に働いてゐる様だが、古代日本以来、他界の訪客に対する態度は、いつもかうした重複した心理に基いてゐた。(略)だから美ら瘡《チュ》の名は、単なる反語でなく、讃美の意のある所が訣る。海の彼岸より遠来するものは、必善美なるものとして受け容れるのが、大なり小なり、我々に持ち伝へた信じ方であつた。

ときに海のかなたの他界より訪れ来たるモノには、抗っても抗いきれない、神秘な力が宿っていると信じられた。だから、それが神であれ猛き獣であれ、とりあえずは敬いとともに迎え、丁重に処遇し、災いを少しでもやわらげ、こころよく他界へと送り返すことを選んだのである。疱瘡の神をチュラカサと呼んで、ほめ称えたのはむろん、そうした引き裂かれた心理のメカニズムに拠っている。しかも、これらの他界から来訪するモノたちには、共同体に堆積するケガレ=穢れを外部へと祓い棄てるという役割が、ひそかに託されていたのである。

それにしても、南の沖縄と対をなすように、太郎は北の東北にも恋をしたが、チュラカサの伝統はその東北人の精神にも宿っているのかもしれない、と思う。東北の人々にもまた、「あのやわらかい表情、運命的力に対して恭順に、無抵抗に見える態度」がしばしば見て取れるが、やはりその底には、もうひとつのチュラカサの伝統があるのではないか。この東日本大震災に遭遇して、東北人がくりかえし示した、いかなる不幸にも取り乱すことなくじっと耐え抜いている姿や表情のなかには、そうした精神のありようが感じられてならない。

太郎はチュラカサの伝統に触れた章のはじまりに、こんなふうに書いていた。

島には、ひろい世界への夢がある。それは伝統だ。すべてよいもの、驚きは晴ればれとひらけた海の彼方から送られてくる。水平線の向う、見えないひろがりに神秘と超現実の天地がある。神話はそれをギライカナイとよんだ。

だが恩恵ばかりではない。恐怖、災いも外から来る。台風、悪疫、外敵……。吉にせよ、凶にせよ、運命は波のうねりとともにこの小さな世界に迫ってくる。島のよろこびと悲しみの間には、いつでも海の水がひたひたと押しよせていた。

これらの南の島の人々にはしかし、島国根性といった狭さは感じられず、むしろ、大陸的と言いたいような伸びやかさがある、そう、太郎はいう。ひるがえって、東北人はどうか。その北の風土はたしかに、明るい解放感や伸びやかさには欠けるかもしれない。光がちがう。空気の密度や肌合いがちがう。そこにも海のかなたの他界への信仰はあるが、南の島人たちがかぎりない懐かしさや憧憬とともに語り継いできたニライカナイほどには、たぶん濃密なものではない。ここは島ではない。島チャビ、つまり孤島苦とは無縁だ。海はつねに、山を背負わされている。山の影がいくらか重く射しかかる。いずれであれ、東北のチュラカサの伝統はきっと、はるかに寡黙であり、沈んだ色調に包まれているにちがいない。

沖縄に似ている、しかし、やはり東北は東北であり、沖縄は沖縄だ。ともに、辺境として背負わされてきたものに呻吟している。抜け出さねばならない。負の衣を脱ぎ捨てねばならない。足掻く。チュラカサの知恵に学び直さねばならない。

ゴジラからナウシカへ

二〇一一年三月十一日午後二時四六分、東日本大震災が起こった。あらかじめ書いておく。その日からずっと、わたしは呆けたようにテレビの前に座っていた。思い出したように、パソコンを覗いては、うろうろと何かを探し廻った。何を探していたのか、よくわからない。きっと、どこかに答が転がっているると、信じていたわけでもない。そもそも言葉がなかった。だから、人からそれを「沈黙」と評されたときには、狼狽した。ひそかな恐怖に駆られた。

ちょうど七日目になって、やっとのことで短い文章を書いた（——それは三月二十三日付けの『読売新聞』に掲載された。本書所収）。言葉が戻ってきた。いくらか人心地がついた。しかし、すでにひとつの確信がしっかり棲みついていた。もはや同じ場所には戻れない。同じ言葉を弄ぶことはできない。これ以降、わたしはいつだって、この言葉を失っていた日々を起点としてモノを書くことになるだろう、と。

さて、折口が「海彼の猛獣」について思索を巡らしていたのは、昭和二十七（一九五二）年である。その二年後の秋に、映画『ゴジラ』が封切りになっている。この前年の九月に亡くなった折口は、それゆえ、ゴジラという名の「海彼の猛獣」との邂逅を果たすことはなかった。折口にはほかのどの民俗学者よりも、『ゴジラ』について真っ直ぐに語る資格があったか、と思う。ゴジラこそが真正のマレビトではなかったか。そして、折口がまさしく、最晩年に心血を注いで探究したのが「民族史観における他界観念」というテーマであってみれば、それもたんなる妄想ではあるまい。『ゴジラ』という映画には、わたしたちの他界観のみならず、神々への信仰、災厄や犠牲にまつわる観念といったものが、凝縮して見いだされるのである。

すでに二〇年あまりも前になるが、『ゴジラ』については論じたことがある。「ゴジラは、なぜ皇居を踏めないか」（『物語からの風』五柳書院所収）というエッセイが、それだ。わたしは映画の『ゴジラ』と三島由紀夫の小説『英霊の聲』とを重ねあわせにして、『ゴジラ』の深層に沈められている、南の海に散っていった若き兵士たちの彷徨する霊魂の群れと、ただの人間《ひと》に戻った天皇とが遠く対峙しあう光景を浮き彫りにしたのだった。それがエッセイの前半に当たる。いま、わたしはいくらか異なった視座から『ゴジラ』を眺めようとしている。ここでは、「災厄と犠牲のはざまに」と題されたエッセイの後半を手がかりとする。

映画のチラシには、「放射能を吐く大怪獣の暴威は日本全土を恐怖のドン底に叩き込んだ！」と見える。この映画がなにより、そのわずか半年前に日本人みなを震撼させた、南太平洋のビキニ諸島沖でのアメリカの水爆実験と、第五福竜丸の被爆と乗組員の死というできごとを背景として、その生々しい余韻のなかで制作されたであろうことを、まず確認しておかねばならない。そして、昭和二十（一九四五）年夏の、広島と長崎への原爆投下からも、いまだ九年の歳月しか過ぎ去っていなかったのである。海底深くの異界に棲息していたゴジラは、水爆実験によってはるかな太古からの眠りを破られ、日本列島へと来襲することになる。ゴジラは二百万年前のジュラ紀の恐竜ではなく、あらゆる物を灼き尽くす放射能を吐く近代の大怪獣なのである。

はじめにゴジラが来襲するのは、大戸島という絶海の孤島である。伊豆諸島か、小笠原諸島といったあたりか。島の神社では、夜を徹して厄払いの神楽が催されている。語り部の老人が、こんなゴジラ伝説をよそ者の新聞記者に語って聞かせる。海には呉爾羅《ごじら》という恐ろしい怪物がいて、海のものを喰らい尽くすと、陸に上がって、ときには人間まで喰らう、昔は、長く時化《しけ》が続くと、若い娘を生け贄にして遠い沖へと流した、そのときの由来譚にもとづく神楽が、いまは厄払いの神事としておこなわれている、と。島人たちはもはや、そんな伝説を信じてはいない。ともあれ、そこには呉爾羅という名のフォークロアの海の神にまつわる、かすかな記憶が語られていた。善悪未分の、祀れば鎮まり／祀らねば祟るプリミティヴな神の面影が射している。海それ自体が帯びている、幸い／災いをともにもたらす両義的な荒ぶる力が、呉爾羅というフォークロアの神に託され、形象化されていたといってもいい。
そこに、あらたな刺戟が附加される。戦争と原爆（または水爆）。折口が「海彼の猛獣」と呼んだものは、いま、思いも寄らぬ変容（メタモルフォーゼ）を遂げることになる。南太平洋の海と島々が、世界大戦の酸鼻な戦場となって、数も知れぬ若き兵士たちがいたずらに死んでいったことを想い起こさねばならない。折口が愛した藤井春洋という青年もまた、思えば、そのひとりだった。海底数千メートルの竜宮のようでもある異界と、そこにひっそり棲息していた呉爾羅という名の海の神は、いつしかまるで異なったイメージの磁場に曳き出されている。そこは若き霊魂の群れが行き場もなくさまよう他界、あの世へと姿を変じてしまう。他界に生きるモノは、「元は人間であつても、常の姿は人ではない。異類・動物の姿に変じてゐるものと考へられてゐた」（「民族史観における他界観念」）という。この他界はやがて、アメリカによる水爆実験の現場とされることによって、さらなる変容を強いられる。呉爾羅／死せる日本兵たちはいま、したたかに放射能を浴びて、グロテスクな怪獣・ゴジラへとメタモルフォーゼを遂げるのである。

この日本をめぐる海には、なほ血が経めぐつてゐる。かつて無数の若者の流した血が海の潮の核心をなしてゐる。それを見たことがあるか。月夜の海上に、われらはありありと見る。徒《あだ》に流された血がそのとき黒潮を血の色に変へ、赤い潮は唸り、喚《おら》び、猛き獣のごとくこの小さい島国のまはりを彷徨し、悲しげに吼える姿を。

（三島由紀夫『英霊の聲』）

海のかなたより訪れ来たる「猛き獣」としてのゴジラは、大戸島を踏み荒らしたあとで、ついに東京湾へと姿を現わす。ゴジラはたしかに、皇居のまわりを恨めしげに迂回しながら、戦災から復興して間もない東京の街を破壊し尽くして、また東京湾から太平洋へと去ってゆくだろう。竹槍や猟銃はむろんのこと、自衛隊とその戦車や重火器もまた、ゴジラの荒ぶる力にたいしては、ひたすらに無力だった。人々はなす術もなく、ただ、それを暴風雨か大地震のような、自然がときにもたらす災厄としてやり過ごすことしかできない。国会議事堂はひと捻りに壊される。慌てふためき、「特設災害対策本部」が設けられる。ゴジラの来襲はまさに、避けがたい天変地異のごとき災厄だったのである。

ゴジラは海という自然の荒ぶる力の結晶であった。大海嘯の具象化と言えないこともない。同時に、近代科学とそのテクノロジーの所産である原子（または水素）爆弾の、たとえば異形の落とし児でもあった。それを、映画のなかの日本人たちは、どうやら巨大な災厄として体験しているのだ。わたしは二一年前にこう書いていた、すなわち、「それは今村昌平監督の『黒い雨』で、人びとが原爆という、戦争の所産であり帰結であるはずのおぞましい現実を、ほとんど自然災害か何かのように黙々と受容している姿と、奇妙なまでに一致している気がする」（「ゴジラは、なぜ皇居を踏めないか」）と。

そして、犠牲というテーマが浮上してくる。大戸島ではかつて、呉爾羅の怒りを鎮めるために、若い娘が生け贄として捧げられたと語り継がれていた。いま、東京に来襲したゴジラという災厄を祓い棄てるために、ひとりの化学者・芹沢が登場してくる。戦争によって癒しがたい傷を負い、隠棲の境涯を選んでいた男だった。その芹沢が、あらゆる生物を殺し、液化してしまうオキシジェント・デストロイヤーという薬品（いわば、原爆を超える最終兵器か……）を、ひそかに発明していたのである。この薬品によって、ゴジラはひとたび退治され、災厄は去る。芹沢もまた、そのとき、まるで人間魚雷か特攻隊のように、みずからの命をゴジラへの贖いに捧げる。犠牲のテーマがここに反復されていたことに、あらためて注意を促しておく。

東日本大震災が地震・津波から、原発へと大きく場面を変換させてゆくなかで、わたしは『ゴジラ』を久し振りに観たのだった。それから、『風の谷のナウシカ』を観た。そうして、二つの映画がひそかに共振しあっていることに気づかされた。宮崎駿監督が『風の谷のナウシカ』の制作にあたって、『ゴジラ』を意識していたかどうか、といったことには関心がない。似ていると言いたいわけでは、そもそもない。『風の谷のナウシカ』はあきらかに、きわめて複雑にして繊細な、まさしく近代のかなたを幻視するようなビジョンや世界観に支えられており、あくまで近代という枠組みのなかに閉じ込められている『ゴジラ』と同列に論じることはできない。

それにもかかわらず、災厄と犠牲をめぐるテーマにおいて共振しあっている、と感じる。風の谷の人々にとっては、押し寄せてくる王蟲の大群はまさに大海嘯であり、抵抗しようもない自然の災厄そのものではなかったか。王蟲の怒りは大地の怒りと信じられていたのである。「火の七日間」と呼ばれる戦争によって、巨大文明は崩壊し、荒れ果てた大地にはどこまでも有毒の瘴気を発する腐海の森が広がっていた。すべては人間自身が惹き起こしたことだった。しかし、風の谷の人々はそれを災厄として引き受けることしかできないだろう。かれらは腐海とともに生きることを願う、風の民なのである。風の力がかれらの暮らしを支えている。チュラカサの知恵である。

『風の谷のナウシカ』もまた、犠牲のテーマによって幕が引かれる。ここで、王蟲／大海嘯というカタストロフィーに瀕した世界を救うのは、むろんナウシカという少女である。ナウシカが身をもって、その自己犠牲において、王蟲の怒りを鎮め、風の谷を守ったのである。その前段には、生ける最終兵器としての巨神兵の吐く劫火によって、王蟲を攻撃する場面が見える。むろん失敗に終わる。『ゴジラ』の最終兵器であったオキシジェント・デストロイヤーとは異なり、巨神兵（という名の、ゴジラのように放射能の火を吐く怪物）によっては、王蟲という災厄を祓い棄てることができなかった、ということだ。『ゴジラ』において、その身を犠牲に捧げた化学者・芹沢は、どこか戦争責任を引きずっているかのような暗い屈折を感じさせた。原爆を創った科学者たちと相似形だ、といってもいい。ナウシカもまた、地下室で腐海の謎を解くための実験を続けていたが、その姿はむしろ中世の錬金術師にも似て、哲学的な風貌を漂わせている。そして、ナウシカはただ、青き衣の救済者の伝説に憑依するように、生け贄としての役割を真っ直ぐに引き受けるのである。

いわば、『ゴジラ』の戦略は、近代によって近代の毒を制することだった。近代科学とそのテクノロジーへの絶対的な信仰がいまだ、おおらかに生きていたのである。『風の谷のナウシカ』はまさに、そうした信仰の肥大化と暴走の果てのカタストロフィーとしての「火の七日間」の後に、それでも生き永らえてゆく人々を主人公とした物語世界だった。王蟲や腐海といった、人智によっては制御しがたい広大な不可知の領域が存在することは、もはや人類にとっては生存の条件にして理由でもある。『風の谷のナウシカ』では、遠く打ち棄てられてきたはずのフォークロアや伝説の力が復権させられている。一九八〇年代には、それがどこか儚く感傷的なエコロジーへの夢のように感じられた。あえて隠す必要はあるまい。世界はいま、ようやく『風の谷のナウシカ』に追いついたのだ、と思う。

南の島からの言伝て

民俗知が秘める可能性について考えてみたい、と思った。しかし、たとえば地震や津波にかかわる民俗知の掘り起こしなど、たやすい仕事ではないことは、すぐに明らかになった。民俗学の周辺には、あまりにその蓄積が少ない。柳田国男の監修になる『綜合日本民俗語彙』をひも解いても、たったひとつ、「ツナミグサ　海嘯草。岩手県九戸郡で、たむかしよもぎのこと。明治二十九年（一八九六）の大海嘯のときから繁茂し始めたからという」とあるばかりで、とっかかりにもならない。こんなときに頼りになるのは、またしても柳田国男であるとは、情けない気もするが、仕方がない。

柳田の「物言ふ魚」（『一目小僧その他』）という論考には、南の島の津波伝承に触れた一節があって、とりあえずの手がかり程度にはなる。そこには二つの津波伝承が紹介されている。そのひとつは、佐喜真興英の『南島説話』（『女人政治考・霊の島々　佐喜真興英全集』）に収められているものだ。中頭郡美里村大字古謝に伝わる口碑である。原典に戻って、「怪魚の話」と題された伝承をそのままに引いてみる。

「怪魚の話」

昔、美里間切古謝村にひとりの塩焚があつた。或る日海に出て海水を汲んで居ると、一尾の魚が浮きつ沈みつして居る。彼は何気なく此を捕へて帰り、ザルに入れて軒にかけて置いた。すると不思議なことにはそのザルの中から、微かに「一波寄するか、二波寄するか、三波寄するか」と云ふ声が聞えて来る。塩焚は不思議に思ひ中をのぞいて見たが、さきに捕つた魚で外に何もない。彼は益々怪しく思ひ、こんな魚を食つては大変だと考へ、此を放してやらうと思つて内を出た。然るに彼は途中で知人なる一人の無頼漢に出会した。何処へ行くのかと聞かれたので、件の話をすつかりしてやつた。男は聞いて手をたゝいて笑つた。「馬鹿なそんな馬鹿なことがあるものか、棄てる位ならその魚を私に下さい」と云つた。塩焚はそれではと云つて、その魚をやつて帰つた。此の男は甘い御馳走にありついたといそと内に帰り、料理して食べようとした。丁度その時、忽ち大津波がやつて来た。近隣の人畜を残らず悉く押し流してしまつた。

柳田自身はこれについて、物言う霊魚を害しようとした者が大津波によって罰せられ/その命を助けた者が生き残った、というところに焦点を絞り込んだ。すなわち、「小賢しく且つ不注意なる者は災ひを受けて死に、愚直にして霊威を畏るゝ者が助かつてその見聞を述べたといふのは、昔話の最も普通の、しかも由緒ある一つの様式であつた」という。そこに説話モチーフとして、「物言ふ魚」が絡みつく。柳田にとっては、津波はあくまで副次的なモチーフに留まったのである。

たとえば、これを津波伝承として読みほどくことは可能か。――ある日、塩焼きの男が一尾の魚を捕まえる。その魚が浮きつ沈みつしていたのは、あるいは津波の先触れであったのかもしれない。地震や津波の前兆のように起こる異常な自然現象についての、民俗知のかけらであったか。軒に吊るした笊のなかで、この魚は不思議なことに、「一波寄するか、二波寄するか、三波寄するか」とかすかな声を発する。まさに津波を招き寄せるための呪文である。口誦のなかの「序数発想」に触れていたのは、『言霊の民俗』の野本寛一であったが、「一波寄するか、二波寄するか、三波寄するか」としだいに津波の来襲が切迫してくるあたりは、呪《まじない》の詞章そのものであった。塩焼きはそこに怪異な気配を感じ取って、魚を食べずに海に放すことにする。ところが、途中で出会った無頼漢の男は、それを馬鹿にして笑い、譲り受ける。怪異なものにたいする、あるいは、自然が送ってよこす災厄の前兆への感受性が弱かったのである。そして、この男がまさしく魚を料理して食べようとした瞬間に、大津波がやって来て、近隣の人や家畜をみな押し流した、と語られている。

いまひとつは、寛延元（一七四八）年に編纂された『宮古島旧史』から採られた津波伝承である。「宮古旧記」（稲村賢敷『宮古島旧記並史歌集解』所収）に収められた「伊良部下地といふ村洪濤にひかれし事」であるが、ここでは柳田自身が書き取ったらしい原文を引くことにする。細部に異同が少なからずあるとはいえ、稲村賢敷が『宮古島旧記並史歌集解』に収めたものと同一の伝承である。

> 「伊良部下地といふ村洪濤にひかれし事」
> むかし昔伊良部島の内、下地《しもぢ》といふ村ありけり。ある男漁に出でゝヨナタマといふ魚を釣る、この魚は人面魚体にしてよくものいふ魚となり。漁師思ふやう、かゝる珍しきものなれば、明日いづれも参会して賞翫せんとて、炭を起こしあぶりこにのせて乾かしけり。その夜人静まりて後、隣家に或童子俄かに啼きをらび、伊良部村へいなんといふ。夜中なればその母いろこれをすかせども止まず。泣き叫ぶことといよ切なり。母もすべきやうなく、子を抱きて外へ出でたれば、母にひしと抱きつきわなゝきふるふ。母も怪異の思ひをなすところに、遙かに声を揚げて（沖の方より？）
> ヨナタマ、何とて遅く帰るぞ

といふ。隣家に乾かされしヨナタマの曰く、われ今あら炭の上に載せられ炙り乾かさるゝこと半夜に及べり、早く犀《さい》をやりて迎へさせよと。こゝに母子は身の毛よだつて、急ぎ伊良部村にかへる。人々あやしみて、何とて夜深く来ると問ふ。母しかじかと答へて、翌朝下地村へ立ちかへりしに、村中残らず洗ひ尽されて失せたり。今に至りてその村の形跡はあれども村立はなくなりけり。かの母子はいかなる隠徳ありけるにや。かゝる急難を奇特にのがれしこそめづらしけれ。

たしかに津波伝承というには、いささか心もとない。柳田はこれらを「物言ふ魚」という説話モチーフの、沖縄における類例として取り上げているのであり、偶然のように災厄が津波であったということにすぎない。とはいえ、ここでも読み替えはできるはずだ。

この伊良部島の伝承においては、漁師が釣り上げた魚はヨナタマと呼ばれる、人面・魚体にして「物言ふ魚」であった。漁師はこの珍奇な魚を、明日になったら人を集めてみなで喰らい味わうことにしようと考える。この魚については、柳田が周到にも注釈を施していた。ヨナ（イナ・ウナ）とは、いまも各地で使われている海を意味する古語であり、ウミという語の子音転換であろう、という。つまり、ヨナタマとは「海霊、即ち国魂郡魂と同様に海の神」であり、この海の神を知らずして焼いて喰おうとしたがゆえに、「村を挙げて海嘯の罰を受けた」という語りだったことになる。

そこに、母と子が登場してくる。隣りの家の童子がにわかに泣き騒いで、下地村から伊良部村へ帰ろう、という。たぶん、そこに母の実家がある。泣きやまぬ子どもはあきらかに、神霊の世界からのシグナルを受け取っている。危難が訪れようとしていることを予知している。外に出ると、母もまた、さすがに怪異の思いに打たれる。そのとき、はるか沖合いのほうからは、「ヨナタマ、何とて遅く帰るぞ」という声が聴こえてくる。帰還を促す呼びかけだ。海の神の眷属が交わす交信といったところか。すると、炭火に炙られていたヨナタマはただちに、みずからの危難を知らせ、「早く犀をやりて迎へさせよ」と応答するのである。ここで、「犀」が何を意味するのかは、とりあえず不明であるが、それが大津波を呼び寄せるための、またしても呪文であったことは想定して誤りではあるまい。海の神の母と子であったか。

わたしはふと、『風の谷のナウシカ』の最後のシーン、傷つけられ青い血を流す王蟲の子を救済するために、怒りに駆られて押し寄せてくる王蟲の大群を思い出す。大海嘯のような、その凄まじい情景に、あらためて心を揺さぶられる。『風の谷のナウシカ』は意識することなしに、南の島のヨナタマの神話的な物語のあとを辿っていたのではなかったか。

ともあれ、下地村は大津波によって、跡形もなく呑み込まれてしまう。怪異なるものにやわらかく開かれた、信仰に篤い母と子だけが、命永らえて、この津波伝承を語り継ぐことになったのである。柳田はさりげなく、この津波に呑まれて消滅した下地には、いまはすでにまた村ができている、と書き添えていた。伊良部島ばかりではない。南の島々に、「古くからの災害として、いはゆるシガリナミ（海嘯）の記憶の最も印象強く残つてゐる」のは、たしかに自然なことではあった。「宮古島記事」（前掲『宮古島旧記並史歌集解』所収）には、「多良間島立始めのはなし」と題して、こんな伝承が収録されている。

上古に伊地の按司という人と妹ふなさりやという二人が仲筋村長底原という所へ行って畠仕事をしていると突然南の方から大津波が押寄せてきて見る間に村も家も波に打ち流されてしまいました。両人は是を見て高嶺という所に這い上り兄妹の命を助け給へと天に祈誓していたが島中総てのものが引き流された後に兄妹だけが不思議に命を助かったので、両人夫婦の縁を結び子孫繁栄して島立の神となったと伝えている。

沖縄の島立てや村立ての伝承のなかには、こうした大津波の難を逃れて生き延びた兄と妹が結婚して、子孫をもうけ、共同体の基礎を創ったという神話語りがしばしば見いだされる。津波の来襲によって、世界がひとたび死に絶え、生まれ清まわりへと向かう。共同体の死と再生という神話的なモチーフにとっては、大海嘯というテーマほど、劇的な道具立ては存在しないのかもしれない。しかも、たんに神話語りには留まらず、実際に起こった大津波の記憶が伝説や昔話となって語り継がれているといった事例もまた、少なくはない。

たとえば、そのひとつの例が、野本寛一の「災害の伝承と民俗」(『日本の民俗学4　環境の民俗』所収)という論考のなかに見えている。石垣島の白保に住む仲島タマさん(大正五年生まれ)が語った、白保の波照間御嶽の由来譚である。この御嶽は、明和大津波(一七七一年)のあとに、白保村再建のために強制移住を命じられた波照間島民が、郷土の阿底《アスク》御嶽の神を分祀したものだった。白保村は大津波によって、一五七〇人の人口のうち一五四六人を失い、わずかな村人しか残らなかった。そこで、波照間島からの四一八人の強制移住者を加えて、村の再建を図った、という(牧野清『八重山のお嶽』)。

「白保の波照間御嶽の由来」

昔、多宇家の先祖が魚獲りに出かけ、沖で人魚を捕獲した。頭が人で体が魚だった。人魚は人の言葉で次のように語った。「いまに津波が起こって白保の人びとは皆死んでしまうが、あなたが、もし私を助けてくれたなら、津波の時にあなただけを助けてあげましょう」――そこで多宇は人魚を助けてムラに帰り、そのことをムラびとたちに話したところムラびとたちから「お前はムラにそむく者だ」と言われ、ムラから追放された。多宇は仕方なく、北方で、土地の高いブーヌー（大野）というところに移った。やがて白保海岸では、急に驚くほど潮が退き、海底が姿を現わし始めた。そこでムラびとたちはこぞって海に出て夢中になって貝や魚を獲り続けた。そこへ大津波が襲いかかったのでムラびとたちは皆波に呑まれ、帰った者はなかった。千人墓はその時の墓である。波照間御嶽は人が絶えてしまった白保に、波照間島からやってきた人びとが祭った御嶽である。

多宇は生き残った一族の務めとして、あらたな村立て神話の語り部となったのであろうか。多宇が沖で人魚を捕まえる。ここでは人魚と名指されているが、伊良部島の伝承と同じように、人面にして魚体といい、「物言ふ魚」の面影を曳いている。人魚が人の言葉で訴える、やがて津波がやって来て、白保の人々はみな死んでしまうが、わたしを助けてくれたら、あなただけは助けましょう、と。海の神の眷属たちが、呪いの詞章をもって交信するといった姿は、もはや見られない。すでに村立て神話は、十分に昔話と化しているのである。このあとの展開がなかなかに興味深い。多宇は村人たちに事情を告げ知らせるが、なぜか「ムラにそむく者」として追放されてしまう。仕方なく、村の北方にある高台の広々とした荒れ野に移り住むのである。やがて、人魚が予告した通りに、大津波が来襲して、白保村は壊滅へと追い込まれる。多宇家の人々は、あらたにやって来た波照間島の人々とともに村を再建する。御嶽は波照間島から分祀・勧請したために、波照間御嶽と呼ばれている、という。二百数十年も前に起こった大津波の記憶が、こうして御嶽の由来伝承となって語り継がれてきたことになる。

ところで、野本はこの伝承のなかから、いくつかのメッセージを民俗知として浮かび上がらせようとしていた。野本によれば、この伝承の核には、「津波の起こる直前には潮位に異常が起き、極端に潮が退く。これが津波の予兆・警告になる。そんな時は、いくら獲物がとれても絶対に海に近づいてはいけない。逆に、多宇のように高い所へ逃げなければならない」というメッセージがある、地域共同体のなかに受け継がれてきた、先人たちの遺言的な警告であった、という。白保の人々は、この伝承を語るたびに津波にたいする心構えを再認していたにちがいない。

記憶の場と民俗知をもとめて

そういえば、『遠野物語』には、ひとつだけ、しかし珠玉の掌編小説といった趣きがある津波伝承が収められている。第九九話である。明治二十九（一八九六）年六月十五日、旧暦の五月節句の夜に、三陸海岸の村や町は大津波に襲われ、甚大な被害を受けた。岩手だけで一万八千人を越える死者を出している。船越村字田ノ浜（現・山田町）は戸数一三八戸のうち、遠く離れた高台の九戸を除き、低地にあった一二九戸すべてが流失・全滅した、死者は四八三人であった、という（『注釈遠野物語』による）。遠野から田ノ浜へ婿に行った男が、この大津波から一年ほど過ぎて体験した事実譚である。男はそれを、「現在の事実」として、また「目前の出来事」として物語りしたにちがいない。

『遠野物語』第九九話

土淵村の助役北川清といふ人の家は字火石《ひいし》にあり。代々の山臥《やまぶし》にて祖父は正福院といひ、学者にて著作多く、村のために尽くしたる人なり。清の弟に福二といふ人は海岸の田の浜へ婿に行きたるが、先年の大海嘯《おほつなみ》に遭ひて妻と子とを失ひ、生き残りたる二人の子と共に元の屋敷の地に小屋を掛けて一年ばかりありき。夏の初めの月夜に便所に起き出でしが、遠く離れたる所にありて行く道も浪の打つ渚なり。霧の布《し》きたる夜なりしが、その霧の中より男女二人の者の近よるを見れば、女はまさしく亡くなりしわが妻なり。思はずその跡をつけて、はるばると船越村の方へ行く崎の洞ある所まで追ひ行き、名を呼びたるに、振り返りてにこと笑ひたり。男はと見ればこれも同じ里の者にて海嘯の難に死せし者なり。自分が婿に入りし以前に互ひに深く心を通はせたりと聞きし男なり。今はこの人と夫婦になりてありといふに、子供は可愛くはないのかといへば、女は少しく顔の色を変へて泣きたり。死したる人と物言ふとは思はれずして、悲しく情なくなりたれば足元を見てありし間に、男女は再び足早にそこを立ち退きて、小浦へ行く道の山陰を廻り見えずなりたり。追ひかけて見たりしがふと死したる者なりと心付き、夜明まで道中《みちなか》に立ちて考へ、朝になりて帰りたり。その後久しく煩ひたりといへり。

大津波によって妻と子を失った男が、生き残った二人の子どもとともに、元の屋敷地に小屋を掛けて暮らしていた。夏のはじめの月の夜に、波に洗われる渚で、亡くなった妻との思いもかけぬ邂逅を果たす。浮遊する魂がこちらに還ってくるお盆の季節、この世とあの世を分かつ渚という境の地。フォークロアとしての道具立ては揃いすぎている。字数にして、わずか六百字にも満たぬ掌編であるが、その描き出す物語世界の味わいはとびっきりに深く、豊饒であり、せつない。『遠野物語』のなかでも、傑作のひとつに数えられるはずだ。この小さな物語によって、明治二十九年の「三陸大津波」はくりかえし記憶を蘇らせる。物語は記憶のたいせつな媒体《メディア》である。

きっと、この東日本大震災の瓦礫の下からも、たくさんの小さな記憶を宿した「現在の事実」や「目前の出来事」としての物語が誕生してくるにちがいない。耳を澄まし、魂を揺らしながら、ひとつでも多くのそうした物語を聞き取り、記録に留めねばならない、と思う。幸いにも生き延びることができた者たちこそが、語り部となって、次代へと記憶を受け継いでゆく。物語りすることが魂鎮めである。ものがたりは、浮遊する霊魂によってなされる一人称の語りとして誕生した、という。あまりにたくさんの、悲惨にすぎる死者たちの消息に触れて、いまはまだ、それどころではない。しかし、やがて喪に服しながら、わたしたちは広やかな記憶と物語の場をめざして、動きはじめる。それを鎮魂の時空へと組織してゆかねばなるまい。

思えば、民俗知はみな、あのチュラカサの伝統にこそ根差しているのかもしれない。人としての身の丈に合った暮らしの知恵や技を、民俗知として復権させることだ。迂遠な道だと思われるにちがいない。それが、いまわたしたちが直面させられつつある巨大な問いの群れにたいして、特効薬になる、などと言いたいわけでは、むろんない。しかし、このたびの大震災のなかで、わたしたちは地震と津波／原発事故という、人智が制御しえぬ二つの荒ぶる力が絡みあい、激しく奔流する姿を生々しく目撃してしまった。もはや牧歌的な『ゴジラ』の風景のなかへと撤退したり、閉じ籠もることはできない。『風の谷のナウシカ』という修羅の渚へと、いかなる困難があれ、出立してゆくしかない。何か、根底からの世界観の組み換えなしには、この先の生存そのものが危うい、といった予感は、わたしだけのものではあるまい。

万里の長城のような巨大な防潮堤や防波堤すら、千年に一度の大津波によって乗り越えられてしまった。海辺の村や町は呑みこまれ、原子力発電所は破壊された。近代科学とそのテクノロジーは、もはや神の似姿を演じることを許されない。「想定外」という言葉がにぎやかに踊った。気がついてみれば、神の領域に踏み迷うような、あるいは神々の背丈を人のモノサシで測るような、愚かしい傲慢さがあふれていた。それでも、さらに高々と、万里の長城を築くのか。

その、はるかな対極に、チュラカサの伝統があり、その知恵が埋もれている。それを、ほんの少しだけ復活させることだ。抗いえぬものは、やわらかな敬意をもって受け入れ、あやし、また丁重に送り返してやる。無駄な抗いはしない。逃げる。避ける。白保の多宇のあとに従えばいい。それがチュラカサの知恵というものだ。

東北こそがいま、もうひとつのチュラカサの伝統を快復しなければならない。

2011.4.22　相馬市

フクシマはわたしの故郷である

『仙台学』vol.11、荒蝦夷、4月26日発行

あの日から一か月が過ぎて、くっきりと見えてきたことがある。福島県とそれ以外の宮城県・岩手県などでは、この大震災をまったく異なった出来事として体験している、ということだ。むろん、そこには福島第一原発の事故が大きな、いや決定的な影を落としている。しかしそれは、深くわだかまり潜行して、むきだしになる場面は思いがけず少ないような気がする。

取材メモから――。

四月六日、臨時の新幹線で、山形から福島市へと移動する。それから、仲間の運転する車でいわき市へと向かった。夜は、いわきの旧知の人たちと飲み会になった。酒の肴に、カツオやタコの刺身が出る。原発事故の影のもとでは、いわきで刺身を食べることに、特別な意味が付与されてしまう。むろん、躊躇うことなく食べる。そう言えば、あの日から、何度も刺身を口にしていないことに気づいた。

震災が起こり、原発事故が始まってから、しばらくは仲間内でも連絡がとりにくい状況が続いた、という。いわきの街にネオンの明かりが戻ってきたのは、ほんの数日前のことらしい。たしかに、アスファ

ルトの路面やビルの壁面には、いたるところに亀裂が見える。何度も地が揺れる。大きな余震が来れば、さらに亀裂は広がるだろう。

いわきを脱出したり、一時的に離れたり、偶然に異郷にいてそのまま留まったとか、いろんな話が聞こえてきた。不安に駆られた妻にせかされるように、車で東京に脱出した人がいた。しかし、東京にも放射能汚染の噂が迫ってきた。そこで、さらに西をめざして名古屋に行った。熱田神宮にお参りした。それから、伊勢神宮にお参りして、最後は熊野の那智の滝に辿り着いた。そこは二人が昔から訪ねてみたいと思っていた場所だった、という。その人はついに、いわきに帰ることを決意し、妻も従った。いわきの街は、静かな不安を沈めて、日常へと戻れずに足掻いていた。

はるか二〇年も前に、たしか同じ熊野で見かけた父と娘の姿を思いだした。十歳くらいの娘に、父親が「次はどこそこに行こうね」と話しかけていた。西国巡礼のようだった。何か事情があって、二人は車で巡礼をしているのだと想像して、わけもなく祈らずにはいられなかった。いわきの町を逃れた夫婦もまた、あてどなく流離うような巡礼の旅をしたのではなかったか。かれらは熱田、伊勢、那智と廻ったが、きっと意識することなく、巡礼という傷ついた精神に癒しをもたらすための仕掛けに身を預けたのである。

最後に到り着いた熊野の那智、その浜からはかつて、補陀落渡海のために僧侶たちが船出したのだった。そこはあの世の浄土へと通じていた。また、はるか遠く、いわきの浜や渚へと繋がっているはずだ。もし二人が那智の浜に立って、海のかなたを仰いだとしたら、それはまちがいなく、故郷の海に近く暮らし津波に流された人々にたいする鎮魂の所作であったにちがいない。浜辺や渚とは、あの世から打ち寄せる波にたえまなく洗われる、この世とあの世とが混ざり合う境界領域であったからだ。

次に行ったスナックでは、ひとりの青年が荒れ狂った。かれは三十代で、幼い子どもがいる。いわき市の一部が、福島第一原発から三〇キロの圏内にかかっている。そのために、見えない放射能の不安が人々を呪縛しているように感じられる。子育てをする世代の緊張は、すでに沸点に近づいているのかもしれない。酒も回ってか、その青年は突然のように泣きわめき、立ち上がった。なだめる父親を罵り、その場にいた人たちに怒りをぶちまけた。スナックのなかは乱闘寸前の騒ぎになった。青年は外に連れ出された。息子に殴りかかられそうになった父親は、こんなことは初めてだ、と蒼ざめながら呟いた。だれもが、原発の不安に怯えている。ようやくネオンが点いたばかりの街には、そんな形にならぬ不安が渦巻いていた。

その翌日は、朝から車で海岸沿いを走った。まず国道六号、陸前浜街道を北上する。福島第一原発から三〇キロ圏の手前まで行き、そこから南下することにした。四倉付近で、道が片側車線だけに規制されており、大きく迂回しなければ北上できないことがわかる。海に近い駐車場に車を停めて、周辺を歩く。海浜公園であったか。駐車場の片隅には、壊れた車が数十台並べてあった。川をはさんで、津波にいたぶられた風景が広がっている。壊れた船が砂浜に打ち上げられていた。その向こうには、新築されたばかりだった道の駅が見る影もなく、破壊され、かろうじて残骸を留めていた。

そこから海沿いの道を南下する。低い堤防を越えてきた津波に洗われた家が、レストランが次々に現われる。古い家がぺしゃんこに潰れて、屋根が地面に乗っかっていた。瓦礫がうず高く積み上げられた一角があった。途中で、稲荷神社の看板を見かけて寄ってみる。高山稲荷とあり、あきらかに津軽の高山稲荷の分祀されたものであった。おそらく拝み屋さんのものだ。津波に洗われたらしいが、すでに信者を迎えて復活している。鳥居が海に面しているが、壊れていない。漁業の神として信仰されているのか。気仙沼の名前が入った大漁旗が、なぜかぶら下がっていた。

塩屋崎灯台をめざした。その手前で、「切通し」というバス停近くに車を停めた。切通しの奥に、思いがけず爆心地のような光景が広がっていた。薄磯海水浴場、塩屋崎灯台を標識が指している。瓦礫の山を手探りしている初老の夫婦がいた。いわきでも、これほど烈しく津波に襲われた地区があったのか。あまり報道されていないのかもしれない。原発事故による汚染がささやかれる地域からは、マスコミが撤退しているとも聞いた。真相は定かではない。

一面の瓦礫の山だった。土台を残して根こそぎさらってゆくのではなく、原形を失うまでに破壊しながら、すべてを置き去りにしていった、とでも言えばいいのか。背後の岩肌に、横穴古墳のような遺跡らしきものが見えた。たくさんの人が動き回っている。そのかなたに塩屋崎の灯台が小さく見えた。水路らしき溝も瓦礫に埋もれている。その向こうに神社の鳥居が立っている。うしろに、高麗犬がひとつ、あらぬ方を向いている。背後の、やや高台になった丘のうえに、神社があった。薄井神社という。見渡すかぎりの瓦礫の海に浮かんでいる、まるでノアの箱舟のように。神社は避難所になっていたようだ。

それから、小名浜へと向かった。小名浜港にも破壊の後が残っていた。大きな船が岸壁に座礁したように乗り上げている。商店や施設はすべて閉じたままだ。海洋水族館のアクアマリンを訪ねる。バス停のあたりの敷石が崩れ、地面が波打っているところがある。水族館の本館そのものは無事だったらしい。むろん、魚など生き物は死んだり、ほかの水族館に引き取られている。死魚の臭いが館内に垂れ込めていた。ようやく電気が入ったばかりで、自宅待機の職員が少しずつ戻ってきている、という。精力的に復旧・再開に向けて動き出しているようだ。応援しなければならない。アクアマリンはいわき、浜通りの復興のシンボルとして立ち上がらねばならない。

あれから、すでに一週間あまりが過ぎた。

原発事故がどのように収束するのか、いまだに見えてこないことに、苛立ちが募る。いわきの友人たちは元気にしているだろうか。昨夜遅く、福島第一原発の北側に位置する南相馬市の避難所で働いている友人から、携帯メールが届いた。

ところで、国の「復興」気運は災害真っ只中の原発周辺国民にとって、あまり感じのいいものではありません。復興なんてありえないのですから。私たちはひこ生えとなり、復《また》同じ過ちを繰り返さず、「再生」しなければなりません。復興を合言葉にして、元の大バカな世界に戻そうとすることには、何の意味もありません。

復興ではない、再生だ、という。ひとたび死んだ、ということか。肝に銘じておく。こうした東北の声なき声に励まされ、背中を押される。

原発がどれほど未熟な、制御しがたいテクノロジーであるかを、だれもが目撃した。あまりに甚大な犠牲が強いられた。福島県は県土の何分の一かを奪われ、数十万人の人々の暮らしと生業の場が長期間にわたって閉ざされ、損なわれることになった。もはや、東北には原発はいらない、原発に将来を委ねることはできない。福島から、東北から、原子力に代わる自然エネルギー（水力、太陽光、風力、バイオマス、地熱発電 etc.）への転換を大がかりに進めなければならない。大きな傷を負わされた福島こそが、そのためのはじまりの場所、聖地になる。汚れた大地を甦らせるために、すべての技術や知恵を注ぎ込まねばならない。汚れた大地を囲い込んで、逃げることは許されない。福島の大地が甦るとき、そして、そこに笑顔で人々が戻ってくるとき、そのときこそが復興の終わりだ。

あらためて、福島／フクシマはわたしの故郷になった。さて、行くか。

熊谷達也『いつかX橋で』解説

新潮文庫、5月1日発行

わたしたちはみな、幸か不幸か、〈三・一一以後〉を生きることになった。

二〇一一年三月十一日の午後二時四六分に、東日本大震災は始まった。この日と、それからの混沌と恐慌にまみれた日々――それはちょうど三週間後のいまも、いつ果てるとも知れず続いている――が、たやすく忘れ去られることはないだろう。あまりにたくさんの人命が失われ、あまりにたくさんの村や町が傷つき、美しい風景が奪われた。東北に縁《ゆかり》の深い作家たちはそれぞれに、この震災の日々を胸に刻んだにちがいない。わたしが勝手に、〈東北文学〉の担い手のひとりだと見なしている熊谷達也さんなどは、とりわけ深々とした影を見えない十字架のように背負い込んだことだろう。

熊谷さんは東北の風土や歴史に材をもとめながら、〈東北とはだれか〉という問いにたいして、愚直なほどに真っ向からの応答をおこなってきた。その意味では、あえて選び取ってローカルな作家でありつづけてきた、特異な作家といってもいい。わたしはここで、この「ローカルな」という修飾語を、当然のようにある種の可能性を秘めたプラスの意味合いで使っている。ローカルな思想や表現の場こそが、やがてナショナルな知の閉じられた時空間を超えて、その外なる広やかな世界に繋がり開かれてゆく可能性をもつ（らしい）ことが、しだいに気づかれはじめている。

実際、熊谷さんはマタギ三部作の最後の作品である『氷結の森』では、樺太からシベリアへと舞台を広げて、東北アジアの近代史のなかで〈東北とはだれか〉という問いに応答しようと試みていたのではなかったか。主人公はひとりの秋田マタギであったが、どこか狂言廻しのように、国境を超えた東北アジアの狩猟民の群像を浮き彫りにしていた。東北が北のアジアから照射されていた、といってもいい。いわば、京都や東京を中心とした同心円状の「ひとつの日本」にとっての辺境ではなく、それとは異質な、「いくつもの日本」を抱いた東北、北のフロンティアともいえそうな東北が手探りされていたのである。

この〈東北文学〉の担い手は、東北の山野河海に根ざした風土を果敢に描いてきた。このたびの大震災において、津波による壊滅的な被害をこうむった三陸海岸や、北上川の河口などを舞台とした作品もあったはずだ。熊谷さんが人間と、海や山などの自然、そして野生の獣たちとの厳しい闘いや交流の姿を描いてきたことは当然ながら、ときに台風などの自然災害を取りあげてきたこともまた、ことさらに因縁深く感じられる。東北という風土はたしかに、つねに自然の側からの酷薄なまでのしっぺ返しに遭いながら、それにめげずに闘いを継続するなかに、しだいに形造られてきたものだ。

ところで、熊谷さんには仙台という街を舞台とする作品もいくつかあって、関心をそそられる。たんなる自然派の作家ではない。そこに描き出される仙台は、たとえば、同じように仙台という街を舞台として小説を書いてきた伊坂幸太郎さんとは、まるで感触が異なっている。思えば、仙台はどこか不思議な街だ。百万を越える人々がうごめく都市であるにもかかわらず、街の表情は何ともおっとりしている。

静かだ。とりとめがない。仙台らしさが見えにくい。それを必要としているようにも見えない。だから、盛岡などと比べると、あきらかに街の陰影は薄いのである。伊坂さんの作品には、そうした陰影の稀薄なおっとりした仙台が秘めている、危うい暴力の噴出への予感がさりげなく埋め込まれている、と感じてきた。

熊谷さんにはむしろ、仙台という「ローカルな」街そのものを描いてみたいという野心が感じられる。この『いつかX橋で』という作品は、『七夕しぐれ』などと並んで、まさに仙台という街そのものがテーマになっている。これはいわば、「仙台小説」であり、仙台に陰影を回復しようとする試みであったかもしれない。『いつかX橋で』が描いているのは、昭和二十年の敗戦に前後する数年間の仙台である。そこに生き死にを重ねた人々の姿が、空襲で家族を失った少年の視点から描かれてゆく。とりわけ、仙台の町がB29の投下する焼夷弾によって焼き尽くされた、仙台空襲の情景が鮮烈である。仙台が街としての陰影を決定的に失った、これがきっかけではなかったか。いまの仙台は戦後に、焦土のなかから再建された若い街並みなのである。作中でも、青葉通りがあらたに造られる街のシンボルのように、ちらりと姿を見せるのは偶然ではない。

仙台空襲から、米軍の占領支配下へ。パンパンと愚連隊が跋扈する混沌の街が執拗に描かれている。それこそがとりあえずの狙いではなかったか。この、敗戦前／後の、非日常の暴力がむきだしになった裂け目のような時空はたぶん、これまで本格的に描かれてはこなかったにちがいない。そこに熊谷さんの野心がある。

近年、仙台の町は大きく姿を変貌させつつある。ことに、仙台の駅裏にあたる地域がまったく新しく、きれいに整備されて、わずかに残されていた過去の記憶や面影を消去されようとしている。今回の大震災では、古くからの「山側」の街並みがさほど被害を受けなかったのと比べて、駅裏に広がる「海側」の家々やビルが大きな損壊をこうむったと聞いている。仙台のもっとも海に近い若林区が大津波に呑み込まれてゆく映像が、くりかえしテレビで流されたことを思いだす。さらに、仙台の裏側の景観は大きく変貌を遂げてゆくにちがいない。

この作品で、もっとも象徴的にこだわりをもって描かれていたのが、ほかならぬX橋とその周辺であったことには、たぶん「仙台小説」としての避けがたい必然があったはずだ。それはまさしく、仙台の街の「裏側」のシンボルであった。そこには、パンパンと呼ばれた春を売る女たちと、年若い少年たちが群れなし愚連隊として蠢いていた。仙台の「表側」／「裏側」を繋ぐ、よじれた結節点としてのX橋とその周辺。二人の少年は、その橋のうえに虹を架けようと約束を交わしたのである。

それにしても、この『いつかX橋で』という作品は「仙台小説」である、とわたしは乱暴にも言い切ってきた。いまはたんなる予感のようなものとして言っているだけだ。実は、さほど仙台に土地勘をもたないわたしには、残念ながら、熊谷さんが念入りに書き込んでいるはずの「地図」を読み解くことができない。昭和二十年代の地図でも広げて、それぞれの舞台や場所を書き込んでみれば、きっと「仙台小説」としての隠された意味合いが見えやすくなるのかもしれない。仙台という街の失われた記憶を甦らせるためにこそ、熊谷さんはそこに「地図」を埋め込んだのである。最近になって復刻されている、仙台の昔の地図でも眺めながら、そんな『いつかX橋で』の「地図」を浮き彫りにしてくれる読者が現われると、うれしい。

『いつかX橋で』と並んで、『七夕しぐれ』は熊谷達也さんの代表的な「仙台小説」とされるはずだ。この『七夕しぐれ』は、どうやら仙台の被差別部落の影に迫ろうとした小説である。おそらく、東北の差別に真っ向から切り込んだ稀有なる作品であるが、それがけっして「同和小説」とはならないことが、特異といえば特異なのかもしれない。これもまた、仙台という街が忘却してはならない記憶のひと齣である。そして、それにもかかわらず、学問研究のレヴェルにあってもほとんど完璧に無視されてきたテーマであった。熊谷達也という作家は、ほんとうは過激な試行錯誤をくりかえしている、冒険的な作家なのである。しかし、そんなことにはまるで気づかれていないことが、何やらおかしい。『七夕しぐれ』にもまた、かなり周到に記憶の「地図」が書き込まれてあるが、わたしはその感触だけで、それを浮かび上がらせることはできない。

それにしても、熊谷さんは〈三・一一以後〉を、どのように生きてゆくのか、どのように作品世界を変容させてゆくのか。たぶん、この人は〈三・一一以後〉を無傷でやり過ごすことが許されない作家の、まちがいなくひとりだと、わたしは思う。〈東北文学〉はそれを引き受けることを、宿命のようにもとめられる。引き受けるからこそ、逆にいえば、〈東北文学〉たりうるのではないか。むろん、因果なことである。覚悟を決めることだ。

東北は変わる。わたしたちも変わる。東北の文学や芸術、そして思想が、その存在理由をむきだしに、根底から問われる時代が、こんなふうにやって来るとは、むろん思いも寄らなかった。

熊谷達也さん、こうなれば仕方ない、〈三・一一以後〉をともに生きるしかないよね。

2011.10.7　亘理町

鎮魂と再生のために

東日本大震災復興構想会議、4月30日

はじめに

精神史のなかの東北について語りたい。

フィールドから浮かびあがる東北はひとつではない、中心がない、多様である。

しかし、この大震災によって、白河以北／以南のあいだに太い線引きがなされ、東北はあらためて辺境＝みちのく（道の奥）として再発見されたのかもしれない。

千数百年前の、ヤマト王権による「蝦夷征討」以来、東北は辺境＝みちのくとしての負の歴史を背負わされてきた。

近代のはじまりの戊辰戦争においても、奥羽越列藩同盟を結んで戦い、敗北した。

東北はそうして、敗者の精神史に縛られ、喘いできた。

敗戦にいたるまで、東北における国家的な開発プロジェクトはたったひとつ、明治十年代の野蒜《のびる》築港であり、それは台風の高潮によって挫折を強いられた。

しばしば自嘲のごとくに、戦前の東北は、東京への貢ぎ物として「男は兵隊、女は女郎、百姓は米」を差し出してきた、と語られる。

そんな東北はもはや過去のものだ、東北は十分に豊かになった、と感じ始めていた。錯覚であった、大震災がそれをむき出しにした。

戦後の東北は、電気と部品と食料を東京への貢ぎ物としていたのである。

東北の豊かさは、なんと危うい構造のうえに築かれているのか。

東京に電気を送るための原発を受け入れるのと引き換えに、福島県の相双地方には、わずかな物質的豊かさが与えられた。

そこはかつて、「浜通りのチベット」と言われていたらしい。

やはり原発を受け入れてきた青森県の下北半島と、構造は瓜二つといっていい。

それにたいして、三陸の村や町は原発を拒んだが、厳しい過疎化の波に洗われながら、明治二十九年、昭和八年に続く、このたびの平成の大津波によって、またしても壊滅的な状態へと追い込まれた。

大震災は無残にも、それぞれの東北が背負う、それぞれに厳しい猶予の許されない現実を白日のもとにさらしたのである。

それにしても、東北の人々はみごとに凜として、誇り高く耐え忍び、この千年に一度の大震災と、未曾有の原発事故にきちんと立ち向かおうとしている。

ほとんどの東北人は、身内や知り合いのなかに犠牲者をかかえ、それゆえに、たがいに相互扶助の精神をもって支え合おうと努めてきた。

そこは、東北の絆が試される現場でもあった。

この巨大な災厄を契機として、あらためて東北の絆が編み直され、復興と再生に向けて人々が歩み出すために、そして、それを支援するためにこそ、復興構想会議は存在するにちがいない。

わたしたちは傷ついた東北と、そこに暮らす人々と手を携えて、世界に向けて深い感謝の念を表わしながら、新しい世界を創るために働かねばならない。

わたしはこの復興と再生のプロジェクトを、〈ミロク・プロジェクト〉と名づけたい。

一　風土に根ざした復興と再生をもとめて――福島県自然エネルギー特区構想について

被災した東北三県のなかでも、被災状況や復興への道筋が大きく異なることが明らかになっている。復興特区構想に共感を覚えるが、少なくとも宮城・岩手両県と福島県とでは同一歩調を取りがたい側面が予想される。福島県には、地震・津波・原発事故・風評被害が複合的にからまり合う、きわめて困難な状況が存在し、宮城・岩手両県とは復興の方向性も道筋も異なるにちがいない。

そこで、ここでは復興の道筋が描けずにいる福島県に関して、以下のような提案をおこないたい。

＊　＊　＊

いまだ原発事故の収束点が定かには見えず、福島県とそこに暮らす人々は見えない放射能汚染の不安に苛まれている。

半歩退いて、耐え忍び、やり過ごすことが東北人のひそかな美徳であるとしても、いま、ここでは、あえて前向きに復興・再生へと足を踏み出すことこそが求められている。

福島はすでに、途方もない痛手を強いられ、癒しがたい傷を負わされたのではないか。福島がフクシマと名指され、チェルノブイリと並ぶ原発事故の負のスティグマを刻まれた、という現実から逃れることはむずかしい。

それを黙ってやり過ごすことは、負のスティグマを固定し、風評被害を増幅する結果を生むにちがいない。

おそらく、福島県とそこに暮らす人々が原発をこれからも受容することはありえない。

そこから、さらに大きく足を踏み出して、たとえば福島県には、原子力エネルギーから自然エネルギーへの転換という、まさしく「文明論的な転換」の先駆けの地となり、人類の直面する厳しい課題を真っ向から引き受けるといった、新たな選択が可能となるのかもしれない。

そのとき、福島＝フクシマは世界史を根底から変容させる、はじまりの地となり、未来への希望を紡ぐ場所となることだろう。

世界の人々は、そうして前向きに起ち上がろうとする福島＝フクシマにたいして、深い敬意を表わし、支援と協力を惜しまないにちがいない。

それでも原発にわたしたちの未来を託し続けるのか、あるいは、時間をかけて自然エネルギーへと転換してゆくのか、その最終的な結着は、広範な国民的議論に委ねるべきだろう。

ここでは、このたびの原発事故によって傷ついた福島県を、その復興と再生のために「自然エネルギー特区」として認定し、自然エネルギーの可能性を多角的に、かつ実践的に問いかける場所とすることを提案したい。

＊　＊　＊

この福島県自然エネルギー特区構想においては、可能な限りの法制度的、また財政的な支援をおこないながら、民間の活力を刺戟し、新しい産業と雇用を生み出す。

A　放射能汚染を除去するための研究と実践　福島県の大地と海を浄化し、人々が安心して暮らし、農業や漁業などの生業を営むことができるようにするために、人類の知恵と技術を結集しなければならない——。

国立かそれに準ずる研究施設を創設する。

徹底した情報公開、海外からの研究者の招聘、関連する諸分野の共同研究の推進。

→この研究所の役割は、「警戒区域」を可能なかぎり速やかに縮小し、避難されている人々が住めるような環境を取り戻すことである。

民間企業を積極的に誘致し、育成する。

その周辺で、新たな雇用の場の創出を支援する。

B　放射能汚染が人体にもたらす影響の調査・研究と医療の実践　長期間にわたって、被曝の実態を追跡調査しながら、情報を公開し、きめ細かい医療的な対応をおこなう——。

国立かそれに準ずる放射線医療の専門病院を創設するか、確保する。

C　自然エネルギーにかかわる研究と実践　多様な自然エネルギーの研究と開発をおこなう――。

国立かそれに準ずる研究施設を創設する。

実用化のための研究開発、海外からの研究者の招聘、関連する諸分野の共同研究の推進。

民間企業を積極的に誘致し、育成する。

その周辺で、新たな雇用の場の創出を支援する。

原発被災地域一帯に、風力発電と太陽光発電の一大拠点を作ることによって、負のイメージを払拭し、人類の直面する課題と戦う福島＝フクシマを積極的にアピールする、といった試みも可能かもしれない。

そこから生まれる電気は、復興の財源として地域に還元される。

※これらを複合的に組み合わせた施設を、原発被災地の内側もしくは近接する地域に、福島の復興・再生のシンボルとして建設し、関連する研究所や企業などを誘致しながら、その周辺エリアを「風土に根ざした環境未来都市」として包括的にデザインする。

※こうした自然エネルギーへの転換は、福島県から東北全域へと広げてゆくことが求められる。環境省の試算によれば、風の強い東北地方では、原発三〜一一基分が風力でまかなえる、という。いずれ、東北全域が自然エネルギー特区として位置づけられるべきだろうか。

二　鎮魂と記憶の場の創出のために――鎮魂の森から再生の森へ

大震災の犠牲になった人々を鎮魂・供養するために、「鎮魂の森」を作るという安藤提案に共感を覚える。

留意したいのは、三陸のリアス式海岸の村や町が、それぞれに「海山のあいだ」に開かれた小宇宙という風土的な条件を抱えていることである。

背後に山が迫り、海に面したわずかな平地に、海と関わる暮らしと生業の場がある。「森は海の恋人」（畠山重篤、気仙沼市「牡蠣の森を慕う会」）と名づけられた運動のなかで、漁民による森作りと海の再生、森・川・海を繋ぐ環境教育が展開されてきた。三陸の漁民のリーダーたちが、しばしば広大な山林を所有し、植林をおこなっていたという歴史もある。豊かな漁場を守るために。

震災の犠牲者たちへの鎮魂のために作られる「鎮魂の森」は、そのままに三陸の美しい海と漁場を取り戻すための「再生の森」となる可能性があるのかもしれない。

・東北災害アーカイヴセンターの設立へ

東北は県ごとに、知と情報のネットワークが分断されており、東北一円を視野に納めた博物館施設が存在しない。

今回の東日本大震災についても、その体験と記憶はあまりに広範な地域に分散しており、まとまった形での「東日本大震災の記憶」といったものは残りにくい。

犠牲者への鎮魂と、次代への体験の継承のために、たとえば「東北災害アーカイヴセンター」の設立が望まれる。

それは、日本ではじめての災害と環境にかかわる、総合的な情報のアーカイヴセンター／調査・研究拠点となる。

災害をテーマとする、歴史学・民俗学・社会学、自然科学系の研究者が結集する。

①東日本大震災についての情報のデジタル・アーカイヴの拠点

体験と記憶の聞き書き、映像記録

マスメディアの報道記録

インターネットの情報記録、など

②あらゆる災害（地震・津波・飢饉・冷害・火山噴火・洪水・高潮・原発事故など）にかかわる情報や資料の収集

近代の新聞・雑誌などによる災害報道

歴史資料のなかの災害の記録

人文科学系・自然科学系の研究報告書、など

③災害時の文化財レスキューについての研究

④災害教育の普及の拠点

学校や地域社会が災害への備えを怠らぬために。

東北とかぎらず、全国で、それぞれの地域の災害の歴史を踏まえた、災害教育の普及と実践を呼びかける。

被災地からの手紙

鯉のぼりは哀しい。それを知らずに生きてきた自分に気づいて、唇を噛んだ。

五月の連休のころ、宮城のいくつかの被災地を歩いた。瓦礫の堆積のなかに、「がんばろう、東北」の横断幕があった。風もなく、かたわらで鯉のぼりがうなだれていた。サッカー場の芝生を剥がした土葬の墓地でも、小さな鯉のぼりを見かけた。数字だけの板杭の墓標の前に、お菓子が供えてある。手を合わせ、追われるように離れた。たくさんの子どもたちが津波に呑まれた小学校のわきにも、鯉のぼりがあった。

わたしはけっして、そんな鯉のぼりのある情景を忘れない。鯉のぼりの哀しさを忘れない。わたしにできることは、ただ、忘れないと心に決めて生きてゆくことでしかない。そうして、被災地を訪ね歩こうと思う。生き延びた人々の物語りに耳を澄ます。ひとつひとつ書き留める。それがやがて、鎮魂と供養の碑になることを願いながら。

わたしたちは凜としたマコトの言葉を、ほかならぬ被災地の東北からくりかえし受け取った。東北は

『読売新聞』5月22日

十分に耐えた。しかし、もう、ここらで「雨ニモマケズ、風ニモマケズ」の大合唱はやめよう。「サウイフモノニ、ワタシハナリタイ」と、宮沢賢治がひそかに願ったデクノボーは、賢治のせつない夢だった。がんばらなくていい。崩れてもいい。涙に暮れてもいい。誰もが少しずつおかしかった。日常へと戻らねばならない。

福島、はじまりの場所へ

『朝日新聞』6月14日

ふたつの残酷に遭遇したのかもしれない、と思う。

ひと月あまりが過ぎた。警戒区域が設定される前日のことだ。ガイガー・カウンターを携え、車で会津若松から福島市、飯舘村を通って、南相馬市をめざした。飯舘は福島原発からは四十数キロ、公共事業などに頼らず、自立した地域づくりを地道に模索してきた村だ。が、その運命は原発事故によって暗転した。ひたすら美しい農村風景、それが汚れているのだという。透明な残酷。放射線量は四・六マイクロシーベルト。

福島第一原発から二〇キロ圏内に入った。この日は規制がゆるやかで、行き交う車が思いがけず多かった。野馬追いの舞台である小高相馬神社を訪ねた。石灯籠が倒れている。名残惜しむような参詣の人影がいくつかあった。境内は〇・六九マイクロシーベルト。

さらに、夕暮れが迫るなか、南下して、一五キロ地点に到った。南相馬市小高区村上。アスファルトの道路は、津波にえぐり取られ、寸断されている。あたりは一面の泥の海だ。津波に舐め尽くされた瞬間の光景が、そのままに凝固し、取り残されたかのように見はるかすかぎり広がっていた。むき出しの残酷。〇・三九マイクロシーベルト。

防護服は車のなかにある。マスクすらしていない。あと六時間もすれば、そこは警戒区域となる。放射能汚染は同心円状には広がっていない、警戒区域イコール汚染地域ではない、ここにはいずれ、それほど遠くない未来に人々が戻ってくることができる、それを想定して準備をしなければならない、そう、静かに確認していた。

潮騒が聞こえた。泥の海のかなたに、白い波しぶきが見えた。かつて訪ねた、両墓制の残る海辺の墓地は残っているか。小高は小説家の島尾敏雄の故郷である。墓もある。取材のために小高を歩いたのは、四年ほど前の秋であった。いま駅は閉ざされ、街並みが夕闇に黒ずみ沈んでゆく。まったく人影の失われた町が、妙に生々しく感じられた。

その晩は、鹿島区のある神社に泊まった。原発事故によって、福島はヒロシマ・ナガサキに連なるフクシマとして世界に知られることになった。この負のカードを劇的にひっくり返す方法はないか。もう、耐えるだけの東北はいらない。前向きに立ち向かうべきだ。たとえば、福島を原子力から自然エネルギーへの転換の拠点とする。そして、放射能による汚染にも、長期にわたって世界中から知恵を集めて取り組む。そんな試みを自然エネルギー特区構想と名付けてみた。わたしは少しずつ語りはじめた。

みな、嬉しそうに耳を傾けてくれた。しかし誰もが、どこか曖昧に視線を泳がせた。実現までの道のりははるかに遠い、と感じていたのである。わたしは原発推進でも、反対でもなかった。しかし、福島＝フクシマにとっては、自然エネルギーへの転換の拠点となることには、きっと避けがたい必然がある。

新たな産業と雇用が生まれる。そして、明治以降、水力・火力・原子力など、さまざまな電力の供給地となってきた福島には、電力のインフラが整っている。

東北は太陽光や風や地熱の豊かな土地である。いずれ、東北全域が自然エネルギーの先進エリアへと成長を遂げる。もはや、たんなる夢物語ではない。福島は世界史をやわらかく変容させてゆく、はじまりの場所となる。透明な残酷による呪縛を解かねばならない。痛みを歓びに変えることだ。

福島を、自然エネルギー特区に

『福島民報』6月22日

途方もない災厄が起こった。その終幕はいまだ見えない。いま、深刻に問われているのは、人と自然との関係、海や大地や森との関係をいかに結び直すか、ということだ。そこに、エネルギー問題が絡んでくる。わたし自身は原発の推進派でもなく、反対派でもない。不安はあれ、どこかで仕方がないとも感じてきた。国民の多くがそうではなかったか。

そして、原発がどれほど未熟な、制御しがたいテクノロジーであるかを、わたしたちは目撃した。それは、経済的に安価でもなく、安全な技術でもなく、いわんやクリーンなエネルギーでもなかった。福島県は一時的ではあれ、放射能汚染によって県土のいくらかを奪われようとしている。たくさんの人々の暮らしと生業の場が、猶予もなく閉ざされることになった。もはや、仕方がないとは言わない、福島に原発はいらない、とはっきり言おう。この国の将来を、人智が制御しえぬものに委ねることはできない。

福島県には、地震・津波・原発事故・風評被害が複合的にからまり合う、きわめて困難な状況が存在する。いまだ原発事故の収束点すら定かには見えず、人々は見えない放射能汚染の不安に苛まれている。しかし、だからこそ、わたしはいま、あえて前向きに復興から再生へと足を踏み出すための提案をおこないたい。

わたしはそれを、「福島県自然エネルギー特区構想」と名づけている。いま、原子力から自然エネルギー（水力、太陽光、風力、バイオマス、地熱発電など）への転換というテーマが、大きく浮上しつつある。原発に深く傷ついた福島＝フクシマこそが、この「文明論的な転換」（梅原猛）の先駆けの地となることができる。人類の直面する厳しい課題を真っ向から引き受ける。そのとき、福島＝フクシマははじまりの地となる。世界の人々は、そんな福島にたいして、深い敬意を表わし、支援と協力を惜しまないにちがいない。

この自然エネルギー特区構想においては、可能なかぎりの法制度的、また財政的な支援をおこないながら、民間の活力を刺戟し、新しい産業と雇用を生み出すことをめざす。放射能汚染を除去するための研究、放射能汚染が人体にもたらす影響の調査と医療、そして、自然エネルギーにかかわる研究。これらのテーマを複合的に組み合わせた研究施設を核として、「風土に根ざした環境未来都市」を創りたい。それは福島県の復興と再生のシンボルであるとともに、その周辺にはあたらしい自然エネルギー産業の一大拠点が生まれ、雇用の場を広げることになる。

原発被災地域一帯に、風力発電と太陽光発電を誘致するのもいい。そこから生まれる電気は、復興の財源として地域に還元される。やがて、こうした自然エネルギーへの転換は、福島県から東北全域へと広げられてゆくはずだ。

もっとも傷ついた福島こそが、未来への希望を紡ぐ場所になってほしい。

八千万人の日本列島

『建築雑誌』11月号、日本建築学会、7月28日インタヴュー

――東日本大震災に対応するため、これまでの学的蓄積や今後の蓄積の問題を扱う今号では、震災復興を文化的な側面からぜひ始めたいということで赤坂先生にご登場いただきました。まず先生はどのような経緯で東北に関わられたのか、そして先生が提唱された東北学の目的、あるいは、その現在に関してお聞かせいただければ幸いです。

赤坂　自分にとって東北とは何か、それをこの震災以降、繰り返し問いかけてきました。この二〇年くらい、東北学という形で東北の文化や歴史や風土を掘り起こしながら地域づくりの資源としていきたいという思いでさまざまなことをやってきましたが、拠点にしていた大学を離れて東京に戻り、そこからあらためて立てなおすことを始めようとしていたそのときに3・11に遭遇して、狼狽しながら言葉を失って右往左往していました。けれども一週間ほどして東北の若い人たちから声が届いて「今何を考えているのか」ということを問われました。それで自分が言葉を失ってうろうろしているわけにはいかないと思い、自らの現在、あるいは東北にどのように関わっていくのかを語り始めたわけです。すぐに思っ

たのは、東北学の第二章は被災地をフィールドにして始まるということです。この先は被災地が現場である。一〇年二〇年命が続く限り、東北のその海沿いの地域を歩きながら、東北学の第二章を作っていくことが運命かなと思いました。

――先生の東北学の背景にある、東北文化の考え方といったものをわかりやすく教えていただけますか。

赤坂　東北は「文化果つるみちのく」といわれてきました。辺境であるがゆえに、松尾芭蕉の『奥のほそ道』のようにロマンティックなまなざしを注がれる土地ですが、それと同時に実は差別された土地でもある。文化的に未開の遅れた土地というイメージが重なりあっているわけです。僕自身は一九九〇年代以降、歩きながらそうした引き裂かれた東北の後ろ姿を見ているような気がしました。東北はもう充分に豊かになって若い人たちは差別されているという意識は持っていませんし、変わったのかなと思っていました。ところがこの震災で一気に引き戻されたような、「なんだ、ここはまだ辺境だったのか、植民地だったのか」という思いに打たれました。実際に歩きながらそれまで自分が見たくなかったのか、見ようとしなかった東北がせり上がってくるような瞬間がありました。例えば、東北はものづくりの拠点だと言われていますけど、気がついてみると、ものづくりの最末端を支えているのは家内工業や内職的な世界です。その労働環境はほとんどアジアと地続きのようで、その光景を目撃して衝撃を受けました。ここはアジアだと思う背景はいくつも積み重なっていて、東北はアジアにまっすぐにつながっているという思いを持たざるをえなかった。それはもちろん原発の事故が露出させたわけですけれども、過疎の厳しく進んだ地であるがゆえに原発を受け入れ、その事故によって長期にわたる負の重荷を背負わされてしまった土地である。これもまた、ある種の植民地的な状況を凝縮させているのかなと思います。

多様な被災地

――被災地を訪問されている視点から、現時点での状況についてドキュメントしていただけますか。

赤坂　民俗学者としてフィールドから考えるのを基本だと思っていますので、できるかぎり被災地を歩きたいと願っています。その中で最初に語っておくべきなのは、被災地は極めて多様であるということだと思います。人間と風土と自然とが織りなす地域デザインが地域の景観を作っていると思いますが、それが極めて多様だということにあらためて気づかされました。

マスメディアは、津波によって壊滅したがれきの海のような光景を繰り返し流してきましたが、ある程度がれきの撤去が進んだ段階で飽きてしまったのだと思います。それ以上どぎつい映像を撮ろうとしても、もう転がっていない。でも歩いていると、市町村合併で統合された周縁部の地域には、行政の目が届いていないところがありますし、メディアも入っていないところがたくさんあります。それから、原発被災地に関しては、マスメディアは避難しましたので、ほとんどきちんとした報道をしてこなかった。そのことをどのように考えるのかとても気になります。東京のメディアがぶつかったある種の挫折は、がれきの海と化してしまった村や町に佇みながら、ふと気が付くとそれ以前にその土地にあった文化や人々が生きる姿、風景などを想像することができないということではなかったか。みんないっしょに見えてしまう。津波にやられたとか、全壊とか半壊、土台しか残っていないとか、焼けてしまったとか、いろいろ条件が違いますから被災地の細やかな風景の読み解きはあっても、それ以前にその向こうにあったものに対する想像力を持たなければ届かないところに立ち至ったのです。そのあたりからあらためて「東北とは何か」という問いが始まっていたような気がします。被災地に行ったこともない、東北を知らない人たちが東京のメディア上でいろいろなことを語りましたけれども、ほとんどは外しているし、届いていないという印象を持っていました。そういったことも含めて、あらためて被災地は極めて多様であるという現実から出発しなくてはいけないだろうと思います。

人と自然との関係

赤坂　この震災では、人と自然との関係が非常に厳しい形で問われたと思います。三陸から福島のあたりまでの海沿いの村や町を歩いていると、いろんなことを気づかされました。例えば、南相馬市の海岸に八沢浦《やさわうら》というところがあります。その地名がまさに語っているように、手のひらのような形をしているリアス式の八つの沢がある浦なのですが、それが全部泥の海になっていました。そこは明治三十年代に海との境を閉じて、干拓して田んぼにしたところです。近代に人間たちが浦を水田に変えてきた歴史が一瞬にして壊滅させられている。その風景が人と自然との関係でとても示唆的な気がしました。つまり、人間があまりにも自然の懐に深く入りこみすぎたところが、津波という自然の荒ぶる力によって逆襲されている風景に見えたわけです。

僕は民俗学者ですから風景の中にある神社がとても気になります。明治以降の開拓とともに生まれた神社は津波で流されていても、高台にある神社は生き残っている。そうした神社は古い時代から続く由緒ある神社であったりする。至るところで村は壊滅しているにもかかわらず、少し高台にある神社だけが生き残っている姿を繰り返し目撃して、神社がどういう意味を持つのか考えさせられました。人と自然との接点のようなところに人々は神社を建ててきましたが、近代以降、我々はさらに自然の側に畏れを忘れて足を踏み入れてしまったのかもしれない。もうひとつ、思いがけなかったのは縄文時代の貝塚遺跡が生き残っていたことです。貝塚は実は縄文海進のために少し高台に位置するので、流されていて当然と思われる遺跡が生き残っていたのですが印象的でした。人と自然との関係や大きな歴史を考えたときに示唆的なのかもしれないと思います。また、宮古市田老町の巨大な堤防がなぎ倒されているのを見たときに、人為的な堤防という装置によって自然の荒ぶる力をすべて防ぐことはできないという意味で、人と自然との関係について根底からの反省が求められていると感じました。それは、これから防災から減災への決定的な転換点になると思います。国の復興構想会議でもそうした方向へと舵が切られました。つまり、人が自然をまったく征服するのではなくて、どこかで折り合いをつける、その折り合いのつけ方がこれから問われていくのだろうと思います。

高台移転の問題も非常にむずかしいと思います。そもそも高台に移転しようにも場所がないところがたくさんあります。明治（一八九六年）と昭和（一九三三年）の三陸大津波のときにも、高台移転が解決策として繰り返し浮かび上がり、結局あいまいに潰れてきた歴史があります。昭和の大津波の後に高台に移ったことで生きのびた集落もありますから、これをどのように考えるのかというのがとても気になってきました。

暮らしと防災

赤坂　漁民なら海の近くに家を建てて住みたいというのが自然だろうと思いがちです。でも僕が今回聞き書きで歩いている中で、必ずしもそれが主流だとは思えない場面にいくつも出会っています。例えば、南三陸町（宮城県）の半島にある数十の漁村は、小さな堤防と港があってその背後に家がありましたが、全部やられている。ある集落で聞き書きしたときに、「ここに戻って暮らしを立てなおすことはもうできない」と漁業をやっている人たちがはっきり言っていました。その村は、今は全戸が漁民ですが、昭和三十年代のエネルギー革命までは、ほとんどの家が背後の雑木林で炭を焼いていました。彼らは生きのびるために生業の場を自らの環境の中から柔軟に選んでいる。炭焼きが成り立たなくなったときには、漁業権を持っていた湾の養殖に進出していく。かつての鉱山の町にあったような歴史がそこにあって、そういう景観が作られていく。彼らには入会地の山林があるから、そこではもしかしたらそれがひとつの解決策になるのかもしれないと感じました。ですから、ステレオタイプの漁村のイメージで眺めると見えないことがあるし、高台移転も外からの目で判断しないほうがいいのかもしれない。被災地のそれぞれの現場に対してもう少し細やかに、人がその土地でどのように生きて、その地の自然と関わりながらどのようなデザインをしてきたのかを考えることが必要になる。そういう土地の語りを掘り起こしていかないと、なぜそういう被災の状況が生まれたのか、その土地がこれからどのように復興していくのかというシナリオを作ることがむずかしいだろうと思います。

――防災対策も含めて今それが問われているわけですね。

赤坂　東松島市の海岸地帯も被災して厳しい状況にありますが、あのあたりは教え子の実家があったりして、よく通っていた土地でした。そこには海水浴場として知られるなだらかな海岸と低い堤防と松林があって、道路を挟んで二つの集落がある。条件的にはまったく変わらないのに、一方の集落の犠牲者数は甚大で、もう一方の集落の犠牲者はほんの数名だったと聞きました。二つの集落にそうした違いが出たのはどうしてか、不思議に思い尋ねてみると、「俺らは律義に避難訓練をやってきたからな」と言われました。堤防を造るといったインフラで防ぎきれないものがあるわけですが、その集落にはコミュニティが生きていたのだと思います。おそらく、どこの家に年寄りがいて、何かあったときにはその年寄りを助けて安全な場所に連れていくというような絆が日常的にあったのだと思います。そこでは津波についての記憶も語り継がれていますから、防災教育、減災教育がある。僕はそれを災害教育と言ってもいいと思っていますが、それが自然と受け継がれていた土地では、人々は生きのびる可能性をより多く与えられていたのかもしれない。人々の意識や教育、記憶をどれだけ豊かに語り継いでいるかといったことがぎりぎりのところで人を守ったりする。

今回は、人間がマニュアル通りに動くことによって被害を拡大した側面が多くあったと思います。律義に津波の恐怖を語り継ぎ、津波が来るとなったら家族も何もなく「てんでんこ」に逃げるしかないという知恵が受け継がれていたところでは、生き残る確率が高かった。やはり、人が何をなすべきのか、そういうことをきちんと想定しながら、地域のデザインなり建築なりをするべきなのかもしれない。少なくとも、その土地を知らない人たちが外で図面を描くという形では届かないものがある。偶然なのかもしれませんが、どうしてある人は生きのびて、ある人は亡くなったのか。偶然の上に見えないプラスアルファの力が働いていると思わされる場面がたくさんありました。

復興と記録の蓄積

――先生が現在取り組んでおられる「遠野文化研究センター」と、政府の復興構想会議で提唱された「震災アーカイヴセンター」についてお聞かせください。

赤坂　三陸の村や町で民俗文化がどのように記録されてきたのかと考えると、実は東北の中でも蓄積が極めて弱い地域だと思います。今回決定的なのは、村や町の歴史を知るための文献資料がかなり流されていることです。いくつかの町では壊滅状態で、せっかく集めた生資料、元資料が一切合財なくなったという声を聞いています。本格的な調査研究が少ないうえに、基礎資料も流されたということは、これから非常に厳しい状況が生まれるだろうと思いました。

遠野に遠野文化研究センターを作って活動を始めようとしたときに、第一にやろうとしたのはそれでした。遠野から全国に呼びかけて地域の歴史や文化を掘り起こすための基礎資料を集められないかと考え、コピーでいいから提供してくれないかと呼びかけることをまず考えたわけです。同時に『三陸民俗誌』のようなものを共同研究の形で作りたいと考えました。図書館などが被災し地域の資料も散逸してしまいましたから、これから本格的に調査や研究を組織していかなければなりません。例えば、岩手の大槌町で話を聞いたところ、何も残っていない。景観が残っていないだけではなく、村の辻に立っていた石碑やお地蔵さんなども含めた広い意味での文化財、その土地の歴史を証言してくれるものたちが軒並み根絶やしにされてしまっている。そこから自分たちの歴史的なアイデンティティをどのように立ち上げていくのか。今はまったく途方に暮れている状態です。

文化を主軸のひとつとした復興が始まっているかというと、まだとてもそういう状況ではない。がれきの中には、人々の生きた記憶が紛れこんでいますが、今は洗いざらいそれが焼かれようとしているのがとても気になります。その中には地域の文化財も紛れこんでいますから、がれきの撤去を終えてから文化の復興に向けて動きだしましょうという順番ではないと思います。地域の再建が始まって、津波に洗い流された地域をデザインしなおすには、もう今から動きださないといけない。陸前高田の場合も、広い意味での文化財が根絶やしにされて、震災以前をどう思い描いたらいいのかというところから始めなくてはいけない状況ですが、ものや文献的な資料がないだけではなく、語り部もいなくなっているかもしれません。

市町村合併の中でずっと指摘されてきたことですが、例えば大きな町と小さな村が合併すると、経済的な合理性で動かされていますから小さな村の文化財を収めた博物館や資料館は閉鎖されます。そうすると村の文化財の指定を解除されたものたちはどうなるか。そもそもほこりまみれで誰も関心を持たなかったものですから散逸してしまいます。そのことが今回もずいぶん影を落としていると思います。明治の市町村合併の後、南方熊楠は神社合祀に反対する運動をやりましたけれども、ある意味で、あそこで起こったのと同じことが起こっている。神社の神木を切り倒し、村の資料館に集められていた文化財がどんどん散逸して見えなくなっていく。市町村合併がもう少し定着していれば、周縁部に対するまなざしや配慮が生まれていたと思いますが、関係が落ち着く前に被災してしまいましたから、今は周縁部が一番見捨てられた状況にあるし、文化はなおさら見捨てられている。そこで文化的な復興をするのは至難の業だろうと思います。

もうひとつの問題は、語り部がいなくなっているということです。一九九〇年代の半ばあたりまでは、村に入ると明治生まれ、大正生まれの語り部がまだいました。彼らは自分の地域に対して誇りを持っていたし、問いかけると親や祖父母から聞いた語りを律義に語ってくれましたが、その世代は完全に退場している。昭和の語り部たちは、自分の親や祖父母が何かやっていたのをちょっと見たことがあるという間接話法の語りになってきている。しかも古いものに対する関心が極度に弱くて伝統的なものに対する蔑視みたいなものも非常に強くあるので、村の歴史を語ってくれるのは本当に気まぐれな少数派の老人になってしまっている。九〇年代に訪ねた村で「ちょっと来るのが遅かったね。あと一～二年早ければ、あそこのじいちゃんも、ここのばあちゃんも生きていた」と言われた。ですから僕は後ろ姿を見たなという気がしたのです。これから一〇年二〇年経って、語り部をどう育てていくのかがとても大きなテーマになってくると思います。

新たな仕掛け作りから

赤坂　復興の担い手となる若い世代への文化や歴史の継承をどのように立てなおすのか。その意味で、これまでとはまったく違った仕掛けを作りだす必要があるのかもしれないと思っています。今、遠野では「語り部」１０００人プロジェクトを始めています。単なる昔話の語り部ではなくて、その土地の歴史や文化や暮らしを語る語り部たちに広げながら、運動として語り部を育てることを始めています。もうひとつ、地域の祭りや芸能に関しても、研究者がむしろそれを指導するような段階にきています。村の中で一〇年二〇年前までやっていたことを復活しようという話が出てきたときに、「先生を呼んで教えてもらおう」みたいな話になる。地域の復興を文化の側面から支えていくには、それすら必要な時代になろうとしています。

三陸のそれぞれの村や町で文化を掘り起こすには、ＮＰＯのような形でもいいから若い人たちの雇用が生まれる形にして、文化の後継者を育てていく仕組みを作れないかと考えています。若者たちがそこにとどまって生きていくためには、雇用が必要です。この村のために尽くしたい、村を立てなおすために働きたいという若者たちはたくさんいる。彼らが文化の掘り起こしを託されて、お年寄りから地域の歴史や文化を聞いて歩く。また埋もれている石碑を掘り起こすといったことも重ねていくことによって、その若い世代が文化の新しい担い手として育っていくかもしれない。僕はできれば遠野文化研究センターでそれをやりたいと思っています。被災地はそれどころではないから助成金に自ら応募するなんてとてもできない。だから、我々が仲介する形で助成金を取って、それを被災地の文化の掘り起こしと若者たちを育てる資金として使えないかと模索しているところです。阪神大震災の後にも震災の記憶を語り継ぐための事業が起こって、かなりの人数が非常勤で雇用されたそうです。それが神戸市の人と防災未来センターに繋がり、記録資料としても役に立ったようです。被災地で若者に雇用の場を与えつつ、老人とうまくつないで聞き書きにより地域の歴史を掘り起こして積み重ねていく。そして、僕が提案した震災アーカイヴセンターのようなところにそれが集約されていく。つまり、文化を仲立ちとして雇用を生みながら記憶を語り継いでいく仕組みです。被災した市町村は数百ありますから、そこにお金を入れればかなりの雇用になります。ですから、新しい仕組みを無理やりにでも作って動きだす必要があると感じています。いろいろなものが壊れてしまったから、一から始めなければいけないわけですが、そこで若者たちが働く場面は多いと思います。そのとき老人世代と上手につなぐ仕掛けを作っていけば、変わっていくチャンスはあると思います。

——災害が起きる前から文化財は何があるかを把握しておかないと、災害があったときに何がなくなったのかがわからない状況になりますね。

赤坂 ある地域の文化財を含めた広い意味での文化を包括的に把握するという仕事はまだあまりされていません。しかし今はデジタルの技術がこれだけ進んでいますから、そこに大きく踏み出す段階にきていると思います。そのとき地域に暮らす人たちのアイデンティティみたいなところにそれがうまく繋がっていないと、「文化財だけ守って震災に遭って苦しんでいる我々を見捨てるのか」という当然の批判になります。それは災害が起こってから始めるのではなくて、平時に日常の中で行っておくべきだと思います。

文化の担い手と博物館の役割

——博物館はある意味で村の蔵、地域の蔵であるということに関してお聞かせいただきたいと思います。

赤坂 若者たちの姿が見えないのは、確かに数が少ないからです。彼らが活躍できるような場があれば、過疎化は進んでいないはずです。福島県で僕が原発から自然エネルギーへの転換について語り始めてから、例えば会津の小さな村で若者たちが集まって、自然エネルギー委員会というのを勝手に作って名刺を持って現れました。若者たちが集まってそんな動きを始めたのは、自然エネルギーが地域分散型、地域分権型の仕掛けであって自分でもできるからであり、地域が自立していく、あるいは地域の中で新しい自治を生み出していくきっかけに、もしかしたらなると彼らが直感的に気がついているからです。みんな一生懸命やりたいわけですが、何をどうしたらいいのかわからない。そこに参加したい、知恵を貸してくれ、という動きが始まっているのだと思います。自然エネルギーへの転換は、ひとつの仕掛けにすぎないと思いますが、そこから何が動きだすのかを僕は見たい。若者たちが文化の担い手となる最前線を作っていくような仕掛けを、今だからこそ作れるチャンスがあると思う。それを手探りで探しながら、若者たちとつながりたいと思っています。

博物館も転機だと思います。高度経済成長期の頃からたくさんの博物館が作られてきましたが、考古学的な遺物についてもすでに収集から活用へと転換が始まっています。とはいえ博物館には大切な役割があると思っていて、福島県立博物館でいろんな試みを始めています。例えば、去年から漆の芸術祭を開いて会津の地場産業である漆器と繋がりながら、町中でアートフェスティバルを仕掛けています。そのときに、博物館がなぜアートなのか、なぜ地域に出ていってそんなふうに働かなければいけないのかと内部からも批判がありますけれども、常に喧々諤々の議論の中でやっています。僕は博物館が地域の知恵の詰まった蔵になり、さらに蔵からあふれだして出会いの中で新しい文化を創っていくような場になればいいと思っていろいろ動いています。

いかにコミュニティを創造するか

――「文化を通じた復興」を進めるには何が必要になるでしょうか。

赤坂　地域の施設の連携がとても大切なテーマになってくると思います。お金をどうするかとか技術を提供するというのも大切ですけれども、まず県や地域の連携の中でやるべきことをどんどん進めなくてはいけない。岩手では遠野を中心にそれが少しずつ動き始めています。でも、福島の場合は、原発の放射能汚染の問題が被さっていますから、そこに入るのをみんな嫌がる。ですから非常に遅れていて、これから大きな問題になってくると思います。飯舘のように、計画避難という形で外に出た地域のお寺や神社や民俗芸能はどう継承されていくのか。飯舘から浜に向かう浜下《はまお》りの行事には地域のいろいろな繋がりがあったわけですが、今回の原発事故は、おそらくそういう地域の見えない絆を分断して消滅させていくと思います。ですから、ここからどのように地域のコミュニティを再建するかには留まらず、まさにコミュニティをいかにあらたに創造するかという問いが始まっています。

民俗学の立場からすると、村が移るときには少なくとも二つ行われることがある。ひとつは神社で、新しく作られた移転地の一番いいところに神社を作って神様を勧請して祀る。九州の五木村の場合にも神社が大事に移されているのが印象的でした。もうひとつはお寺とお墓で、先祖代々のお骨が埋葬されているお墓を移転地の入口のあたりに墓地として設定することです。村が移るには神様や死者たちとの絆をいっしょにそこに移さないとコミュニティとして定着できないわけです。政府の復興構想会議でもそのことが繰り返しテーマになりました。玄侑宗久さんがいらっしゃってその提案を何度もされていました。国としては、そういう宗教的なところにはお金も口も出すことはできないというのが建前ですが、会議の中ではそれなりに支持が集まりました。そういう意味では、都市計画をやる人たちと歴史や民俗をやる人たちがきちんと提携する必要がある。地域提携について言えば、遠野と三陸の村や町は非常に密接なつながりがありますから、今回も遠野が救援の中継基地になりましたけれども、文化の側面においても地域のある広がりの中で提携していくことによってやれることがたくさんあると感じています。

遠野文化研究センターでは、本を集める活動を始めています。大槌町と陸前高田は図書館が壊滅して、その職員も犠牲になりましたが、施設はいずれ九八パーセント以上の国の援助で建てられます。ただ、そこに入れる本は被災地の人たちにはとても集められない。それを寄贈するため百万冊集めたいと構想だけはぶちあげました。最初に「子供のための絵本を」と呼びかけたので子供の本を中心にいい本が集まってきましたし、夏休みには学生ボランティアもどんどん入ってきました。被災地でしばしば耳にしたことですが、避難所や学校に全国から本が送られてきましたが、とても本など読める状況でなかったり、学校に送られてきたダンボール箱に大人の本ばかり入っていて使いようがない、けれども捨てるわけにもいかないといった、被災地を知らないがゆえのすれ違いがあったようです。そこで、遠野文化研究センターでは集まってきた本を整理したうえでストックしています。被災地の村や町の小中学校や保育園などを訪ねてどういう状況であるのかを調べ、この小学校の図書室では今このくらいの本なら受け入れられるといったことを確認しながら、書架に入れられる状態が生まれたときに必要なだけの本を寄贈しようと考えています。それは遠野だからできることで、東京からそれをやろうとしてもできない。そういうきめ細かい顔の見える関係の中で文化の復興支援を何とか組み立てていきたいと思っています。こういうことは県では広すぎてできませんから、かつての藩ぐらいのエリアの文化圏をもう一度大事にしたほうがいいのかもしれない。

――今後は人間をアーカイヴとして育てていかないといけないわけですね。

赤坂　この震災によって二〇年とか三〇年という時間が早回しされて、過疎化が進んでいる村は一気にコミュニティ解体の寸前まで追い込まれている。非常に厳しい状況で、これはどこかでプラスにひっくり返していくしかないだろうと思います。

日本列島は、いずれ八千万人の人口になると予測されていますね。八千万人の日本列島をどのように思い描くことができるか、どのようにデザインするか、それを前向きに思い描き構想力を鍛えていく訓練が必要なのではないか。後退戦を演じながら後ろ向きにずるずる追い込まれていくのではなく、例えばこの時代だからこそ、人と里山との関係をどのように復活させたらいいのかを問いかける。八千万人の人口になれば、野生の自然が拡大して都市部に迫ってくるのははっきりしている。そのときに、あらためて人と自然の関係をどのように組み立てなおすのか。人口がマックスの一億三千万人のときには、浦も干拓して田んぼにして食糧増産しなければ生きていけなかったわけですが、そういう時代ではなくなる。だとしたら、人と自然との関係をデザインしなおして、八千万人の日本列島をどのように構想するか、思い描くかというところからもう一度実践的に将来の我々自身の姿やありようを考えなおすことが必要かなと思う。そのときに、我々が今置かれている大震災以後の厳しい状況を単なるマイナスではなく、プラスの方向にひっくり返す動きが始まるのかもしれないと思いたいのです。原発から自然エネルギーへの転換は、そういう未来への構想力を試される現場になるだろうと思っています。

2011.4.7　いわき市

福島から未来を創りたい

『福島民報』7月17日

この大震災によって、ビデオが早回しされるように、一〇年か二〇年先にやって来るはずであった世界が、いま・ここに手繰り寄せられてしまった。そんな感慨はたぶん、わたしだけのものではあるまい。津波による壊滅的な被害をこうむった三陸地方では、すでにコミュニティを解体する動きが始まっている、という。過疎化や少子高齢化のはてに、「限界集落」となり、ついにムラが離村・消滅へと追い込まれてゆく、といった近未来に訪れるはずであった風景が、いま・そこに、むき出しの現実と化して転がっているのである。

むろん、福島県とてその例外ではない。いや、むしろ地震・津波のうえに原発事故が重なることで、はるかに深刻な、また錯綜した状況が生まれている。いまだ原発事故の収束点は見えず、復興の第一ステージである除染作業すら始まったばかりだ。避難した人々の帰還へのシナリオなど、とうてい描きようもない。それがまぎれもない現実である。

とはいえ、福島＝フクシマはどうやら、原発に依存することのない社会へと大きな一歩を踏み出したようだ。県の復興ビジョン検討委員会が「脱原発」を提言し、県内にそれを支持する動きが静かに広がっている。これはしかし、けっして政治やイデオロギーにもとづく選択ではない。原発に癒しがたい傷を負わされた福島＝フクシマには、たぶん「脱原発」を掲げての再出発しかありえない。ここから、再生への道が開けてゆく。

悲惨のなかから希望への種子を見いださねばならない。たとえば、二〇年か、三〇年か先の近未来のあるべき風景を、いま・ここに招き寄せることは可能か。「限界集落」とは対極の方位に向けて、もうひとつの地域の将来像を思い描くことだ。そのための構想力が試されている。

原発から自然エネルギーへの転換。風力・太陽光・地熱・バイオマスなど、それぞれの風土に根差した自然エネルギー産業を、福島県に集積したい。それを核として、地域分権型の社会をデザインしてゆく。地域がそれぞれに、みずからの歴史や文化や自然を糧として、自立的に新たなコミュニティを創ってゆく時代が始まるのである。

社会学者の鶴見和子さんが提唱された「内発的発展論」が、いまこそ実践のなかで求められている。身の丈に合った暮らしや生業の風景を大切にする。地域の内なる創造的な力を信じる。多様性を認め合う。それが「内発的発展論」の志の核にあるものだ。村や町ごとに、復興や再生のシナリオは多様である。あくまで内発的に問いかけることだ。

厳しい時代が長く続くかもしれない。覚悟を固めて立ち向かうしかない。新たに生まれてくる絆がゆるやかに、福島に生きる人々を支えてくれることを信じたい。福島で、東北で働くために帰りたい、そんな若者たちの呟く声に、涙する姿に何度出会ったことか。この福島の大地から、福島の幸福のかたちを創るために、ともに働きたいと願う。

おまえ、俺の何がわかってるんだ、と呟く声がする

田附勝写真集『東北』解説、リトルモア、7月30日発行

田附勝さんのはじめての写真集『DECOTORA』を見たとき、思わず笑いがこぼれた。原色で飾り立てられたデコトラが、刺青のようにも、青森のネブタ絵のようにも見えた。なぜか、この人は東北に惹かれるだろうと思った。そんな直感がどうやら当たった。二冊目の写真集は『東北』と題され、いかつく武骨な東北とまっすぐに向かい合っている。いや、いかつく武骨なのはむしろ写真家のほうであったか。

東北を歩いていると、どこにでも当たり前に転がっているが、たとえば、写真のなかなどでは見かけることが稀な、そんな東北がたしかに、存在する。正直に書いておけば、わたし自身、そんな東北をうまく言葉をもって紡ぎだすことができたと感じたことは、たぶん、ただの一度もない。わたしが描いてきた東北は薄っぺらである。わたしはいま、東北からそれを突き付けられている。だから、わたしは田附さんの『東北』にいたく嫉妬を覚えるのである。

ここには〈3・11〉以前の東北が息づいている。瓦礫の村や町の背後にひっそりと埋もれている、記

憶の風景、かけら。そのいくつかは、おそらく永遠に失われたにちがいない。撮影地を拾ってゆくと、宮古・大槌・釜石・大船渡・気仙沼・石巻から岩沼・南相馬まで、東日本大震災の被災地が並んでいる。田附さんの受けたであろう衝撃が、すこしだけ想像できる。そして、はからずも〈3・11〉以後に刊行されることになった、この写真集はそれゆえに、見えない焦点のように、手痛い傷を負わされた三陸の村や町をずっしりと抱え込んでいる。意味の磁場が根底から変わってしまったはずの〈3・11〉以後の世界へと、この写真集は産み落とされたのである。眼を背けるわけにはいかない。

たとえば、撮影地が釜石市とされる写真を辿ってみる。「1鹿撃たれる」にはじまり、「27鹿の首を持つ男」「42鹿肉」「49鹿の血」「57雪の上の鹿の骨」「59撃たれた鹿」「67白浜家の鹿の角」と、狩りの獲物としての鹿が並んでいることに、関心をそそられる。偶然であったはずがない。それらはきっと、宮古市で撮られた「10川井村夏屋鹿踊」と対をなすものだ。かつて岡本太郎が、鹿踊りの背後から、縄文以来の鹿猟の伝統を浮かびあがらせようと試みたことを思い出すのもいい。ほかには、「15森の蛇」「29鮭の卵」「60山神様と日本犬」「64皮を剝がれた熊」など、やはり動物的な東北がさりげなく投げ出されてある。「47突きんぼ漁師中井林洋爾」の男など、その面構えは海の狩人そのものだ。

この、素っ気なくも『東北』と題された写真集には、ほかならぬ動物的な東北があふれている。人もモノも風景も、すくなからず血を滴らせ、肉の匂いを漂わせている。田附勝さんはどこまで意図してかあらずか、まさしく動物的な東北にこそ眼差しを向けていたのである。

そんな東北に去勢を施すなかれ。

おまえ、俺の何がわかってるんだ、と呟く声がする。

こんな挑発にみちた写真集が、〈3・11〉以後のカオスのなかから誕生したことに、ひそかな歓びを覚えている。

人と自然との関係が問われている

『AFCフォーラム』8月号、日本政策金融公庫、8月1日発行

すこしずつ被災地を歩きはじめている。

四月二十二日、福島第一原発から二〇キロ圏内が「警戒区域」となる。その前日から、南相馬市に入り、海に近く、津波に舐め尽くされた村や町を歩いた。瓦礫の海のなかに造られた道を、車でそろそろと走る。自衛隊や警察などの災害救援車両が行き交う。土埃が舞いあがる。一面に広がっている泥の海のかなたに、自衛隊員の小さなシルエットが列をなしている。どこでも見かけた遺体捜索の情景だ。頭が下がる。

いたるところに、途方もない破壊の跡がある。それがしかも、怖ろしいことには、帯のようによじれつつ数百キロの海岸線に連なっているのだ。そこに、きわめて多様な被災のかたちや姿が見いだされる。

この日は、相馬市の松川浦から海沿いに下ることにした。白砂青松の美しい松川浦は、そこに、なかった。松林は一本残らずなぎ倒され、その松の樹や枝が、かろうじて残った漁港の建物などに絡みつき、壁のうえを這っている。原町火力発電所の手前には、烏崎という漁村があった。浜下りと呼ばれる民俗

行事が行なわれてきた村だ。すこし高台に神社だけが残っていた。ほぼ壊滅状態だ。萱浜のあたりでは、泥の海のなかに無数のテトラポッドが、行けども行けども転がっていた。その下は一面の田んぼだ、という。八沢浦でも、泥の海の下にどこまでも水田風景が広がっている、はずだった。明治三十年代に干拓が行なわれて、浦が拓かれ、田んぼになった。その田んぼがすべて、津波に洗い流され、潟のようになっている。浦にもどったのだ、と思った。

神社だけが残った村をいくつも見た。縄文の遺跡や貝塚はたいてい助かった、と聞いた。人と自然との関係こそが、深いところから問われている。いずれ訪れるはずの人口が八千万人の日本列島の姿を、大きな構想力をもって描くことが求められているのかもしれない。

それは独立への手引き書だった

『毎日新聞』8月8日

夕暮れが近かった。すぐ眼の前に、大槌湾が静かに広がっており、蓬莱島が浮かんでいた。『ひょっこりひょうたん島』のモデルになったと語られている島だ。このたびの津波によって、灯台は流され、弁天の鳥居は折れ、堤防も失われた。思えば、その島はこの世からの逃れ人たちを乗せて、どことも知れぬ海のうえを流離してゆくアジールではなかったか。それはたぶん、海に浮かぶ吉里吉里国だった。

井上ひさしさんの作品には、くりかえし釜石・大槌・吉里吉里といった地名が登場してくる。懐かしい土地なのである。それがみな、津波の被災地となった。数も知れぬ小さな浦が壊滅した。たとえば、戯曲『たいこどんどん』には釜石鉱山が登場し、ツルハシ振るう地大工たちの、こんな歌が見える。「歌をうたおよ　坑道の底で　潰れた咽喉《のんど》で　血を吐きながら　わしら歌好き　念仏ぎらい　死出の山さえ歌で越す」と。それこそが、東北の最深部に埋め込まれた負の原風景であったにちがいない。唐突だが、それはいま、福島の原発事故の現場にありありと再現されているのかもしれない。

井上さんが語りつづけた東北の諧謔は、したたかに鈍重であり、むきだしに暗い。それはいつだって、あの負の原風景と背中合わせに見いだされる。『新釈遠野物語』などは、『遠野物語』のたんなるパロディを越えて、その生まじめさを嘲弄しながら、東北の生きられた語りの世界を奪い返そうとする挑発そのものであった。東京による地方文化の収奪にたいして、あきらかに過敏に応答した井上さんは、やはり東北の人だったのである。

『吉里吉里人』という小説では、「列車強盗ではねえのっす」と、いきなり学童服の少年警官が猟銃をかかえて現われる。いかにも周到に計算し尽くされたオープニングだ。そのとき、吉里吉里の東北人はたしかに、何物かを奪い返すためにこそ、上野発の急行列車に乗り込んできたのである。まぎれもなく少年は列車強盗だった。

一度だけ、井上さんとは対談のかたちでお会いしたことがあった。いまごろになって、そのときの井上さんの言葉のいくつかが、奇妙なリアリティとともに甦ることがある。『吉里吉里人』では、いたずら半分で、われわれは日本国から独立することができるかという思考実験をはじめた、という。憲法では、国籍離脱の自由が保障されている。国際法でも、たとえば山形市が日本国から分離・独立することは、土地と人、それに住民を代表する機関があれば、認められる。それから、井上さんは楽しそうに、独立宣言を出したあとに起こる出来事を順を追って語りはじめたのだった。

こうやって頭のなかの実験だけでも、日本国から独立して自分の国を作れるぞということをどこかに留保しておかないと、また、兵隊よこせ、女工よこせ、女郎よこせ、出稼ぎよこせと言われつづける東北になってしまうのではないか。われわれはこれまで、自分で動いて町や国を作ってこなかった。その訓練のためにも、『吉里吉里人』を書くことは必要なことだった、そう、井上さんは語ったのだった。

いまにして、『吉里吉里人』は独立の手引き書として書いた、という井上さんの言葉が生々しく実感される。この震災の惨憺たる状況のなかで、何人の人が『吉里吉里人』を読んだかと想像を巡らしてみる。吉里吉里は「医学立国」を掲げたが、それはどこか「医療特区」の提案に似ている。したたかに「特区」の構想を転がしながら、「分離・独立」へのプロセスを思考実験のなかに、いかに豊かに思い描くことができるか。この留保なしには、東北はいつまでも、米や部品や出稼ぎ者を貢ぎ物として差し出す「植民地」でありつづけることだろう。みちのくよ、いまこそ独立せよ。

復興のスピードアップを——市町村支援の態勢強化

共同通信、9月1日脱稿

この夏も被災地を歩いた。がれきはようやくメーンストリートから消えたが、その後に何を再建するのか、地域をどう復興するのか、まだ何も始まっていない。家の土台だけが残り、そこに花を供える人の姿が目立った。悲しみや怒りを抱えたまま迎えた鎮魂の夏だった。

委員をしている復興構想会議の六月の提言は施策に生かされているようだが、速度があまりにも遅い。それが被災した人たちの生きようとする力をどれだけ削いでいるか。新政権にはただちに復興の態勢を立て直し、本気で取り組んでほしい。

野田佳彦首相が、平野達男復興対策担当相と細野豪志原発事故担当相を留任させたことは評価できる。もし別の人に代わったら、また一から説明する必要があり、被災地からは怒りと絶望が噴出しただろう。秋に予定されている地方選挙は延期するべきではないか。

福島県飯舘村の菅野典雄村長は繰り返し「自己責任において」という言葉を使っている。とても重要な言い回しで、ある意味では国や県に絶望している。自分たちでやれることはやるという意思表示をしないと、何も動かないということだ。

最近も除染後の廃棄物を一時的であれ村内に集めてでも、除染を始めると宣言した。県内には同調する動きもある。どこが最終処分場になるのか、なすり付けあいをしていても始まらない。そこに生きる者の自己責任として始めるという宣言だ。これは国が大枠を決めて県に伝え、市町村が与えられた予算の範囲内で何かを行うという、これまでの政治システムに反旗を翻したものだと思っている。

日本の官僚は優秀だが、省益、前例を守るという行動原理を見直さないといけない。野田政権には官僚の力を活用するためのリーダーシップを発揮するとともに、特例措置をつくって突き進むような求心力のある動きを望みたい。菅直人前首相はその点が非常に下手だった。

復興の焦点はやはり福島だ。三三年ぶりに県人口が二百万人を切った。原発事故、放射能汚染という問題が解決するどころか、情報が小出しに出てくるだけに深刻度を増している。とどまるべきか、避難すべきかという問い掛けを誰もが突き付けられている。いずれチェルノブイリのように切り捨てられるのではという、漠然とした不安を多くの人たちが感じている。

人口が急速に減り二〇年、三〇年かけて起こるはずであった深刻な過疎化が、この一、二年で起きる。間違いなく日本地図そのものが変わる。東北は復興できるのか。そこでは日本全体の将来構想が問われているという当たり前のことを再確認しておきたい。

復興は地域が主体であり、市町村がみずからビジョンを作ることが基本だ。国や県は若いやる気のある官僚をさらに多く被災地の市町村に送り込んで支援態勢を強化し、この一、二年を支えてほしい。この震災が前例のない出来事であることを自覚して、前例主義を排しスピード感を持って復興に当たる姿を、きちんと見せてほしい。

この秋がいろんな意味で正念場となる。雪に覆われる前にやれるだけのことをやらないと、安心して冬が越せない。くしの歯が欠けるように人がいなくなり、とんでもない過疎の状況が生まれるのかもしれない。それはたんなる妄想ではないと感じている。

原発について、恥じらいとともに語りたい

『新潮45』8月号、新潮社、8月18日発行

恥じらいなしには語ることができない。〈3・11〉の以前、わたしは原発について、一度として、意見らしきものを表明したことがなかった。推進でも反対でもなかった。あえて言ってみれば、身の丈の思考をこそ尊ぶ民俗学者のはしくれゆえにか、どうにも生々しい関心を寄せることができなかった。そうして、結果的には思考停止の状態にあり、原発を容認してきたのかもしれない。

とはいえ、不明を恥じることはあれ、またいくらかの戸惑いはあれ、それ以上の感慨は湧かない。裏切られたという思いはあるが、だれかに責任をなすりつける気にはなれない。それ見たことか、などと言わぬばかりの高い声に出会うと、鼻じらむ。腹立ちがよぎる。しかし、その腹立ちが向かう先は、きっと自分自身なのだと気づいている。だから、恥じ入る気持ちなしには、原発について語ることはむずかしい。

しかも、それでいて、この間、わたしは相手の顔がわからないほどに、インタヴューを受けてきた。原発についても語ってきた。政府の復興構想会議のメンバーになったときから、わたしはそれを責務と

して、役割として引き受けざるをえない立場に置かれた、と思う。お蔭で、似たり寄ったりの発言をくりかえす羽目になり、わたし自身がだれよりも恥ずかしい気持ちに苛まれている。とはいえ、後悔はしていない。今回ばかりは、それが必要であったかと思う。

しかし、それにもかかわらず、見出しに「脱原発」という文字がにぎやかに躍っているのを見るたびに、違和感を拭えずにきた。わたしはインタヴューのなかで、「脱原発」という言葉を使っていない。ところが、見出しにはきまって「脱原発」と書かれる。なんとも落ち着きがわるい。すくなくとも、わたしにとって、「脱原発」はイデオロギー的な選択ではない。福島＝フクシマの悲惨な現実がもたらす、避けがたい、それ以外にはありえないリアルな選択である。

それゆえ、福島ではある覚悟の表明として、また事態を鮮明に炙りだすために、あえて「脱原発」という言葉を多用してきた。福島第一原発から遠い東京で「脱原発」について思い巡らし、語ることと、いまもそれがもたらした災厄の渦中で足掻いている福島で「脱原発」について、あくまで実践的に語ることとは、決定的に異なる精神の営みである。そこには、眩暈を起こしそうな断層が覗けている。

＊　＊　＊

わたしはとりあえず、そして頑なに、福島＝フクシマにとっての原発の意味だけを問いかける。そこにこそ、問題が凝縮されていると信じるからだ。それが他人事として遠ざけられるか、あるいは、我が事として、来るべき近い将来に起こるかもしれない出来事の先取りとして受け止められるかは、どちらでもいい。

原発事故が起こった。それはしだいに長期化の様相を帯びていった。その頃、だれもが気づいたことがあった。福島で作られた電気がすべて、東京に送られている、というじつにシンプルな現実だ。東京電力がそこにいた。汚れ役として登場したのである。しかし、福島には東京をなじることは許されなかった。いくつかの福島発のブログやツイッターが、ひかえめに非難の呟きを洩らしたばかりに、たちまち炎上するのを目撃された。なにしろ、原発という危険な（いや、「絶対安全」であったか……）巨大施設を受け入れた地域には、莫大な金が交付金その他の名目でもたらされてきたのである。福島はだから、共犯者であり、一方的に東京をなじることは許されない、といったところか。

とはいえ、そこにある種の「契約」や「取引」の関係が認められるとしても、それはかぎりなく非対称の、ゆがんだ関係にすぎない。対等なものではなかった。本国―植民地の関係によく似ている、といってみようか。東京から遠く隔絶した辺境の地に、東京の巨大な企業とゼネコンが原発を建設する。東電がそれを独占的に運営する。一万人の雇用が生まれる。下請け、孫請けが多いらしい。電源三法交付金や固定資産税が降ってくる。この交付金は時とともに目減りしてゆくから、モルヒネのように次の原発が欲しくなる。福島県が過去三六年間に受け取った電源三法交付金は二七〇〇億円である、という。たしかに巨額かもしれないが、今回の原発事故の被害の大きさと、東電が請求されるはずの賠償額（おそらくは、数兆円規模に及ぶ……）を思えば、とうてい引き合う「取引」ではなかった、というべきか（清水修二『原発になお地域の未来を託せるか』）。

関心をそそられるのは、原発の周辺には、じつは「モノ作り」などの地場産業は産み出されないということだ。たとえば、自動車メーカーのような製造業であれば、その部品を作る工場や製品の輸送業などの関連産業が近接して立地することによって、地域的な産業集積が生まれる。これにたいして、原発にかかわる原子炉メーカー、電気・核燃料・金属素材などの産業は、地元の中小企業がになえる業種ではなく、だから関連産業の集積もまたありえない（前掲『原発になお地域の未来を託せるか』）。地域の産業、ことに農業・牧畜業・水産業などの一次産業との共存もまた、原発にかぎっては考えにくい。そこには、原発に特化したモノカルチャー的な地域産業の構造が、避けがたくできあがってしまう。原発はきわめて排他的な、また中央集権的なエネルギーの生産システムなのである。

戦後、近年にいたるまで、長いあいだ、公共事業依存型の産業構造が形作られてきた。それは貧しい時代のサバイバル戦略そのものであったが、いつしか常態化して、やがて縮小へと向かっていった。わたしは東北の村々を歩きながら、地域社会がこの公共事業をモルヒネのように打たれつづけるうちに、みずからの生態環境に根ざした産業構造を根っこから突き崩されてゆく姿を、くりかえし聞き書きしてきた。わたしの眼には、原発がこうした公共事業の極限形態のように感じられる。それがいま、破綻と終焉の時代を迎えようとしているのかもしれない。

＊　＊　＊

福島はすでに、官民一体となって「脱原発」へと動き出している。いまだに原発事故の収束点が見えないなかで、福島が復興から再生へと足を踏み出すためには、それが欠かすことのできない出立のモニュメントのようなものであるからだ。福島には、第一原発は当然ながら、第二原発についても、再稼働という選択肢はなかったかと思う。もし、なし崩しにそうした選択へと追い込まれていたならば、福島はフクシマ＝FUKUSHIMAとして永遠に固定化され、ひたすら負のイメージを背負って生きることを強いられることになったはずだ。

そして、この「脱原発」のマニフェストはただちに、原発のない社会をいかに豊かに構想することができるか、という問いを招き寄せる。その問いへの真っすぐな応答なしには、「脱原発」など絵に描いた餅にすぎない。国策のレヴェルにおいては、原発をこれからも推進するのか、それとも原発なき社会へと歩みだすのか、きちんと国民的な議論をしたうえで決着をつければいい。福島は例外だ。すでに原発事故に端を発して、一〇万人の人々が家や地域を追われ、「流浪」化するといっただれも体験したことがない事態のなかにあり、まったく猶予がない。

だから、わたしはこの間、福島は原発から自然エネルギーへの転換の拠点となるべきだ、と飽かずくりかえし語ってきたのだった。そのために、福島県を自然エネルギー特区とする構想を、政府の復興構想会議でも、福島県の復興ビジョン検討委員会でも提案してきた。それは幸いにも、国と県の復興構想のなかに採用されるところとなった。県の復興にあたっての基本理念の冒頭には、「原子力に依存しない、安全・安心で持続的に発展可能な社会づくり」が掲げられている。

それにしても、いますぐに、自然エネルギーが原発に取って代わることはむずかしい。いくらかの移行のための時間が必要だ。それは地域社会の大きなデザインの変更をもたらすことだろう。原子力エネルギーが中央集権型の、人が自然を究極的に支配する技術であるのにたいして、どうやら自然エネルギーはそれとは対照的に、地域分散・分権型の、人が自然と戯れ共存するための技術（すくなくとも、その可能性を宿した……）である。この自然エネルギー産業の周辺には、地域に密着したかたちで製造業などが集まり、しかも、それぞれの自然環境に根ざした多様性を確保しながらの展開がおこなわれる。いうまでもなく、自然生態系にやさしい原発など、戯れ言以外の何物でもない。

この東日本大震災はおそらく、一〇年か二〇年の時間を早回ししてしまったにちがいない。三陸の村や町など、過疎化や少子・高齢化に苦しんできた地域はいま、コミュニティの解体や消滅といった現実に直面させられている。一〇年か二〇年後の世界が、いま・ここに手繰り寄せられてしまった、といっていい。しかし思えば、原発から自然エネルギーへの転換などは、数十年先に来るはずであった世界がいきなり、いま・そこに招き寄せられている図柄といえるかもしれない。悲惨のなかに希望を求めねばならない。

2011.8.28　大船渡市

旅師がリアスの村や町をゆく

『俳句界』9月号、文学の森、8月25日発行

少しずつ被災地を歩いている。津波に舐め尽くされた村や町が、海沿いに途切れることなく点在している。瓦礫と泥の海のなかに、家々の土台だけが残され、ぐちゃぐちゃに潰れた車が放置され、気が付くと、そのかたわらに漁船が打ち上げられている。焼け焦げた町もある。港近くの水産加工場は破壊し尽くされ、あたりは魚の腐敗臭とヘドロの匂いが充ちている。そんな凄惨な情景のなか、車を走らせ、辿りあるく。

たくさんの人が亡くなった。先日も、以前に勤めていた大学の卒業生と話をする機会があった。彼女は母親と妹、祖父母を失っていた。父親と二人きりになったのだ。けなげに振る舞っているが、ぽつりと、気が狂いそうになると呟き、涙ぐむ。胸が痛い、締め付けられる。しかし何もできない。寄り添うことすらできない。

ふと思い立って、河東碧梧桐の『三千里』をひもといてみる。この紀行はわたしのお気に入りの一冊だ。碧梧桐が松島から金華山を経て、石巻に到るのは、明治三十九年の十一月二十日である。明治二十

九年の三陸大津波から、ちょうど一〇年後、その傷跡に触れた記述はない。石巻は被災を免れたようだ。とはいえ、釜石から宮古にかけての紀行のなかにも、それらしい記述は見当たらない。すでに一〇年ほどで、そのあたりは津波の被災からの復興が果たされていたのかもしれない。

芭蕉の『おくのほそ道』には、「石の巻といふ湊に出。『こがね花咲』とよみて奉たる金花山、海上に見わたし、数百の廻船入江につどひ、人家地をあらそひて、竈の煙立つゞけたり」と見える。碧梧桐はこれを引いたあとで、石巻のいまについて、帆柱の影さえほとんど見ることができない、牡鹿半島の都も年々寂れてゆくがままになっている、と書いていた。明治三十九年の石巻はどうやら、たいへん寂しい街になっていたらしい。北上川の河口が土砂で塞がったことに、碧梧桐は石巻の衰えた原因をもとめている。「牡鹿唯一の都は無意味に廃頽に帰すべきではない」という。石巻の回復策として、河口の大浚渫・鉄道・勤倹誠実が挙げられた。北上川の大改修工事が始まるのは、この五年後のことだ。

十二月十三日、碧梧桐は朝七時に釜石を出帆し、宮古へと向かった。大槌や山田にも立ち寄る。深い湾をなして、四方はけわしい山に囲まれている。海は深く、水は澄んでいる。船近くに出没する水鳥がある。わたしもまた、北から逆に船で下ったことがある。リアス式海岸を海側から、のんびりと眺めた。海鳥がけたたましく鳴きながら、いつまでも船のまわりを飛んでいたことを思い出す。その三陸の村や町はどこも、深刻な津波の被災を受けた。多くの船も失われた。大槌湾に浮かぶ蓬莱島も手ひどく傷ついた。井上ひさしさんの『ひょっこりひょうたん島』のモデルの島だ、という。

被災地はゆるやかに復興へと向かう。そのかたわらを歩きながら、人々の語りに耳を傾けたいと願う。身の丈に生きることを学びなおす。民俗知の復権のために働こう。瓦礫の海の向こう側に横たわるものに、眼を凝らす。寄り添いつづけようと思うことはできる。そして、わたし自身の『三千里』を書き継いでゆかねばならない。この一〇五年前の旅師の歩きぶりに、熱い関心を覚えている。

『反欲望の時代へ』はじめに

山折哲雄・赤坂憲雄『反欲望の時代へ——大震災の惨禍を越えて』東海教育研究所、9月1日発行

山折哲雄さんと京都で対談したのは四月二十八日のことだった。地震に、津波に、原発事故に立ち向かうべきときに、山折さんがなにを考えているのかを知りたくて京都にお邪魔した、そんな対談だったような気がする。

以来、三か月余り、私は福島県立博物館館長として、遠野市立遠野文化研究センター所長として、そして東日本大震災復興構想会議委員として、東北の被災地をひたすら歩き、考える日々を続けてきた。東北は一九年にわたって「東北学」の拠点としてきた地である。とりわけ福島は私の父祖の地でもある。友人が、仲間がいる。悲劇は、私にとってもとより対岸の火事ではない。

東北は、いま、鎮魂の夏を迎えている。二万人の初盆である。被災地では、犠牲者に手向ける花が、鎮魂の風景が、いたるところに絶えない。

福島県南相馬市の海岸を歩いた。徹底的に津波に舐めつくされ、瓦礫と泥の海となっていた海岸地帯に、夏を迎えて緑の雑草が生い茂っていた。茶色の荒野が緑に埋まり、ところどころに瓦礫が顔をのぞ

かせて、自然の猛々しさをも感じさせる異様な光景が広がっていた。このようにして、悲劇は人間の眼に見えないものになっていくのだなと思った。

土台を残して根こそぎ消えた家の跡に、新しい高灯籠がぽつんと立てられていた。死者の魂が、荒野と化した町で道を見失わないように。死者のために還るべき家のありかを指し示している。賽の河原のような風景のなかで、いまだ遺体の見つからない子どもを捜し続ける父親がいた。

海岸に、人影があった。十数人はいただろうか。どうやら、車を連ねて親戚みなでここにやって来た、あるいはここに暮らしていた人たちが打ち揃ってやって来たようだった。砂浜に立ちすくみ、みなで海の向こうを見つめていた。海に花を手向けていた。声は聞こえなかったが、口々になにかを語りかけているようだった。おそらくはいまだ行方が不明のままの犠牲者の魂に、みずからの思いのたけを寄せる人たちを、じっと眺めているしかなかった。

いたるところに手向けられている花束が、泥の海が消えてしまってもここでなにが起きたのか忘れはしない、忘れさせはしない、そんな悲しみと怒りの表出に見えた。対談で山折さんが繰り返し語っていた、死者の魂の行方の意味を思った。胸を衝かれた。

たとえば、メディアの言葉はここに届いているか。復興の空念仏ばかりが空虚に響いてはいないか。東京からは決して見えない悲劇が、現在も進行している。いや、これからなにが起こるのか。悲劇はまだはじまったばかりなのではないか。

とりわけ原発被災地の現状には怒りを覚える。葬送の浜辺でなにが起きているのか。捜索さえされずに放置されている遺体がいまだにあの海辺には眠っている。忘れるわけにはいかない。魂はどこへ行くのか。反時代的な問いかけに思えるかもしれない。だが、被災地を歩くと、まさにそれこそがいまもっとも大切なテーマなのだということが実感される。

メディアが、世間が、忘れ去ろうとしているだけだ。まだ、五か月。被災地の状況は深刻さを増している。「がんばろう」とか「日本はひとつ」などというお題目で抑えつけていたことどもが、やがてあふれ出す。深刻なできごとが次から次へと起こっていくのかもしれない。繰り返す、二万人が犠牲となって、まだ五か月である。

本書には対談で触れられたさまざまな文章を掲載した。山折さんが、そして私が、今回の震災を考えるためのよすがとした文章である。言葉がきちんと根を下ろして広がっていく気配が希薄だ。言葉が状況を支えられなくなっている。言葉ではなく、数字を信じる科学が犯した過ちを、ここまで見せつけられたいまこそ、言葉の力を取り戻さなければならない。そこからはじめなければならないと強く思う。先人たちの文章にじっくりと眼を凝らしたいと思う。

震災と東北

『Japanese Book News』vol.69、国際交流基金、9月1日発行

東日本大震災はまさしく東北を直撃した。マグニチュード9の大地震と、その後に続いた大津波が、五百キロにわたる海沿いの村や町を舐め尽くし、破壊したのである。死者・行方不明者は二万人をはるかに超える。さらに、福島県では原発事故が重なり、より複雑な被災状況が生まれている。そこでは、多くの人々が一時的ではあれ、生まれ育った村や町を離れて暮らすことを強いられている。この大震災が原発事故によって、たんなる自然災害から、自然と人為が絡まりあった複合災害へと大きく姿を変貌させていったことを忘れてはならない。

それにしても、大震災の舞台となった東北地方への関心が高まっているようだ。マスメディアは〈3・11〉以後、瓦礫の海と化した被災地の映像をひたすら流しつづけてきたが、それはいつしか飽和状態に達した。〈3・11〉以前の記憶をもたぬ人々には、瓦礫の底に、それぞれに個性的な顔をもった村や町が埋もれていることへの想像力が欠落していたのかもしれない。東北が遠いこと、そこに未知なる世界が広がっていることへの気づきが、しだいに生まれてくる。東北とは何か、という問いがせり出

してくる。

わたし自身はその東北を、この二十数年間にわたって歩きつづけてきた。山あいの村や海沿いの町をフィールドとして、聞き書きや取材の旅を重ねてきたのである。今回の被災地のほとんどは訪ねるか、すくなくとも車で通り過ぎたことがある。それゆえ、〈3・11〉以前の記憶をいくらかは持ち合わせている。〈3・11〉以前／以後の、あまりに凄まじい風景の断絶に、幾度となく言葉を失い、ただ立ち竦むことしかできなかった。

東北とは何か、という問いは幾重にも屈折する。このたびの地震・津波と原発事故は、視界から沈められてきた東北を白日の下にさらした。その東北は古めかしい、前世紀の遺物のような表情をしている。あるいは、これから一〇年、二〇年の歳月をかけてこの地方が辿り着くはずであった将来の東北が、一気にたぐり寄せられてしまったようにも思われる。東日本大震災はあきらかに、過去／現在／未来をめぐって、時間軸に巨大なひずみをもたらしたのである。

精神史のなかの東北について語りたい、と思う。民俗学的なフィールドから浮かびあがる東北は、ひとつではない。そこには中心がなく、きわめて多様な文化や歴史や風土が見いだされる。しかし、この大震災によって、古来より関が置かれ、東北への入り口と見なされてきた白河の以北／以南のあいだには太い線引きがなされ、東北はあらためて辺境＝みちのく(道の奥)として再発見されたのかもしれない。ひとつの東北が発見されるとき、そこには避けがたく、東北への差別と蔑視のまなざしが絡みついている。

千数百年前に、古代東北に暮らしていた、縄文の末裔である蝦夷＝エミシの民は、ヤマト王権によって征服戦争を仕掛けられた。それ以来、東北は辺境＝みちのくとしての負の歴史を背負わされることになった。近代のはじまりの戊辰戦争においても、その東北は奥羽越列藩同盟を結んで西日本の勢力と戦い、手痛い敗北を喫した。東北はそうして、敗者の精神史に縛られ、喘いできたのである。明治以降、太平洋戦争の敗戦にいたるまで、東北における国家的な開発プロジェクトはたったひとつ、明治十年代の野蒜築港だといわれている。それは台風の高潮によって挫折を強いられた。東北地方はそれ以降、国策として熱帯産の作物である稲を作ることを求められ、寒冷な気候風土ゆえに、近代にもくりかえし冷害と凶作に見舞われることになった。しばしば自嘲のごとくに、戦前の東北は、東京への貢ぎ物として「男は兵隊、女は女郎、百姓は米」を差し出してきた、と語られる。

そんな東北はもはや過去のものだ、東北は十分に豊かになった、と感じはじめていた。しかし、どうやらそれは錯覚であったらしい。大震災が隠されていた現実をむき出しにした。戦後の東北は、電気と部品と食料を東京への貢ぎ物としてきたのである。東北の豊かさは、なんと危うい構造のうえに築かれていることか。たとえば、東京に電気を送るための原発を受け入れるのと引き換えに、福島県の相双地方には、わずかな物質的豊かさが与えられた。そこがかつて、「浜通りのチベット」と呼ばれていたのは、むろん偶然ではありえない。やはり原発を受け入れてきた青森県の下北半島と、構造は瓜二つといっていい。古さびた、ほとんど植民地のような状況である。

それにたいして、三陸の村や町は原発を拒んだ。いわば、相双地方や下北半島とは異なった選択をしたのである。そして、この地方は厳しい過疎化の波に洗われながら、明治二十九年、昭和八年に続く、このたびの平成の大津波によって、またしても壊滅的な状態へと追い込まれた。復興はおろか、復旧へのシナリオすら描くことができぬままに、力尽きて、ついにコミュニティを解体する集落が現われはじめている。それはたぶん、少子高齢化と過疎化のはてに、「限界集落」が辿ることになると想像されてきた、一〇年か二〇年先の近未来予想図であったはずだ。大震災は早回しのフィルムのように、数十年の時間を短縮してしまったのである。

くりかえすが、東日本大震災は東北の時間軸に巨大なひずみをもたらした。大津波に洗われた村や町のうえに、過去／未来が奇妙によじれ繋がりながら影を落としている。いずれであれ、この大震災は無残にも、それぞれの東北が背負う、それぞれに厳しい猶予の許されぬ現実を顕在化させたのである。

それにもかかわらず、悲惨のなかにこそ希望の種子はすでに蒔かれてあるのではないか。わたし自身は、政府の復興構想会議のメンバーとして、会議のなかで「福島県自然エネルギー特区構想」を提案してきた。それは、六月二十五日に発表された第一次の提言のなかに、豊かなふくらみをもって盛り込まれている。それに呼応するように、福島県の復興ビジョン検討委員会によっても、「脱原発」から自然エネルギーへの転換というシナリオが提示され、それはいつしか福島の県民世論と化していった。

福島県は地震・津波の被害に加えて、原発事故とそれがもたらす風評被害によって、決定的ともいえるダメージを受けている。大地や海は原発から漏れだした放射性物質によって汚染された。世界はもはや、福島をチェルノブイリと並べてフクシマ＝FUKUSHIMAと呼び、HIROSHIMA・NAGASAKIからFUKUSHIMAへと連なる歴史を語りはじめている。フクシマは決定的なマイナス・カードと化したのである。しかし、だからこそ、ここに未来への希望が生まれてくる。耐え忍んではいけない、ここは前向きに戦うことだ。マイナス・カードを裏返す方法はないか。いつしか、原発から自然エネルギーへの転換というテーマが浮き彫りになってゆく。それが、私自身の発見したプラスのカードだった。

もっとも傷ついた福島＝フクシマから、放射能によって汚染された大地を浄化し回復する戦いをはじめねばならない。おそらく、それは人類に課せられたテーマの先取りとなるはずだ。そして、その向こう側に原発に依存することのない社会をめざして、多様な自然エネルギーの可能性を開いてゆく実践の場としてのフクシマ＝福島が浮かびあがるにちがいない。福島の人々はいま、それぞれに前を向いて歩みはじめようとしている。

創造的な復興に向けての戦略的なシナリオが求められているにちがいない。世界から寄せられたあたたかい支援にたいする感謝の思いを、いかに伝えることができるか。明日の世界を創るために働くことこそが、その何よりの表現になる、とわたしは信じている。

自然の記憶の覚え書きがほしい

『kotoba』秋号、集英社、9月6日発行

一

いつから、わたしたちは天災に遭うたびに、寺田寅彦の名前を思いだすようになったのか。このたびの震災の渦中にあっても、その名前にくりかえし出会い、その印象的な言葉のいくつかに触れることがあった。たぶん、その幾編かのエッセイのなかに、人間と天災との関係にまつわる深い思索が凝縮されているからにちがいない。

いま、わたしの手元に、『天災と日本人　寺田寅彦随筆選』と題された、山折哲雄の編になる文庫本がある。あらためて読み返してみると、これはたしかに刺激に満ちたエッセイの群れだ。それにしても、寺田寅彦とはだれか。山折によれば、寺田は物理学を学んだ地震学者であり、尺八の音響学的研究をはじめ、電気火花・ガラスの割れ目・金平糖の生成などの現象を独自に分析し、夏目漱石を師と仰いで科学随筆の分野にあらたな境地をひらき、俳諧にも一家言をもっていた、いわば「専門の枠をのりこえる、

感性豊かな複眼思考の科学者」だった。たしかに現代風ではない、いまどき、こんな科学の人にお目にかかったことはない。

そういえば、最近はノーベル賞を受賞した科学者たちの発する言葉も、大いに様変わりしたようだ。その軽薄さや俗っぽさに鼻白んだことも、一度や二度ではない。いや、もはや科学が言葉を、それゆえに哲学を必要とはしていない、ということなのかもしれない。〈3・11〉以後、わたしたちは信頼を寄せることができる科学の言葉に、どれだけ遭遇してきたか。そう問いかけてみれば、あきらかだ。だから、寺田寅彦の言葉にじっくり付き合ってみたいと、時代錯誤に思うようになった、と書きつけておく。

二

たとえば、「日本人の自然観」というエッセイのなかには、われわれは通例、便宜的ではあれ、自然と人間とを対立させ別々の存在のように考えるが、これは「現代の科学的方法の長所であると同時に短所である」と見える。しかしながら、この自然／人間とはじつは「合して一つの有機体を構成しているのであって究極的には独立に切り離して考えることのできないものである」と、寺田はまっすぐ指摘している。現代の科学はいわば、ひとつの有機的な連続性をなしている自然／人間を切断したうえで、自然をオブジェ（対象物）として客観的に観察することを方法とする、といったところか。それをのちに、寺田は浅薄な「教科書学問」と揶揄するはずだ。

とても唐突ではあるが、わたしはじつは、〈3・11〉以後、被災地をすこしずつ歩きながら、ある奇妙な問いにしばしば囚われてきた。それは、これは天災なのか、人災なのか、そもそも天災／人災とは自明に分割することができるのか、といった問いだ。津波は天災であり、原発事故は人災である、と疑うこともなく断言されるのを見聞きするとき、いくらかの留保が必要かもしれないと思う。しかし、それはなかなか微妙な問題であり、そのままに口にすればきっと要らぬ誤解を招くことになる。むろん、原発事故はどれほど「想定外」なるセリフをもてあそぼうが、人災そのものであり、言い訳は許されない。

それでは、津波は純然たる天災なのか。四月なかば、福島県の南相馬市で、津波がもたらした泥によって覆い尽くされた情景を前にしたとき、これを天災とのみ言うのは誤りではないか、と感じたことを思いだす。そこは明治三十年代以前には、リアス式に切れ込んだ浦だった、と聞いた。大規模な干拓によって、水田のある風景が一面に広がることになった。百年ほどの時間を刻まれた、新しい風景だったのである。そこが津波にやられて、泥の海になった、いや、潟に還ったのかもしれない。わたしはそのとき、人間たちがあまりに深く自然の懐に入り過ぎたために、津波という自然の荒ぶる力による逆襲を受けたのではないか、と思った。すくなくとも、ここでは干拓という人為がなければ、このような被災の状況もまたありえず、それゆえに、天災／人災のあいだにあきらかな分割線を引くのはむずかしいと感じた。どこか不遜な妄想が浮かんだ。あらゆる自然災害は人災なのではないか、そこに人間とその暮らしの営みがなければ、災害そのものが存在せず、それはたんなる自然現象のひと齣にすぎないはずだ、と。たとえば、自然／人間のあいだに分割のラインを引いて切り離すがゆえに、津波は自然の側に追いやられ、天災という性格を濃密に帯びることになったのかもしれない。

当然とはいえ、もうすこし精緻な議論がもとめられる。寺田のエッセイ「天災と国防」が、いくらか異なった角度から光を投げかけている。寺田はここで、とても大切な、しかし忘れられがちなこととして、「文明が進めば進むほど天然の暴威による災害がその激烈の度を増すという事実」を指摘している。たとえば、人類がいまだ未開の時代にあって、頑丈な岩山の洞窟に住んでいたならば、たいていの地震や暴風でも被害はなく、そもそも破壊されるべき造営物そのものがなかった。もうすこし文化が進んで、掘っ立て小屋を造るようになっても、地震にはかえって安全であり、復旧もまた容易だった。近代以前の人間たちは、自然にひたすら従順であることによって、逆に「減災」にもとづくサバイバル戦略を生きていたのではなかったか。

やがて、文明はまったく新しい風景を現出させるだろう。

文明が進むに従って人間は次第に自然を征服しようとする野心を生じた。そうして、重力に逆らい、風圧水力に抗するようないろいろの造営物を作った。そうしてあっぱれ自然の暴威を封じ込めたつもりになっていると、どうかした拍子に檻を破った猛獣の大群のように、自然が暴れ出して高楼を倒潰せしめ堤防を崩壊させて人命を危うくし財産を亡ぼす。その災禍を起こさせたもとの起こりは天然に反抗する人間の細工であると言っても不当ではないはずである。災害の運動エネルギーとなるべき位置エネルギーを蓄積させ、いやが上にも災害を大きくするように努力しているものは誰あろう文明人そのものなのである。

わたしは南相馬の浦を覆い尽くした泥の海を思い浮かべる。それはまさしく、人間とその文明が自然を征服しようとした野心の、ひとつの避けがたい帰結ではなかったか。むろん、干拓事業の是非を問うているわけではない。批判の意志など、かけらも持ち合わせていない。とはいえ、眼の前に広がっていた災禍が、ほかならぬ「天然に反抗する人間の細工」に淵源することを、まったく否定することはむずかしい。

寺田はさらに議論を転がしてゆく。すなわち、文明が進むにつれて、個人が社会を作り、職業の分化が起こる。そこでは、たとえば村の貯水池や水車小屋が自然の暴威によって破壊されれば、多数の村人たちが同時にその損害をこうむるだろう。そして、二十世紀の現代にあっては、日本社会そのものが「一つの高等な有機体である」ことを忘れてはならない。さまざまな動力を運ぶ電線やパイプが縦横に交叉し、さまざまな交通網が隙間もなく張り渡されている。そのありさまは、高等動物の神経や血管のようなものだ。そのどこか一か所であっても故障が生じれば、その影響はたちまちにして全体に波及する。そう、寺田はいう。

まさに、このたびの大震災においては、交通インフラ、物資や情報の流通網が寸断されることによって、被災地のみならず、日本社会の全体が大きな被害をこうむったのである。「一つの高等な有機体」の意外な脆弱さが目撃されると同時に、毛細血管のような狭い地域の流通網が生き残り、人々の命を支えたことは確認されておいたほうがいい。寺田が指摘していた、「文明が進めば進むほど天然の暴威による災害がその激烈の度を増すという事実」を、わたしたちはみな、身をもってそれぞれに体験したにちがいない。携帯電話という文明の利器がどれほど脆いものであったか、それを思い起こすだけでいい。

三

「天災と国防」には、ほかにも興味深い暗示がさりげなく埋め込まれている。この大震災にかかわる多様な経験をいかに蓄積し、継承してゆくか。そのために広範な聞き書きの仕事を組織しなければならない、そう、わたしは震災直後から語り続けてきた。民俗知の復権というテーマもまた、そこには絡んでいた。ここでも、寺田の議論には励まされる。

たとえば、こんな一節があった。

しかし昔の人間は過去の経験を大切に保存し蓄積してその教えに頼ることがはなはだ忠実であった。過去の地震や風害に堪えたような場所にのみ集落を保存し、時の試練に堪えたような建築様式のみを墨守してきた。それだからそうした経験に従って造られたものは関東震災でも多くは助かっているのである。大震後横浜から鎌倉へかけて被害の状況を見学に行ったとき、かの地方の丘陵のふもとを縫う古い村家が存外平気で残っているのに、田んぼの中に発展した新開地の新式家屋がひどくめちゃめちゃに破壊されているのを見たときにつくづくそういう事を考えさせられたのであったが、今度の関西の風害でも、古い神社仏閣などは存外あまりいたまないのに、時の試練を経ない新様式の学校や工場が無残に倒潰してしまったという話を聞いていっそうその感を深くしている次第である。

このエッセイが書かれたのは昭和九年であるから、関東大震災からは一〇年あまりが経過していた。その間に起こった、昭和八年の三陸大津波なども視野に収めながら、寺田は災害にまつわる経験知の大切さを語ったのである。関東大震災のあとに、横浜から鎌倉へと被災状況の見聞調査をおこなったらしい。丘陵の麓の古い民家が意外なほどに無事であったのにたいして、田んぼのなかの新開地の新式家屋がひどく破壊されていた、という。すなわち、明治以前には、集落は過去の地震や風害にも堪えたような場所にのみ営まれ、住居もまた、時の試練を堪えた建築様式だけが受け継がれてきたのである。そうして、昔の人々は過去の経験を大切に保存・蓄積し、それを教訓として、将来の災害にたいして備えを怠らなかった。それらの経験に根ざした知恵や技こそが、民俗知として括られるものだ。

あるいは、次のようにも語られていた。

災害史によると、難波や土佐の沿岸は古来しばしば暴風時の高潮のためになぎ倒された経験をもっている。それで明治以前にはそういう危険のあるような場所には自然に人間の集落が稀薄になっていたのではないかと想像される。古い民家の集落の分布は一見偶然のようであっても多くの場合にそうした進化論的の意義があるからである。その大事な深い意義が、浅薄な「教科書学問」の横行のために蹂躙され忘却されてしまった。そうして付け焼き刃の文明に陶酔した人間はもうすっかり天然の支配に成功したとのみ思い上がって所嫌わず薄弱な家を立て連ね、そうして枕を高くしてきたるべき審判の日をうかうかと待っていたのではないかという疑いも起こし得られる。

ここに「進化論的」という言葉が見えるのは、むろん偶然ではない。ほかのところには、「旧村落は『自然淘汰』という時の試練に堪えた場所に『適者』として『生存』している」といった表現も見られる。まさに無進化論的な解釈の図式、いや、おそらくはメタファーが選ばれていたのである。時の試練を潜り抜けて、そこに存在する民家、そして集落は、たとえ偶然の所産のように見えたとしても、その多くは「進化論的の意義」があって、そこにそのように存在するのである。ところが、明治以降、浅薄な「教科書学問」が横行したために、そうした時の試練に耐え抜いてきた経験知もしくは民俗知は忘却されてしまった、そう、寺田は述べていた。

このたびの東日本大震災についても、こうした視点からの調査や研究が生まれてほしいと思う。万里の長城とも囁かれた巨大な堤防が破壊された、途方もない現場に立ったとき、近代工学的な発想は根底からの反省を迫られたはずだ。文明が自然を征服することはありえない。だからこそ、「防災」から「減災」への転換が、復興構想会議の提言のなかにも掲げられることになった。さまざまな災害にまつわる民俗知の掘り起こしがもとめられるはずだ。

四

あるいは、「災難雑考」にはこんな痛烈な言葉が書き留められてあった。

大津浪が来ると一と息に洗い去られて生命財産ともに泥水の底に沈められるにきまっている場所でも繁華な市街が発達して何十万人の集団が利権の争闘に夢中になる。何時来るかも分からない津浪の心配よりも明日の米櫃の心配のほうがより現実的であるからであろう。生きているうちに一度でも金を儲けて三日でも栄華の夢を見さえすれば津浪に攫われても遺憾はないという、そういう人生観を抱いた人たちがそういう市街を造って集落するのかもしれない。それを止めだてするというのがいいのかどうか、いいとしてもそれが実行可能かどうか、それは、なかなか容易ならぬ六かしい問題である。

今回もまた、明治二十九年、昭和八年の三陸大津波のあとと同様に、高台への移転というテーマが浮上している。寺田の考えるところはあきらかだろう。「津浪と人間」のなかでは、こんなふうに述べていた。すなわち、――津浪に懲りて、はじめは高いところに住居を移していても、五年、一〇年、二〇年と経つあいだには、いつともなく低いところへと人口は移ってゆく、そうして運命の日が忍びやかに近づいてくるのである、と。いつやって来るか知れぬ津波の心配よりも、明日の米櫃の心配のほうが、より現実的であるからこそ、人は津波の記憶を忘却するのである。

しかし困ったことには「自然」は過去の習慣に忠実である。地震や津浪は新思想の流行などには委細かまわず、頑固に、保守的に執念深くやって来るのである。紀元前二十世紀にあったことが紀元二十世紀にもまったく同じように行われるのである。科学の方則とは畢竟「自然の記憶の覚え書き」である。自然ほど伝統に忠実なものはないのである。

（「津浪と人間」）

人間が欲に目がくらんで震災の記憶を忘れても、自然のほうはまったく過去の習慣や伝統に忠実に、執念深くまた訪れる。それゆえに、科学の法則とは、「自然の記憶の覚え書き」であるという言葉は、とても魅力的なものだ。災害を防ぐことはできない。残された唯一の方法は、人間がもうすこし過去の記録を忘れないように努力することだ。科学は人間に未来を授ける。だから、日本国民の災害にかかわる科学知識の水準をずっと高めることができれば、はじめて天災の予防が可能になる。そのためには、何よりもまず、普通教育のなかで、もっと立ち入った地震や津浪の知識を授ける必要がある。そう、寺田はくりかえし力説していた。

そう言えば、「災難雑考」のなかには、「災難の進化論的意義」に触れて、こんな人を食ったような一節があった。

平たく云えば、吾々人間はこうした災難に養いはぐくまれて育って来たものであって、ちょうど野菜や鳥獣魚肉を食って育って来たと同じように災難を食って生き残って来た種族であって、野菜や肉類が無くなれば死滅しなければならないように、災難が無くなったらたちまち「災難饑餓」のために死滅すべき運命におかれているのではないかという変わった心配も起こしえられるのではないか。

当然ではあるが、「変わった心配」ではあった。ともあれ、文明が進むほどに、天災はより巨大な災厄を人間たちにもたらす。平生からそれにたいする防御策を講じなければならないにもかかわらず、それがいっこうにできないのは、なぜか。天災が忘れた頃にやって来るからだ。それにしても、人間（とりわけ日本人）は「災難を食って生き残って来た種族」であるという指摘には、虚を突かれる。盲をひらかれる。とてもいい。わたしたち日本人の自画像としても、なかなかにいい。

あらためて思う、言葉を蔑む科学は信ずるに値しない、それは言葉からの厳しい反撃を受けるだろう。「自然の記憶の覚え書き」を探り当てる、そんな科学が復権する日を、ひそかに待ち望むことにしよう。

聞き書きの旅が求められている

『有鄰』第516号、有隣堂、9月10日発行

四月のなかば、宮古から山田、大槌、釜石、大船渡、陸前高田と辿ったときには、行けども行けども瓦礫の海が広がっていた。道はいたるところ寸断されて、行き交う緊急車両に遠慮しながら、車は手探りに進んだ。地図は役に立たず、土地勘も頼りにはならない。車のディーラーゆえに、近辺の道を知り尽くしている遠野の友人が運転手でなければ、そこかしこで立ち往生したにちがいない。

それから三か月足らずが過ぎた。瓦礫の撤去は進んでいるが、復興の槌音といったものからは、なおはるかに遠い。

大槌町の仮役場がある城山から、町を眺望する。津波に洗い流され、火災が舐めた町には、わずかに鉄筋コンクリートの建物が残骸をさらしている。海がすぐそこに見える。残らず本が流された図書館の裏手に、石碑が残っていた。昭和八年の三陸大津波から、ちょうど一年後に建てられた「大海嘯救命碑」である。碑文には、「地震があったら津浪の用心せよ」「津浪が来たら高い所へ逃げよ」「危険地帯には住居をするな」と見える。戒めはいたずらに繰り返される。高台への移転というテーマが見え隠れして

いる。

その翌日、山田町を訪ねた。小さな半島の付け根にあたる船越は、二つの湾から押し寄せた津波が合わさって、大きな被害を受けた。鯨と海の科学館は海に近く、一〇メートルを越える津波にやられたが、丸い建物であったからか、何とか生き残った。マッコウクジラの骨格標本は天井から吊り下げられていたので、無傷だった。ほかの展示品のほとんどは潮に浸かった。館の外には、瓦礫の山がうず高く集められていた。

それから、田ノ浜へと向かった。船越に隣接する地区だ。ここもまた、甚大な被害を受けた。じつは、この田ノ浜は『遠野物語』の第九九話に、とても印象深いかたちで登場してくる。主人公は福二という、『遠野物語』ではだれもがそうであるように、実在の人物である。この人は遠野から、縁あって田ノ浜へと婿に行った。そして、先年、つまり明治二十九年に大津波に遭って、妻と子とを失い、生き残った二人の子どもとともに、元の屋敷地に小屋を掛けて暮らしていたらしい。一年ばかりが過ぎた頃に、福二はこんな不思議な体験をしたのである。

ここからは、『遠野物語』を引きながら、わたしの呟きを添えてゆく。


夏の初めの月夜に便所に起き出でしが、遠く離れたる所に在りて行く道も浪の打つ渚なり。霧の布きたる夜なりしが、その霧の中より男女二人の者の近よるを見れば、女は正しく亡くなりし我妻なり。思はず其跡をつけて、遥々と船越村の方へ行く崎の洞ある所まで追ひ行き、名を呼びたるに、振り返りてにこと笑ひたり。

幽霊との遭遇譚である。舞台は、夏のはじめの月夜、まちがいなく旧暦のお盆の時期であった。死者たちが還ってくる季節だ。満月か、それに近い月が、波が寄せては返す渚を照らしている。この渚は民俗学的には、海のかなたより寄り物が漂着する、この世／あの世が重なり合う境界領域であった。まさしく、海に流された妻との再会の舞台としては、これ以外にはありえない場所だった。船越村とのあいだには小さな崎があり、そこには洞がある。こうした海辺の洞穴にはしばしば、地蔵が祀られて、サイの河原などが見いだされる。ここで、ついに福二は妻の名を呼ぶのである。妻は振り返って、にこと笑った。しかし、妻のかたわらにはだれか、男がいる。

男はと見れば此も同じ里の者にて海嘯の難に死せし者なり。自分が婿に入りし以前に互に深く心を通はせたりと聞きし男なり。今は此人と夫婦になりてありと云ふに、子供は可愛くは無いのかと云へば、女は少しく顔の色を変へて泣きたり。

まことに残酷な展開だ。男と女の二人連れが近づいてくる。女が妻であることには、すぐに気づいた。名を呼ぶと、妻は振り返った。同時に、連れの男も振り返ったにちがいない。よく見知った同じ里の男だ。津波で死んだ。福二が婿入りする前に、妻はその男と深く心を通わせあっていた、と聞いていた。噂か、いや、里のだれもが知る事実だったにちがいない。福二はずっと、子どもが何人も生まれた後になっても、そのことを気にしていた。妻の心はずっと、あの男の元にあるのかもしれぬ、と疑っていたのである。だから、妻は答える、いまはこの人と夫婦になっている、と。思わず、未練の言葉が口をつく。子どもはかわいくはないのか。禁句だった。そんな文句にすがったら、男には惨めな敗北しか残らない。妻を泣かしたところで、心を引き戻すことはできない。

死したる人と物言ふとは思はれずして、悲しく情なくなりたれば足元を見て在りし間に、男女は再び足早にそこを立ち退きて、小浦へ行く道の山陰を廻り見えずなりたり。追ひかけて見たりしがふと死したる者なりしと心付き、夜明まで道中に立ちて考へ、朝になりて帰りたり。其後久しく煩ひたりと云へり。

死者と物言うとは思われず、しかし、ふと死者なりしと心付くと、もはや追いすがることはできない。福二は夜が明けるまで、道中に立ち尽くし、堂々巡りに考えあぐねる。その後、久しく病気になった、という。作家の三浦しをんさんが、遠野で対談したとき、この第九九話には小説のすべてがありますね、と話していたことを思いだす。

この田ノ浜はこのたび、明治二十九年と昭和八年に続く大津波によって、またしても深刻な被害をこうむった。被災の状況が高台／低地のあいだで、くっきり分かれている。低地は土台しか残っていない。火災が起こったらしい。高台の一部も延焼でやられている。背後に広がる杉林のなかにも、点々と焼け焦げた跡が残り、さぞや怖ろしい一夜であったことだろう、と思う。ここでも、少し高台にある神社が生き残っていた。八幡様が祀られていた。拝殿のわきからは、木の間越しに海が見えた。あの静かな海が盛り上がって、どす黒い壁となって押し寄せてくる姿を思い描くことは、とうていできない。

たくさんの福二と妻の物語がそこかしこに転がっている。それらを聞き書きし、記録に留めねばならない。生き延びた者たちだけが物語りすることができる。死者たちのゆくえに眼を凝らし、消息に耳を傾けながら。鎮魂のために。寄り添い続けるためにこそ、そんな聞き書きの旅がもとめられている。

風評被害と戦うために

『福島民報』9月18日

かつて東北はみちのく（道の奥）と呼ばれた。明治維新の後には、「白河以北一山百文」と称された。うかつにも、そんなテレビドラマの『おしん』のような遅れた差別される東北は既に過去のものだと感じていた。それがこの震災と原発事故によって、一瞬にしてひっくり返った。風評被害という名の未知なる差別が、福島を、いや白河以北の東北を覆い尽くそうとしている。いや、それは風評被害ではない、放射能汚染という実体があり、それゆえの差別だという声がある。しかし、それはやはり風評被害である。

白河以南では、福島ナンバーの車が石を投げられた、福島からと知ると買い物を断られた――などというばかげた話をじかに体験した人から聞いた。悲しい現実だ。その地の線量が福島南部と変わらないことを確認しておく。

予想されたことではあるが、風評被害は福島から東北一円に広がっている。おぞましい差別にまつわる事件が次々と起こっている。八月には、東海テレビ（名古屋市）が情報番組の中で「汚染されたお米セシウムさん」というテロップを誤って流した。岩手県産米が標的にされた。京都の五山送り火において、鎮魂と供養のために岩手県陸前高田市の津波に倒された松のまきを燃やすプランがあった。これは「放射能に汚染された灰がまき散らされる」といった多数の市民の抗議を受けて、中止に追い込まれた。九月には、福島の産地から送られた農産物を販売する「ふくしま応援ショップ」が、福岡市内で行われるはずであったが、「九州に福島の物を持ち込むな」「地域の汚染が広がる」などの声によって取りやめになった。

あえて差別事件といっておく。これらの事件の舞台が、名古屋・京都・福岡であったことはおそらく偶然ではない。中世以来の、ケガレと差別の風土が濃密に残る土地柄である。そうした差別の希薄な東北の人々には理解しにくいことが、そこには当たり前に転がっている。これはまさしく文化の問題だ。わたしは「差別なき東北」を誇りに思う。

あるいは、差別の対象とされた地域は福島を越えて、岩手にまで及んでいる。白河以北がひとくくりに放射能汚染地とされたのである。しかし、陸前高田と東京は実は、福島第一原発からはほぼ二百キロの距離、線量もほぼ同じレベルである。陸前高田の松が汚染されているならば、東京の松や桜もまた汚染されている可能性は高いはずだ。いくらか頭を冷やして考えれば、これが白河以北に限られた問題ではないことは、直ちに知られる。

福島では何より、早急に大がかりな国家プロジェクトとして除染が進められねばならない。風評被害に対しては、毅然として、前向きに立ち向かうしかない。世界の人々がフクシマを凝視している。福島をチェルノブイリにしてはならない。

対立と分断を越えて

『福島民報』11月2日

「ふくしま会議2011」が終わった。十一月十一日からの三日間、福島大学などを会場として、県内外から多くの参加者を集めて開催された。福島の声を世界に届けよう、それが合言葉だった。福島に生きる人々がいま、何を思い、何を願い、いかなる未来を求めているのか。声にならぬ声が渦巻いていたにちがいない。初日の全体会では、次から次へと発言者がマイクを握り、震える声で訴えた。終わると、かならず拍手が起こった。終了後に、若い参加者が頬を紅潮させて、「楽しかったです」と語りかけてきた。満足そうな顔がそこかしこにあった。立ち去りがたいのか、小さな人の輪ができて、いつまでも言葉を交わしあっていた。

福島はいま、見えない無数の分断のラインによってひき裂かれ、孤立と不信に喘いでいる。だからこそ、ふくしま会議の場では、あらゆる対立を越えて、いかなる言葉にたいしても敬意をもって耳を傾けることを、まず呼びかけたのだった。不測の事態をまったく予期していなかったと言えば、ウソになる。しかし、杞憂だった。会場にいた三百数十人の参加者のみならず、ツイッターなどで声を寄せてくれた人々もまた、みなでこの会議を支えよう、という思いを共有していたにちがいない。

会議には結論はなかった。異なった思いや願いを抱いた人々が静かに出会い、言葉を交わすことができたことが、最大の成果だったかと思う。そこから、きっとさまざまな動きが始まる。二日目の「わかもの会議」や、三日目の「地域会」でも、将来へと繋がる出会いが数も知れず生まれたようだ。これは、はじまりの会議だったのである。

はっきりと見えたことがいくつかある。ひとつは、分断のラインは幻影にすぎない、ということだ。たとえば、福島の母親たちはみな、留まるか／避難するかで厳しく分断されてきたが、まともな情報も与えられないなかで不安に駆られながら、それぞれに子どもへの愛と状況のはざまにひき裂かれていることに変わりはない。それら、すべての苦しみ悩んでいる母親たちが、本来は手を携えるべき被害者ではなかったか。国家による育児放棄だ、という悲痛なる叫びに胸を突かれた。

いまひとつ、対立を越えようとする意志の群れこそが、やがて新たな風景を創りだすにちがいない、ということだ。責任を問うべき相手は、別のところにいる。被害をこうむり傷ついた人々が、いがみ合い、さらに傷つけ合う姿はひたすら哀しい。なすべきことはほかにある。

子どもこそ未来だ。福島の子どもらのために、何ができるのか。それが発想の起点になる。福島はこれから、長い時間をかけて、子どもたちが安心して暮らせる村や町をひとつひとつ再建していかねばならない。子どものいないコミュニティはありえないからだ。

新たな農の思想が求められている

『JA教育文化』12月号（No.135）、家の光協会、12月1日発行

〈3・11〉から七か月あまりが過ぎた。被災地を歩きつづけている。瓦礫の撤去と集積は進んでいるが、復興へのシナリオはなかなか見えてこない。とりあえず、生命《いのち》にかかわる危機的な場面はやり過ごすことができたが、ここからは生活《くらし》をいかに立て直すかというテーマに正面から取り組まねばならない。生業《なりわい》の場を再建しなければ、家族がともに生きていくことはできない。

福島にはさらに過酷な状況が待ち受けている。地震と津波の被害のうえに、原発事故と風評被害が重なって、とりわけ農業・漁業そして林業などの一次産業は、きわめて深刻な状況に追い込まれているといっていい。この夏、東京のスーパーで福島県産の桃が驚くような安値で売られているのを見て、農家の無念さを思った。だから、米のセシウム汚染が基準値以下であったというニュースは、福島のみならず、また農家ばかりではなく、多くの人々にいくらかの安堵を与えたにちがいない。

むろん、当面の危機がとりあえず回避されたということでしかない。そもそも、放射能汚染という現実は、大なり小なり東日本の全域に広がっているのであり、国家プロジェクトとして除染作業が進めら

れていくにせよ、その影響は長期間にわたって広く深く継続することになる。わたしたちは放射能汚染とともに生きることを、いやおうもなく宿命のように負わされたのである。

だからこそ、この国の農業は変わらざるを得ないのかもしれない。狂牛病の問題に直撃されたときには、厳しい全頭検査を導入することによって、安心と信頼を取り戻すことができた。同じように、今回も小手先の対応は取らないほうがいい。たとえば、基準値をゆるやかにしておいて安全をアピールしても、消費者には届かない。かえって、疑心暗鬼を生んで、食の安全に対する信頼が損なわれる。あえて基準値は厳しくして、しかも可能なかぎり汚染の度合いを具体的な数値として示すことによって、消費者の選択にゆだねる。子どもが食べる物についての基準が厳しくなるのは、むしろ当然と受けとめたい。母親には子どもを守る責任があるからだ。それを認めたほうが覚悟が決まる。検査体制を整えるためには一定の予算が必要だろう。それでも、そうして厳しくあることこそが、長い眼で見れば、日本の食の安全と信頼を高めながら、あらためて農のブランド性を回復していくための近道となるにちがいない。それがグローバルな競争力の源泉ともなる。

原発事故は、日本国家が国策として展開してきたエネルギー政策がもたらした、残念ではあるが、無残な帰結である。政府と東京電力にすべての責任があることは、あまりに自明なことだ。議論の余地はない。農家は田畑を耕し、種を蒔き、育てる。そうしなければ、たちまちに田畑は荒れる。そこで作られた作物が汚染されていれば、政府はそれが市場に出回ることがないように厳正に処置したうえで、きちんと補償をおこなうべきだ。それが農家にとっても、ひいては消費者にとっても安心の拠りどころとなる。

牛のセシウム汚染が問題となった。汚染された稲わらを飼料として与えたことが原因とわかり、畜産農家が非難され、テレビカメラの前で謝罪させられた。新聞の論説は、鬼の首でも取ったかのように農家を責めたてた。本末転倒である。あの大混乱のなかで、行政の通達など末端の農家に届くはずがない。マスメディアはこぞって、福島第一原発が爆発した翌日には、あの町からすっかり姿を消したのではなかったか。現場を知らないメディアの言葉が暴力そのものであることを、メディアは自覚するべきだ。そして、理由が何であれ、政府が放射能の情報をきちんと公開することを避けたために、多くの人々が取るべき対応を誤り、あるいは対応そのものが遅れたことを忘れてはならない。

それにしても、被災地を中心として見えにくい地殻変動が起こりつつあるようだ。仙台平野の津波に洗われた地域からは、イチゴ栽培農家が北海道へと集団移住した、と聞いた。福島の原発被災地では、まっさきに有機農業で頑張っていた農家が信州などへと移住していった、と聞いた。真偽は確認していない。しかし、農業に将来を託していた専業（か、それに近い）農家ほど、大きな打撃を蒙ったであろうことは想像にかたくない。

津波の被害をうけた数百キロの海沿いの地域では、漁業は当然ながら、農業においても復旧すらむずかしい環境が生まれている。明治以降の干拓によって生まれた水田地帯が、すっかり潟や浦に戻っている姿を目撃し、息を呑んだことが幾度もある。地盤沈下によって、海岸線そのものが大きな変化を遂げている。半年を経て、しだいに水が引いたところも多いが、これからそれを元の農地に戻すためには、膨大な労力と予算が必要とされるはずだ。いったい耕す人は確保できるのか。過疎化と少子高齢化がいっそう進む被災地では、それが深刻なテーマとして浮上してくるだろう。

たぶん、この大震災は待ったなしで、二、三〇年先に訪れるはずであった光景を手元に引き寄せてしまったのである。農のブランド性は、安全と安心が核となって形成されることが、だれの眼にもあきらかな現実となったのかもしれない。形のよしあしや見栄えは、相対的に価値を低下させる。消費者は実質へと向かうにちがいない。

いま、あらたな農の文化が求められているのかもしれない。

2011.5.4　東松島市

文化による復興は可能か

インタビュアー＝高橋信裕（文化環境研究所所長）
『カルチベイト』39号、文化環境研究所、12月22日インタヴュー手入れ

文化・芸術を雑費でまかなう!?――日本が抱える文化施策の問題

――現在政府では、国家戦略会議の中で、「国家再生戦略」ということが話し合われております。その原案が七月に出ましたが、その中身はといいますと、市場経済の中での国際間の協調・連携など、経済優先の再生ビジョンが論議されているようです。正直、「文化の視点」はあまり入ってはおりません。日本の再生ビジョンに「文化」はどのように関わるべきなのか？　関わることができるのか？　このあたりから先生のご意見をお聞かせください。

赤坂　正直、まったく変わらないですね、というのが私の感想です。

私は東日本大震災復興構想会議の委員をしていました。しかし実質的にはわずか三か月足らずの、二〇一一年六月二十五日に提言書（「復興への提言――悲惨のなかの希望」）を提出したところで、解散状態になっ

ていました。提言書を取りまとめた時期は、震災からわずか数カ月の段階でしたので、当然、文化どころの話ではありませんでした。生き延びるために、命、食べ物、住居、そういうことが直面する課題でしたから、「文化」ということを盛り込むことは難しかったのです。しかし幸いなことに、メンバーの中には、「文化」に対して理解のある委員がいらっしゃいましたので、「文化」「芸術」「文化による復興・再生」などの言葉を盛り込むことができました。また復興・再生へのプロセスの中で、「文化」「芸術」が大きな役割を果たさねばならないとして、芸術祭やさまざまな提言を入れ込むことができたのです。

その後、二〇一一年十一月十日に再招集され、冒頭「今回で解散です」と申し渡された。そのときに資料として配られたものの中に復興の予算書がありました。政府の説明としては「委員の方々の提言にしたがって、施策とその予算をつくりました」と。私はその場でザーッと見たんですね。しかしその中には、文化や芸術という言葉は、どこにも見あたらない……。それを目の当たりにし、「これがこの国の現実なんだ」と実感せざるを得なかったのです。

でも、どうしても腑に落ちないので、私は「提言書には『文化や芸術による復興』ということが書き込まれてありましたが、この予算書の中にはまったく見あたりません」と質問しました。そうしたら、困った顔で予算書をめくり、何かを見つけてこう言われました。「ここに、促進事業費として数千億円計上してありますから、これで上手にやりくりすれば何とかなるでしょう」と。その「促進事業費」とは、要するに「雑費」なのだと了解しました。この国にとって文化や芸術は雑費でまかなうべき、処理すべきテーマなんですね。私はあまりのことに怒りさえ覚えませんでした。文化や芸術が持っている、潜在的な力に対するこの国の評価は驚くほどに低いのです……。

日本には「文化戦略」がない!?——資源としての文化の行方は?

——日本では、教育に対する予算はつきやすいのですが、文化に対する予算はなかなかつきにくいのが現状です。しかし世界を見ると、欧米諸国はもちろんのこと、韓国や中国にしても、文化観光省のような、日本でいう省庁があります。文化と観光が一緒にあって、教育省は別にあります。文化や芸術に対する向き合い方は、国としてもとても大切なことのように感じますが。

赤坂 きっと日本には「文化戦略」がないのだと思います。文化が観光や経済に密接に結びついていることは、みんなが気づいていることですし、韓国などは相当力を入れていますね。韓国には文化体育観光部という機関があり、映画をはじめ、さまざまなことを世界に対して売り込んでいます。しかし日本では、それぞれの省庁がそれぞれ勝手に動いていて、大きな意味での文化戦略は見えてきません。もしかすると文化庁である限り、駄目なのかもしれませんね。せめて文化省をつくるくらいでないと、ことは動かないのかもしれません。日本には、資源としての文化がとても豊かにあり、それは明らかに観光や経済の起爆力にもなれると思うのですが、なかなかそうならない……。たとえば観光庁はできましたが、国土交通省の外局であって、そこが積極的に文化庁と結びついて展開をしているのかといえば、それも余り聞いたことがありません。まさしく縦割り行政なんですね。

私は福島県立博物館館長という立場で震災に遭遇しました。そのときの最初の問題が文化財レスキューです。原発事故の関係もあるのでしょうが、きわめて国の動きは鈍かった……。また博物館の役割が、とても古めかしい枠組みの中に押し込められているようにも感じました。博物館の学芸員は、自分たちの博物館で収集したものを調査・研究・展示することが仕事であって、文化財レスキューは正規の仕事外のことなのです。ですから、放っておけば受け身になります。実際、我が館でも、少数の学芸員は必死で被災地に入って活動していましたが、それは業務上、博物館の仕事から逸脱しているという眼で見られていたようです。博物館として、総力をあげて文化財レスキューに取り組むことは、残念ながらできなかった。もちろん、さまざまなところから、預かってほしいなどの要請はあり、きちんと対応はしているのですが、あくまでも受け身なのです。しかしこれは、福島県立博物館だけの問題ではなかったと思います。

つまり、災害時の対応策の指針そのものがないのです。県レベルでも麻痺状態が続いて、例外状況の中で何をなすべきかは、それぞれの自発的な思いに任されたのです。文化庁は、ボランティアのように一般の研究所や専門家たちを集め、民間の力を活用した文化財レスキューを組織しました。いや結局、それしかできなかったのだろうと思います。つまり、裏を返せば、国が文化財レスキューの現場に、自ら、人的にも、予算的にも力を投入するという仕組みがなかったのです。

国家が文化をどのように考えているのか、それが今回の震災で剥き出しになったように感じます。国家の文化戦略として、災害時にはどのような対応をするかなど、議論の蓄積はほとんど何もなかったのだと思います。では、いま新たにそういう議論が起こって、きちんと予算化に向けて準備をしているのかといえば、そういう声も聞こえてきません。たとえば、書籍などの電子化事業（コンテンツ緊急電子化事業／通称・緊デジ事業）に、膨大な予算がつけられているようですが、本当の意味で大切な「基礎になる文化をどうするのか」というテーマには、ほとんど予算がついていないのが現実なのです。

寄付文化のない日本には「新しい公共」は成り立たない

赤坂　被災地の文化財レスキューの現場では、スタッフは、本当に涙ぐましい努力をしていました。たとえば、私が所長を務めている遠野文化研究センターのスタッフは、仲間である陸前高田の学芸員がたくさん亡くなりましたから、本当に一所懸命活動していました。それでも文化財レスキューの活動は、はじめの内は土日など、自分の休みを利用して行っていました。つまり、博物館などの公共施設が、地域の文化に対し、どういう役割を担えるのかということに対して、きわめて議論が遅れているといわざるを得ない。そしてその活動は、あくまで民間・ボランティアベースである、と。公の仕事から逸脱することを、自分の休みの日に行なっているという矛盾した状況……。これは国レベルでも一緒だと思います。国があらかじめ大きな指針を持っていれば、文化財レスキューを行ない、文化財がその地域から散逸することを防ぎながら、修復や保全を行なっていくことは、きっと可能なのです。ところが、そういうことにはならなかった。私はそれがどうしてできないのか、できなかったのかを、きちんと検証するべきだと思います。もちろん、少しずつ議論ははじまっていますし、難しい問題をクリアしながら新しい仕組みをつくりたいという思いは感じられます。しかし、いまはそういう思いはありますが、やがてこれが収束してしまうと、また忘れてしまい、同じことが繰り返されるのではないかと危惧しています。

――たとえば内閣府が取り組んでいる「新しい公共」でもいわれていますが、行政は文化に口出しするべきではないという風潮があります。

赤坂　それはアメリカ型の発想ですね。アメリカには企業メセナや寄付の文化が根づいています。それが広範に社会の支えとしてありますから、国が口やお金を出さなくても、成り立つのであって、どうしてもそういう方向にしたいのなら、アメリカ型の社会の仕組みをつくればいいんですよ。しかし日本での寄付文化は、相変わらず限定されたもので、それでは動かないのが現実なのではありませんか。

戦前の日本には、地域で事業に成功した人が、自分の財産を提供したりするなど、寄付による文化支援の仕組みが土着のパトロン文化として存在したのかもしれません。しかし戦後、企業そのものが、もはやオーナーシステムではなくなり、収益の一部を地域に還元するという新たなパトロン文化は育ちませんでした。企業メセナや寄付などが文化として根づいている国と、それがまったく育っていない、あるいは消えてしまった日本とを比較して、国はお金を出しませんというのは、逃げ口上でしかないと思います。それなら寄付によって税金を控除するなどのシステムをきちんとつくるべきです。そういう社会システムがあれば、日本だって相当なお金が文化や芸術の分野でも動くと思いますよ。社会貢献とか、「新しい公共」いった言葉が飛び交っている割りには、それが国家戦略にまで育っていないのです。たとえば、企業の利益の一パーセントを文化振興に使うなど、世界ではさまざまな試みが行われています。そういう仕掛けが貧しいにもかかわらず、「口もお金も出しません」では、それは違うでしょう、といいたくなりますね。

今回の震災で、本当は国家が担うべき支援を、「絆」「頑張ろう」という言葉でうやむやにし、国民のボランティア精神を煽り、それで空隙を埋めようとしたのではないか、とさえ私には見えてしまいます。国は本来やるべきことをやらなかったのではないか、と。

ボランティアを根づかせるために――まずは社会の仕組みを整えるべき

――国民性を考えると、いまのようなボランティアでは、無理が生じてしまうのではないかとも思います。

赤坂　日本で本格的にボランティアがはじまったのが、阪神・淡路大震災からですから、まだ慣れていないのだと思います。また、そのボランティアという社会参加を促すような社会の仕組みも、日本ではまだ成熟していません。先ほどもいいましたが、学芸員たちは、手弁当で文化財レスキューをしていたのです。一般企業でも、そういうときに休暇を出すくらいの社会にならなければいけないと思います。たとえば大学でも、いろいろな形で模索がはじまってきました。今回のような災害でのボランティア活動は、学生たちが社会の現実を学ぶ、とてもいい機会だと思っています。ですから、学生が被災地にボランティアとして向かうことを大学が支援するなど、それこそ、いろいろな仕組みがつくれたはずです。それがごく少数の大学しか、うまくいっていないように感じました。遠野でいえば、神奈川大学はとても熱心に取り組んでいただきました。年間を通じて、学生たちが次から次へとバスを仕立ててやって来ましたし、文化財レスキューにしても、遠野で行なっていた本の収集活動などでは、大変な戦力になりました。

――それは本田敏秋・遠野市長の出身校という関係もあったのでは？

赤坂　それもあったかもしれませんが、そういうレベルで、ことは動くものではありません。あの大きな神奈川大学があれほど動いたというのは、相当な議論をして、総意として、大学が後押ししたのだと思います。だからこそ、学生たちが毎週のように遠野に来てくれました。

ボランティアに参加すると会社をクビになるとか、それでは駄目なんですよ。欧米でボランティアが社会貢献のシステムとして機能しているのは、さまざまなレベルから、きちんと支え、認識を共有しているからこそ、成り立っているのだと思います。

日本こそ、すでに国に経済的なゆとりがないわけですから、「絆」「頑張ろう」という言葉ではなくて、社会的なシステムとして災害教育を行ないボランティアを育てていくべきです。新しい公共など、かけ声はあるのでしょうが、それを支える仕組みやシステムがつくられていない。

いち早く復活した民俗芸能と、タブーとしての日本の宗教観

――今回のテーマでもある文化による復興についてのご意見をお聞かせください。

赤坂　震災後、私は『ゴジラ』という映画を素材にして学生たちに講義をしました。『ゴジラ』の冒頭では、大戸島という離れ小島に、ゴジラが上陸してきます。いい換えると、島に災害が起こったのです。そこでは人びとが何をしているのかといえば、厄払いの神楽が行なわれていたり、人身御供《ひとみごくう》の生け贄の伝承があったりなど、それはもう民俗学が取り扱ってきた、もっとも根幹の、折口信夫のマレビト信仰や、日本の祭りの原風景などが、すべてそこに存在しているのです。それがいまの我々にとってどういう意味を持つのか。

たとえば、被災地では、本当に早い段階で民俗芸能が復活しました。これにはたいへんな衝撃を受けました。食うや食わずの避難所にいる被災者が、瓦礫の中から、芸能の衣装や太鼓を必死に探し出し、洗い清めて避難所で踊る。その姿を観て、みんなが涙を流す。それもひとつ二つではなく、被災地のあ

ちこちで、一斉に民俗芸能が復活していったのです。正直、迂闊だったというか……、そこで気がついたのです。「我々は、何かを誤魔化しているのかもしれない」と。

復興構想会議で委員の玄侑宗久さんが、何度も「被災した神社や寺に対する支援をしてほしい」と提案をされていました。その都度、「国家は宗教に関わってはいけない」という建て前が立ちはだかり、議論の余地もなく却下されていました。でも片や被災地ではいち早く民俗芸能が復活していったのです。たとえば、鹿踊り、虎舞、剣舞など、三陸で伝承されてきた民俗芸能は、すべてがその地域の神社や寺と深く関わって伝承されてきたものです。つまり、宗教性がそこには濃密に被さっているはずなのです。でも、我々はそれをどこかで宗教と芸能とを分離して、民俗芸能単体で捉えてしまう……。民俗芸能には支援ができる、しかし寺や神社には支援できない、という。我々が宗教をタブーとして囲ってきたがために、真っすぐに向かい合ってこなかった本質的な問題が、そこにはあるのではないでしょうか。民俗芸能は、たとえば鹿踊りであれば、生きとし生けるもののすべての供養のために踊るわけです。これはまさに宗教ですよ。日本人がいにしえの時代から、守り、受け継いできた宗教そのものです。

民俗芸能が復活したのは、我々日本人の中に、「命」「生と死」「生きることとは何か」という問いのまわりで、忘れられていた宗教が復興したのだと感じました。しかし、それは誰も語らない。祭りや民俗芸能、年中行事に至るまで、そのすべてに宗教的な意味合いがあります。この問題をどういうふうに引き受けるのか、私は議論をはじめたいと考えています。

日本人が持っている宗教観、それを基底とした復旧・復興

赤坂　明治以降、神道的なものなど、我々日本人の宗教をやわらかく構成しているものが、欧米のキリスト教的な世界観から、そんなものは宗教ではないと否定されて来ました。いってしまえば、胡散臭いものだ、と軽蔑されたのです。また他方、国家神道という形ですべての地域の神社が組織されていったがために、神道は宗教ではなく習俗であるといった、欧米にたいするコンプレックスや政治が絡みついて大きな屈折を強いられました。そういう歪んだ見方が宗教そのものに被せられたがゆえに、我々日本人は、宗教をもたない民族であるという思い込みを持たされてきたのだと思います。しかし私は、はっきり違うといいたい。私が被災地で見たのは、死者たちとの向かい合い方、またそれは人間だけではなく、動物も魚も、あるいは草や木も、どこかで等価に眺めるような視線です。そういう死生観が我々の中にはあったのだと気づかされたのです。生者と死者は切り離されているものではなく、共に生きているという感覚が甦ったように感じます。生きとし生けるものは等しく供養されなければいけない、そういう思想、哲学、あるいは宗教的なものは、もう一度、取り戻したほうがいいのかもしれません。

ある国際的な研究会議で、私はオーストラリアの研究者から、鯨の問題を問われました。私は、「鯨は、我々日本人にとっては、大切な食料だった時代があり、その一方では、鯨の供養塔を建てたり、宗教的な文化としても、その行為を継承してきたのだ。欧米人は油をとるためにさんざん鯨を捕り、油以外は捨ててきた。でも我々は鯨の肉、皮、骨など、すべてを利用し尽くしてきた。そして、供養を行なってきた。それこそ、我々が鯨と付き合うための宗教文化そのものだ」と話したのです。

こういうことすべてを曖昧に誤魔化してきた我々は、欧米人から鯨に対して批判されても、きちんとそれに対して、反批判することができない。でも、日本の捕鯨の村々には、たとえば子持ちの鯨を捕ったら、人間のように埋葬し、毎年毎年、その供養と鎮魂を行なうといったことが当たり前に見いだされるのです。そういう文化や宗教の深いところの言葉を、我々は失ってしまったのかもしれません。宗教に背を向けてしまった、またタブーとして囲ってしまったことが、いまさらながらにボディブローのように効いてきているのではないでしょうか。

被災地で私が見たのは、そういう宗教的なものこそ、人びとを癒し、支えているものなのだということです。それなしでは、もはや二万人もの死者たちを抱えた被災地が、再生に向けて生きていくことなどできるわけがありません。

神社や寺が、共同体のアイデンティティの核になっているという現実に、もう顔を背けてはいけないのです。「インフラを整備して仮設住宅をつくりましたから、高台に移転してください」ということではないのです。土地や場所の記憶が何もないところで、人びとがどうやって生きていくのかを考えれば、まずは神社を勧請するでしょう。コミュニティの一番高いところに、神様を安置する。そして次がお墓です。どうやって先祖のお墓を守っていくのか、新しいお墓はどこにつくるべきかなど、そういう生と死に関わる問題、きわめて宗教的な問題を、どのように処理していくことができるのか、それなしには高台移転などありえないと思った方がいい。宗教なしにはコミュニティは成立しない、という当たり前に過ぎることを今回の震災を通じて再確認させられているような気がしています。

アニミズム的な感覚とアジアにも通底する「共生」

――根源的な文化は壊れていないということですね。

赤坂　壊れたとしても、それを再生していくときに、必ず精神的な核としての寺や神社の果たしてきた役割、あるいはそこに付随していた民俗芸能や祭りが、コミュニティにとってもっとも重要な課題でありうるということです。

津波に洗い流された、土台しか残っていない家の跡に、新盆で死者を迎えるための高灯籠がたっていました。その足元には花が供えられている。それはまさに宗教そのものです。片や浜辺では、遺体のあがらない家族が揃って、海に花を投げて供養をしている。そういう宗教的な風景が、被災地にはたくさん転がっていました。

――しかし一般的には、昔は多様性があったのかもしれませんが、日本人は無宗教であるといわれています。

赤坂　日本人が、無宗教一色になっているとは、私には思えません。無意識に抑圧している部分もあると思います。

以前、アジアから来た留学生たちと一緒に、山形の出羽三山を歩いたことがありました。そこには草木供養塔があって、アジア人である彼らに説明すると、理解してもらえました。つまり、我々は、日本人は特殊だ、近代化の果てにいろいろなものを失ったと思いながら、草木を供養するこの塔のことは理解できますよね。これは欧米人にはまったく理解できないことだと思います。なぜ木や草を供養するのか。そこにはアニミズム的な感覚があると思うんですよ。それは確実にアジアにも繋がっている。

もうひとつ、彼らと話していて感じたことがあります。「共生」とは、欧米人にとってはおそらく、いまを生きている人たち同士の関係なんですね。しかし、我々にとっての「共生」とは、生きている人と死者との共生でもあり、あるいは小さな虫や草や木、動物や魚、鯨など、あらゆる生きとし生けるものとの共生なのです。そういう感覚は、アジアの人たちには共有されています。生けるものたちだけの現在の共生ではなく、過去に生きていた人たち、いまを生きる人、これから生まれくる子どもたち、また人間だけではなく、さまざまな生きとし生けるものたちの間にある共生とは何かという問いを、ただそこに置いてやるだけで、いろいろなものが見えてくるような気がします。

復興を考える上でも、いま我々が拠り所としなければならないことは、いま・そこに転がっている利権やら損得ではなく、いまを生きている子どもたち、そしてこれから生まれてくる子どもたちのために、何をなすべきか、何を残すべきかということです。我々は過去・現在・未来を繋ぐ結節点のような場所に身を置いて、世代を越えた共生の感覚を取り戻さねばならないのです。そういう感覚の中から、明日の社会をどうデザインしていくのかという問いかけが共有されていくべきです。目の前の経済的な利益や金儲けだけで、危険な選択をすることなど、私はあり得ないことだと思います。

——本日は貴重なお話をありがとうございました。

東北巡礼のために

『g2』vol.9、講談社、12月8日脱稿

これは巡礼の旅なのかもしれない、そう、いまにして思う。

震災の日から三週間ほどが過ぎていた。四月になって間もなく、わたしは被災地を訪ねる旅にとりかかった。長い、長い旅になるだろうという予感があった。わたしがこの二〇年ほどの歳月をついやし築いてきた東北学は、そのとき確実に、あらたなステージへと押し出されようとしていた。被災地とともに、東北学の第二章は紡がれてゆくだろう、と静かに思った。とはいえ、あるのはただかすかな予感であり、どこか悲壮でもあり滑稽でもある覚悟だけだった。いつものことだ。いつだって先の見えない覚悟から、始まる。

週の後半は可能なかぎり、どこか被災地に赴いた。思いを揺らし、転がしながら、たいていは言葉になる半歩手前の、未生の言葉ばかりを呟きつつ、ただ歩きつづけた。やはり、フィールドワークなどとは口が裂けても言えない。ここでもまた、ある恥じらいとともに野辺歩きと呼んでおく。なにしろ聞き書きすら、まだ本格的には始めていない。歩く・見る、から、やがて、聞く、へと展開してゆくにちが

いないとしても、いまはまだ、急速に薄れてゆく〈3・11〉の風景の記憶のなかをひたすら歩き、見ることに追われている。言葉は遅れてやって来る。

きっと、言葉の熟成のためにはたくさんの時間が必要とされるだろう。地震と津波だけならば、わたしたちの〈3・11〉という体験がこれほどに屈折することはなかった。あまりに複雑怪奇によじれ、不透明感が漂う。むろん、福島第一原発の事故のゆえである。この人為が惹き起こした災厄を前にして、まったく途方に暮れながら、言葉を探しあぐねてきたことを隠すつもりはない。ここではさらに、言葉は遅れるにちがいない。見えない放射能の恐怖は、あらゆる感覚器官を総動員しても捕捉することはできず、身体に根ざしたリアリティからもはるかに遠く、不確実なものだ。それはガイガーカウンターの数字によって、かろうじて確認することができるだけで、いっさいの既成のリアリティの網の目をすり抜けてしまう。それでいて、いや、それゆえに、見えない放射性物質が降り注いだ福島の地からは、おそらく一〇万人を越える人々が難民と化して流出している。眼を背けたところで、それだけが抱きしめるべき現実であることからは逃れられない。

＊
＊
＊

海沿いには数百キロにわたって、津波に舐め尽くされた村や町が連なっていた。ひとつひとつ辿り歩いた。地図は役に立たない。行けども行けども、瓦礫の世界が広がっており、道はそこかしこで寸断されていた。戦後生まれのわたしは、当然とはいえ、空襲も焼け跡も知らない、原爆が投下された爆心地の情景も知らない。すべてはセピア色の記録写真のなかに封じ込められている。だから、焼け跡のような、爆心地のような、といった比喩にはそもそもリアリティが感じられない。わたしはそれをあくまで、はじめて目撃し、はじめて体験したのである。不謹慎とそしられるかもしれないが、わたしがそのとき唐突に思い浮かべたのは、一九五四年の映画『ゴジラ』だった。水爆実験によって永き眠りを破られ、太平洋の水底から姿を現わし、東京の街を襲い、蹂躙してゆく怪獣・ゴジラだった。ゴジラには津波の具象化という側面もありそうだが、今回の大津波がゴジラの比ではないことには、すぐに気付かされたのだった。

どこまでも瓦礫の海が広がっていた。しだいに撤去作業が進んでゆくと、家々の土台ばかりがむきだしに現われた。かたわらに巨大な瓦礫の山が築かれていった。瓦礫の分別が進んだ。日本人の律義な仕事ぶりに感じ入った。夏が近づくと、いっせいに雑草がはびこりだして、土台を覆い隠し、気が付くと、ムラは原野に還ろうとしていた。それが身震いするほどに怖かった。すべてを眼に焼きつけねば、と焦りに駆られた。しかし、どんなに足掻いたところで、風景は色褪せ、記憶は風化してゆく。留めようはない。

たとえば、そこに転がっていたのは、失われた過去の断片であり、これから訪れるはずの未来のかけらだったのかもしれない。失われた過去というのは、むしろわかりやすい。岩手県大槌町では、この津波によって町からは近世がまるごと失われました、という言葉を耳にしたことがあった。近世、江戸時代、その近代のすぐ向こう側に転がっていた記憶の風景が、根こそぎに洗い流されてしまったということであったか。一瞬、息を呑んだ。問い返すことを忘れてしまった。だから、その言葉に込められたものが何であったのか、じつのところ確認していない。近世に起源する神社や寺、墓地、そして路傍の石仏や石塔といったものから、古文書のたぐいにいたる、いわゆる有形の文化財。祭りや民俗芸能、家ごとの年中行事などの、無形の文化財と、その伝承者たち。さらには、町の歴史や昔話・伝説などを、その身体に豊かに蓄えていた地域の語り部たち。暮らしの道具や技。それらの多くが津波に押し流され、焼き尽くされ、失われたのである。高台に移転して、あらたに町並みを再興したとしても、失われた記憶の風景が甦ることはありえない。

あるいは、十月のはじめであったか、仙台港から南下して、宮城県と境を接する福島県の新地町へと入った。海沿いには辿るべき道がない。道はしばしば海に没して、視界から消える。行きつ戻りつ車を走らせていた。同乗者のひとりが、突然、「ここ、常磐線が走ってるはずなんですけど……」と、カーナビの画面を見ながら困ったような声を洩らした。たしかに、そこで道路と線路が交叉していなければならない、はずだった。が、線路はどこにもない、影もなかった。車を降りて調べてみると、草藪のなかにかすかな轍の跡のようなものがあり、まっすぐにどこまでも伸びていた。レールは取り外されたのか、見当たらなかった。新地駅の周辺が津波でやられたことを知らなかったわけではない。しかし、これほどきれいさっぱり、わずか半年かそこらで、大地のうえから鉄路の記憶が消滅してしまうことに、あらためて衝撃を受けた。そうした失われた過去との邂逅であれば、数かぎりもなく、あった。

それでは、これから訪れる未来のかけらとは、何か。これは少しだけ説明が必要だ。まるでフィルムを早回しするかのように、震災とともに二〇年か、三〇年かの時間がとんでもない速さで過ぎ去っていった、そんな思いに打たれる場面が幾度となく、あった。震災は来たるべき未来にこそ帰属する風景を、力づくで、いま・ここにたぐり寄せてしまったのではないか。

たとえば、三陸の村や町のほとんどが、すでに厳しい過疎化、少子高齢化の波に洗われてきた。内陸部と比べても、きわだっている。この地域が、コミュニティの存続すら危ぶまれるほどに、やがて「超高齢化社会」と化してゆくことは、ありうべき近未来のシナリオとしてさまざまに語られてきたのである。とはいえ、それはあくまで、二〇年から三〇年先に訪れるはずの未来予想図であって、だれかがそれを回避する方策を考え付くかもしれない、といった淡い期待が言葉にならぬままに浮遊していなかったとはいえない。そんな曖昧模糊とした期待は、みごとにうっちゃられ、土俵の下に沈められてしまった。

震災のあとに、わたしたちがいやおうもなく目撃することになったのは、コミュニティの解体・離散というむきだしの現実であった。地方メディアの片隅に、津波によって壊滅的な被害をこうむった、ある半島の三つの集落が解散式をおこなって、ばらばらに散ってゆくことを選んだという短い記事が掲載されたことがあった。たしか五月なかばのことだった。これほど急激な展開が起こるとは、正直にいえば、まるで予期していなかった。甘いといえば、まったくもって甘い。何年かの猶予はあるだろう、と根拠もなしに考えていたのである。隙を突かれ、またしても言葉を探しあぐねた。それ以降、気を付けてきたが、そうした報道には触れていない。しかし、おそらくは、見えにくい形で、コミュニティの解体や離散現象は広く、深く進行しているにちがいない。もとより華やいだ話題ではない。被災地の人々が前向きに生きようとする意欲を削ぐたぐいのニュースだろう。取りあげることそれ自体が忌避されている可能性だって、想定されぬわけではない。

そしてまた、ふと気が付いてみると、あの「超高齢化社会」という未来予想図はすでに、眼前のできごとの一部であった。震災は一気に、それをいま・ここの風景へと引き寄せてしまったのである。今回の震災による犠牲者のおよそ三分の二が、高齢者であったといわれている。偶然ではありえない。いわゆる「老老介護」の現場を、地震と津波は容赦もなく襲った。そして、いまだ社会的な成熟からはほど遠い介護のシステムのなかで、もっとも弱者である寝たきりやボケの進んだ高齢者たちが、災害の直撃を受けたのは、思えばあまりに当然のことではあった。自殺した九十代の老人が、遺書に、わたしの避難所はお墓です、と書き認めていた、そんな新聞記事があった気がするが、記憶はすでに曖昧だ。震災以後に、命をほそらせ亡くなった高齢者もまた、たくさんいたのである。

コミュニティや生きる絆が何とか生きていれば、「超高齢化社会」にも人は助け合って生き延びることができる。しかし、コミュニティが崩壊した場所になお、老人たちばかりが身を寄せ合って暮らす姿を思い描くのはむずかしい。確実に、タイム・リミットが近づいている。子どものいないコミュニティには未来そのものが失われている、という残酷な現実に、そろそろきちんと向き合わねばならないのだと思う。待ったなしの難問が、そこに、むきだしに転がっている。

＊　＊　＊

いまひとつ、数十年の歳月を先取りされた未来の風景が、人と自然とを分かつ境界あたりに見え隠れしている。たとえば、津波によって舐め尽くされた海岸線に沿って、いま、ある大きな地殻変動が起こりつつあるのかもしれない、と思う。いまだ定かには気づかれていない。

被災地を歩きながら、天災であるはずの地震や津波が、ときには人災でもあることを知らされた。津波に洗われた海岸線の地図を片手に歩いていると、不思議な気分に浸される瞬間がある。一面の瓦礫の海のなかに、神社の鳥居や社殿が取り残されたように、しかし壊れることなく生き延びている姿に、幾度ともなく遭遇した。なぜ、村々の古い神社ばかりが生き残ったのか。そしてまた、津波による浸水エリアの外側に、神社と並んで見いだされるものに、縄文時代の貝塚がある。それは近年、たんなるゴミ捨て場ではなく、人や犬の埋葬をともなうような「送りの場」であったことが確認されつつある。なぜ、縄文人たちは津波の及ばぬところに、あえて貝塚を営んだのか。そんな問いを抱いて、海岸線を辿る旅を続けてきた。

福島から宮城にかけての海沿いの地では、はるかに泥の海が広がっているのを目撃した。南相馬市の小高で、八沢浦で、そこかしこで、それを見た。忘れがたい風景のひとつだ。「その下は何ですか」と訊ねると、判で押したように「水田ですよ」という答えが返ってくる。明治期に干拓事業が始まり、潟や浦がいつしか田んぼに変わった。それがさらに、住宅街や郊外型のショッピング・センターに変貌を遂げていったところもある。もはや、潟や浦の記憶が薄ぼんやりしたものになった頃、大津波がやって来た。田んぼや住宅や、街そのものが、津波に呑み込まれ、一面の泥の海と化す。浦に戻ってしまった、潟に還った、そう、人々は途方に暮れながらぽつりと呟くのである。災害はまちがいなく、人間が忘れた頃にやって来る。この教訓が生かされることは、稀れだ。

人があまりに深く、自然の懐に入り込みすぎたがゆえに、自然からの反撃を受けたのではないか。津波はたんなる天災ではない。寺田寅彦も語っていたように、それはつねに、人災としての側面をもつのである。すなわち、文明が進めば進むほどに、天然の暴威による災害はその劇烈の度を増す、そして、自然が暴れだして高楼や堤防を壊し、人命や財産を奪うが、その災禍を起こさせた元の起こりは、「天然に反抗する人間の細工」(「天災と国防」)だといっても不当ではない、そう、寺田は語っていたのだった。

いずれであれ、人と自然とを分かつ境界が大きな再編のときを迎えていることは否定しがたい。山あいの村々では、里山の崩壊とともに、奥山から野生の獣たちが次々と里に向けてあふれ出そうとしている。「山が攻めてくるんだよ」と、山に暮らす年老いた女性は呟くように言った。その人は小さな畑をサルの群れから守るために、孤独な戦いを続けながら、サルの群れの背後から、もっと巨大な山という野生が境界を越えて押し寄せてくるのを、たしかに感じ取っている。おそらく、いま、大津波を仲立ちとして、「海が攻めてくる時代」が幕を開けたのではなかったか。

＊＊＊

それにしても、地震と津波、そして原発事故は複雑によじれ、からみ、もたれあいながら、「戦後」という名のモラトリアムに終止符を打ったのかもしれない、と思う。やがて、「戦後」の残滓は消えてゆく。もはや、この社会のどこか引き籠もり的な思考停止の状態に留まりつづけることはできない。それだけの、経済的な、また精神的な余裕といったものは、ほとんど失われている。

かつてもてはやされもした終わりなき日常もまた、命脈が尽きた。わたしたちの日常が、予測不可能な、野生の荒ぶる力や邪悪な人為によって、たやすく断ち切られることを、わたしたちはとことん思い知らされたのではなかったか。眠りは破られた。たとえば原発は「百パーセントの安心・安全」を保証されているから、不慮の事故などには備える必要がないといった、何とも牧歌的な、かぎりなく倒錯的な安全神話こそが、「戦後」という名のモラトリアムの核に据えられたイデオロギーのひとつだったのかもしれない。退屈きわまりない日常のなかにたゆたい、ときには引き籠もることすら許していたのは、「百パーセントの安心・安全」をうたう透明なる神話の群れであった。津波はこの神話を直撃した。絶対安全カミソリなど、どこにも存在しなかった、という断念を楔として打ち込んだうえで、あらためて知の弛緩した戦線を立て直すしかない。

パンドラの箱はこじ開けられてしまった。未来予想図としての「超高齢化社会」と、「海が攻めてくる時代」の訪れとは、おそらく表裏一体のものである。たとえば、里山の荒廃という現実は、人と自然とを分かつ山の境界が揺らぎ、野生の荒ぶる力が人間のテリトリーを侵してゆく、それゆえに「山が攻めてくる時代」の訪れを暗示していたはずだ。限界集落という残酷な名づけが施された山の村々は、確実に、「超高齢化社会」へと歩みを進めている。老人ばかりの村には里山の保全・管理はむずかしい。こうして里山は壊れてゆく。同じことがいま、海の境界である海岸線をめぐって繰り広げられつつある。浜辺・渚・潟そして浦といった、「天然と人間との交渉」（柳田国男「潟に関する連想」）の現場（フィールド）においても、人と自然とを隔てる境界はすでに揺らぎ始めていた。今回の震災は、その境界を途方もない暴力をもって侵犯したのである。「海が攻めてくる時代」がひと息に、眼前のできごとと化して、あられもなく深い傷口をさらしている。くりかえすが、その震災の犠牲者のなかに、高齢者がおよそ三分の二という高い割合で含まれていたことは、そこに「超高齢化社会」への序曲が奏でられていたことを示唆しているにちがいない。

いずれであれ、大津波に呑み尽くされた海辺の村や町のうえには、先取りされた未来がかぶさってくる。たとえば、それを「八千万人の日本列島」と名付けてやるのもいい。わたしたちはこうして、はじまりの風景のなかへと導かれてゆく。被災地こそがはじまりの場所となる。だから、静かに眼を凝らさねばならない。東北へ、津波の村や町へ、放射性物質が舞い降りた町や都会へ。そして、難民たちの暮らす現場へ。

これからも、原発と共存してゆく近未来のシナリオは、少なくとも福島に生きる人々にとっては、ありえない。一〇万人を越える人々が、家を奪われ村を失い、いまも定めなき漂流を続けている。まさに原発難民である。かれらを前にして、それでも原発に依存すべき理由はあるか、その問いかけにたいして、豊かな説得力をもって応答しうる者はいるか。答えはあきらかだ。安全神話そのものが、地震と津波によって致命的な傷を負わされたのである。それでも、またしても思考停止の、死んだ振りをして逃げることは、けっして許されない。

わたしたちの前にはいま、修羅の渚がひっそりと広がっている。生き死にを賭けた戦いの現場だ。それでも、わたしたちは頑なに変わらないのか、変化を拒みつづけるのか、という問いに知らぬ間に串刺しにされる。ささやかな願望なのかもしれない。それでいい。変わりたい、変わらねばならない。もし、そうでなかったら、フクシマばかりは救われない、と思う。

あらためて、みずからの〈3・11〉以後を辿る旅を、東北巡礼と名付けておくことにしよう。始まったばかりの旅だ。手応えは確実にある。しかし、言葉の速度はきわめて遅い。それだけ、現実のほうが未来へといきなり跳躍を果たした、ということか。あまりにたくさんの人々が犠牲になった。だから、この旅は巡礼という異装を凝らさずにはいられない。さて、ゆるゆると、東北巡礼の幕は上がった。第一章は、たとえば「潟化する世界へ」とでも予告しておこうか。

2012年

2012.4.12　南三陸町

希望の始まりの土地・福島

『黙』1月号、MOKU出版

震災が忘れられつつある現状

震災のとき、僕は東京の国分寺の駅ビルにいたんです。異様な感じの揺れ方で、中にいた人は全員ビルから外に出されました。同じように駅前に避難した人たちも、尋常でないものを感じているようで、みんな、途方に暮れたり、空を見上げたりしていました。その中で、僕には、とんでもないことが始まったのだという予感がありました。そのときに僕は一緒にいた記者の方に「東京はこの程度だけれど、遠いどこかで途方もないことが起こっている」と話していたのです。そして、その二時間後、仙台の津波の映像を見て、ああ本当に途方もないことが起こってしまったんだと思いました。まるで正夢でも見ているかのようで、ぞくっとした重い衝撃を受けました。

実際に被災地を回り始めたのは四月の初めからでした。震災から八か月が経ち、いまはようやく瓦礫が撤去されたという状況です。にもかかわらず、すでに日本社会は震災が終わったかのような感覚になっている。何の解決もされていないばかりか、問題がいよいよむき出しになりつつあるのに、メディアは飽きてしまったのか、震災を忘れようとしているような報道にしか見えません。

震災から数カ月間は、メディアも多くの日本人も一所懸命に被災地に〝寄り添おう〟としていました。たとえ不可能であっても寄り添わなくてはいけない、いま日本は大きく変わろうとしているんだ、そういう思いをつかの間共有していたと思うんです。でも、いつの間にかそういう気持ちがなくなって、震災は被災地だけのものになってしまった感がある。だから、被災地の復興が日本社会の大きな再生のビジョンにきちんと繋がっていかないんです。被災地につぎ込む復興予算も、壊れてしまったものをとにかく戻すためのものでしかない。

けれども、これは被災地だけの問題ではない。日本人全員の問題なんです。被災地を歩いているとよく分かります。いま起こっていることは、実は日本社会がこれから一〇年、二〇年後に引き受けなくてはいけない問題であり、それはもうむき出しになって一挙に襲いかかってきている。われわれは、この現実に真正面から取り組む必要があるのです。

〝防災から減災へ〟

岩手県宮古市の田老町には、よく知られた高さ一〇メートルもあるV字型の堤防がありました。津波で完全に壊されてしまいましたが、仮に津波の高さを三〇メートルだと想定して堤防をつくっても結果は同じだったろうと思います。研究者の推測によれば、津波はジャンボジェット機五〇機が突っ込んだほどの衝撃に相当するとのことでしたが、そんな力に耐えられる堤防をつくることはできません。

この事実から見えてくるのは、どんなに高い技術力と経済力をもってしても、自然の猛威を防ぐことはできないということです。人と自然との関係で言えば、「人間が自然を管理できる」という、人間中心主義思想の限界が顕わになったのかもしれません。少なくとも、近代の日本が選んできた、自然をコントロールして災害を防ぐことができるという思想は敗北したといっていい。

ですから、復興構想会議の中でも〝防災から減災へ〟とはっきり舵を切ることにしたのです。災害を減じることはできても、防ぐことはできない。調べてみると、人類は高さ八〇メートルの津波も体験しているんです。それをどう防ぐというのでしょう。地震学も今回の震災で、地震の予測は不可能であると認めざるを得ませんでした。

人間はせいぜいが千年単位でしか地震を捉えることができませんが、地球の地殻変動は何億年という時間のサイクルで動いています。人間の時間と自然の時間を一緒くたにして、地震を予測できると思うのは人間の傲慢です。地球のはるかな時間の中では、千年に一度の地震は明日また起きても不思議ではない。だとしたら、われわれにできることは、世の中には予測できないことがあるんだということを前提に、もう一度、人と自然との関係を見直すことでしょうか。

予測しがたい未来に備える

被災地を訪れるたびに、他人事ではないという思いは強くなります。南三陸の志津川湾は、二〇メートル近い高さの津波に襲われ、壊滅的なダメージを負いました。南三陸町では海をはるかに見下ろす岬の神社にまで津波が押し寄せました。陸前高田のように、街全体が津波に舐め尽くされた場所もいくつかあります。そうした被災地を歩き続けていると、何か風景への感覚が変わってくるのが分かります。

そのことを痛感したのは、最近初めて東京のお台場を走るゆりかもめに乗ったときでした。とても幻想的で美しい湾岸の夕方の風景がそこにはありました。けれども一瞬にしてその光景が、廃墟になって見えたのです。被災地を襲ったほどの大きな津波がこの東京に押し寄せたら一体どうなってしまうんだろう、と考えてしまったんですね。いままで当たり前だった景色が当たり前でなくなった。いつまでも同じ光景が続いていく確信が持てない、もう安全な場所などどこにもない、そう思うと怖いですよ。

大切なのは、常に備えておくということです。この世界には予測しがたい出来事が起こり得る。そのときどう対応をすればいいのかを常に考えているだけで、結果も大きく変わってきます。

被災地でも、予測を超えた出来事が起こると考えていた人たちが助かり、逆に、その予測を曖昧にしていた人たちが非常に厳しい被害を受けたという現実がありました。津波によって壊滅的被害を受けた隣り合う二つの村で、一方の村が三、四人の犠牲者に留まったのに対して、もう一方の村はとんでもない数の犠牲者を出したのです。助かったほうの村人たちは、津波がきたときに誰が何をなすべきか、寝たきりの老人をどうするか、などを想定して、避難訓練を行なっていました。もう一方の村の人たちは、まさか千年に一度の津波がそう簡単にくるわけがないとタカを括って、備えを怠ったのです。

いま、日本列島は明らかに災害多発の時代に入っています。東日本大震災も、千年に一度の例外的な出来事ではなくて、これから連続して起こっていく巨大な災害の、言わば始まりに過ぎません。途方もないことが始まりつつあるのです。理系の学者たちの中でもそうした認識が語られています。しかし、いま話した村の話で言えば、現在の日本は、全体が明らかに後者の甘い現実認識に陥っており、そのことが大きな問題なのです。

被災地に見る日本の過去と未来

三陸地方の村や町というのは内陸部よりも少子高齢化が厳しい形で進んでいて、今回の震災でも高齢者が寝たきりの親を連れて逃げなければならない状況が当たり前にありました。犠牲者における高齢者の割合が神戸と比べてものすごく高いのもそのためです。しかも、震災被害を受けて、おそらく若い人たちは、相当数流出していくでしょう。そうなると、被災地ではさらに加速度的に少子高齢化、過疎化が進みます。

やがて、日本の人口はいまの一億三千万人ほどから、八千万人ぐらいになると言われています。その構成は、高齢の方たちの層が厚い逆ピラミッドの形です。だとすると、われわれがいま目撃している被災地の少子高齢化の現象は、もしかしたら五〇年後の日本社会の普通の姿なのかもしれない。それを思いきり早回しで見せられているような気がするのです。

こんなふうに少子高齢化や過疎化が進んでいるのが、明治三陸大津波や昭和三陸地震のときと比べて明らかに違うところです。明治三陸大津波が起こった明治二十九（一八九六）年当時の人口はおそらく四千万人ぐらい、昭和三陸地震（昭和八年・一九三三）が六千万人ぐらいで、日本の人口は右肩上がりに増えていた時代でした。

当時産業の主力であった漁業はすべて人力でしたので、当然労働力を大量に必要とします。その結果、被災地の漁村に全国に溢れていた人口が流れ込み、復興が一気に進んだのです。しかし、いまは違います。イカ釣り船などの大型漁船でも、一人二人で動かせます。機械が全部やってくれるのですから労働力が必要ない。これが日本社会がテクノロジーの進歩ゆえにつくりだしてきた風景のひとつなのです。人口がどんどん増えていった時代の災害復興と、これから人口が減少し、しかも、少労働力で済んでしまう状況の中での復興のシナリオというのはまったく違うものになります。

別の観点からも気がついたことがありました。宮城から福島の南相馬までの地盤沈下をしている地域を、昔の地図と重ね合わせてみると、ほとんどが元は浦や潟だったことが分かります。陸前高田のように、近代の干拓や開拓によって田んぼにされ、さらにその田んぼが潰されて街になったところが、ほとんど水没しているのです。人間は自然の懐に入りすぎたのかもしれません。近代がつくりあげた人と自然との関係の微妙なバランスが、津波によって一気に突き崩されて、気がつくと、一五〇年前の浜辺の光景に戻ってしまっていた。

いま、それを塩抜きして田んぼに戻そうという計画が俎上に載っていますが、その実現には莫大な資金と労働力、そして少なからぬ時間がかかります。その結果復旧された田んぼを耕す人が、果たしているのかどうか、僕は正直疑問に思っています。田んぼが復旧するのはいいことですが、耕す人を失って宙に浮いてしまうのではどうしようもありません。

現在、日本の農業を支えているのは、六十代から八十代の人たちです。その意味で、われわれがこれから歩んでいく風景を、被災地が先取りして見せているとしか、僕には思えないのです。

放射能汚染とともに生きる

福島の原発事故は、「放射能の汚染とともに生きる」という新しいテーマをわれわれにもたらしました。放射能を除染することはできません。除染と言っているのは、単に人の周辺からどこかへ移動することであって、根本的な解決にはならない。

これまで正直に言えば、僕はチェルノブイリに少しも興味がありませんでした。今頃になって、チェルノブイリは汚染と共存して生きるしかない、逃げ場なんかない、ということをはっきりと告げていたことに気づかされました。たとえば、ドイツではいまだにチェルノブイリの後遺症で、イノシシの肉などは放射能の濃度を計って食べているわけです。一定の数値以上のものは食べないのが当たり前の世界なのです。

実際のところ、われわれが子どものころは太平洋で原水爆の実験が繰り返されていましたから、いまより放射能の濃度は高かったのかもしれません。原発事故により、われわれはこれまで目をつむってきた事実に初めて気づかされた、とも言えるかもしれません。

原発はずっと、事故なんて起こらないし、絶対に安全だと言われてきました。だから何も備える必要はない、と日本社会全体が洗脳されている中で、あの事故が起こりました。

あとは、起こってしまったことから何を学ぶかでしょう。原発被災地を歩き始めてすぐに、「原発に依存する社会は終わった」とはっきり思いました。原発から自然エネルギーへの転換は避けがたいのです。自然エネルギーというのは、最先端のテクノロジーと風土が結婚することです。そして、どの国、どの民族も、それぞれの風土的な条件の中で風力、太陽光、バイオマスなどの再生可能エネルギーを選ぶわけですから、エネルギー資源の争奪の必要はかぎりなく少なくなります。

太陽、風、地熱、森……日本はまさに潜在的な資源大国です。ということは、われわれは、エネルギーの争奪という問題で国と国が争う時代に終止符を打てる可能性を手に入れているわけです。ここにこそ希望があります。自然エネルギーを得るための壮大な実験を始めるのだと思えば、傷ついた福島もひとつの希望への始まりの土地になり得ます。

だからこそ僕は、パンドラの箱の底に希望があることを訴え続けたいと思っているのです。

復興特需などほんの幻だ

『福島民報』1月29日

仙台が復興特需に沸いているらしい。どこか新聞の片隅で、そんな記事を読んだ。仙台に暮らす友人はいかにも冷めた声で、こう言った。とはいえ、にぎわっているのは建築や土木ばかりで、その恩恵が風俗業界に及んでいる程度のもんですよ、と。別の人の話では、仙台のデパートがブランド物の売り上げで全国トップになった、とか。

そういえば、三か月ほど前であったか、仙台でこんなことがあった。東京の編集者たちを交えて、知り合いの行きつけの飲み屋にくり出した。うまい刺身と酒に話がはずんだ。しかし、支払いの段になって、みなの酔いが一気に醒めた。あきらかに法外な要求だった。顔なじみの客に、それをせざるをえないほどに追いつめられているのか、と顔を見合わせた。飲み屋が次々に店を閉じている、という噂を耳にしたばかりだった。あの店は復興特需とやらに救われたのだろうか。

だまされてはいけない。復興特需などほんの幻にすぎない。東北の将来を見据えた力強いビジョンが、ここには存在しない。どれだけ莫大な資金がつぎ込まれても、それは道路や港や建物などのインフラ整備に使われるだけなのかもしれない、と疑ったほうがいい。東北の再生にとって不可欠な、新しい産業や雇用を創りだすための、いわば基盤作りには、どれだけの資金が使われるのか。ほとんどの復興資金は被災地のうえを掠めて、東京に還流する、といった不幸な事態が起こらないことを願う。

思えば、われわれの戦後は焼け跡から始まった。敗戦によってすべてが失われ、ゼロからの出発だった。貧しさからの脱却のために、公共事業にひたすら依存する経済システムが構築された。道路を作り、橋を架け、ダムを築き、原子力発電所を造った。そうして、われわれは十分すぎるほどの豊かさを、とにかく手に入れたのだった。

かつて山奥のムラで聞いたことがある。そのムラには道もなく橋もなかった。それさえあれば、ここで暮らしていける。まさしく悲願だった。やがて公共事業が起こされ、ムラの人々が道や橋を作るために働き、暮らしはいくらか楽になった。気が付くと、山は崩され川は汚れ、ムラの伝統的な生業を支えてきた自然とのつながりは途絶えていた。若い世代の人たちは見切りをつけ、新しい道や橋を通って、遠くの町や都会へと脱出していった。老人たちばかりのムラが残された。学者たちはそれを「限界集落」と名付けた。

復興とはなにか。将来への構想力が問われているのだと思う。福島でも、遅ればせに復興への槌音が聞こえてくる。しかし、だれも将来へのビジョンなど示してはくれない。いや、示されたとしても、それを現実のものにしていくためには、それぞれの地域の人々の内発的な力が必要だ。草の根の力なしには、福島の再生はありえないのだと、それぞれに覚悟を固めることからしか始まらない。そう、嚙みしめるように思う。

震災後の思想は可能か

『寺門興隆』2月号／3月号、興山舎、2月1日／3月1日発行

一　荒ぶる自然の前に立ち尽くし

　東日本大震災はたくさんの隠されていた現実を顕わにしたのかもしれない。地震・津波そして原発事故。天災／人災の絡まり合い。その予測をはるかに越えた連なりのなかで、社会の深みに隠され蠢いていたものが次々とむき出しにされてゆくのを、われわれはなす術もなく、ただ茫然と見つめていたのではなかったか。すくなくとも、わたし自身はひたすらみずからの無力さに打ちのめされてきた。

　仙台の海辺の住宅地が津波に舐め尽くされてゆく映像が、この震災のわたしにとってのはじまりだった。それはたぶん、遠くはない将来には、人と自然とを分かつ境界が決定的に揺らぎはじめる時代の、いわば先駆けの情景として思い返されることになるだろう。むろん、あまりに多くの犠牲者を前にして、いまはただ、いかにその鎮魂と供養をおこなうのか、それが問われている。阪神大震災においては、行方不明者はほんの数名だったが、このたびの震災では数千名の行方不明者、つまり遺体の上がらぬ死者

たちがいるという現実が、ひっそりと転がっている。それはきっと、供養や鎮魂のあり方にも大きな影を落とすことになるはずだ。あるいは、命とは何か、死とは何か、あの世とは何か、といった問いが口の端にのぼることなく浮遊している。しかし、それにたいして真っ向から応答しようという動きは、残念ながら感じられない。

福島第一原発が爆発事故を起こしたあたりから、あきらかに空気が変わった。地震と津波にかぎられた災害であったならば、その被害がどれほど甚大なものであれ、おそらく事態はこれほどに混迷を深めることはなかったにちがいない。東日本大震災はまさに、地震・津波のうえに原発事故が複合的に重なることによって、未体験ゾーンへと突入したのである。われわれはいやおうなしに、多くのことを学んだ。たとえば原子力にまつわる専門知がどれほど曖昧なものであり、あえて言っておけば、倫理性を欠落させたものであったか、それを放心とも後悔ともつかぬ感情のなかで思い知らされた。原発という、近くて遠かった、また遠くて近い問題に、わたしはほとんど思考停止のままに座礁した気がする。興味がなかった。無知であった。情けないことに、ただ漠然と「安全神話」とやらに乗っかっていたのだった。民俗学はまるで無力だった。

そして、原発事故がしだいに情報操作の網の目を擦り抜けて、われわれの前に恐ろしい実態をむき出しにしていったとき、わたしはあることを静かに確認することになった。東北がいまだに植民地であった、という残酷な現実である。東京が消費する電気を、なぜ福島が供給するのか。東北はかつて、東京に「兵隊と女郎と米」を貢ぎ物として差し出してきた。戦後、ことに高度経済成長期以降は、それが「電気と部品と米」に変わっていたのかもしれない。莫大な交付金や税金が、いわば迷惑料として、福島には落ちているのだから、いまさら泣き言は言うな、万一の事故は承知のうえではないか……。暗黙の抑圧が感じられた。東京から福島第一原発までは直線距離にして二二〇キロ、東京を守るためにはいかにも絶妙な距離だ。そして、原発というのは徹底的に中央集権的なエネルギーの生産と供給のシステムであり、けっして地域の地場産業とはなりえない。福島県ではいま、一〇万人を越える人々が家を奪われ、村や町を失い、なかばは難民と化して離散状態に置かれている。三〇年間に三五〇〇億円の迷惑料を受け取り、結果として、福島はその一〇倍、いや百倍かもしれぬ苦難や損害に喘いでいる。これはそもそも契約として成り立っていなかったのではないか。

被災地を歩きはじめてみると、あらためて映像からは感じ取ることができない、惨たらしい現実に次から次へと遭遇することになった。映像には、現場の臭いは写し取られていない。焼け焦げた臭い、魚の腐ったような臭い、ヘドロの臭い……。ハエが群れをなしてつきまとう。気が付くと、妙に野鳥の声が耳を衝く。海面が怖いほどに近い。巨大な防潮堤も堤防も防潮林もすべてを破壊して、津波は海辺の村や町を容赦なく呑み込んでいった、その痕を辿りつづけた。

自然の荒ぶる力の前に、われわれはまったく無力だった。いや、人間は経済力やテクノロジーによって自然を制御し、支配できるはずだ、と思い込んでいた、そのつかの間の夢か妄想が潰え去ったというだけのことなのかもしれない。科学は後戻りができないのだ、としたり顔に説かれもする。しかし、地球そのものを何度でも破壊することができる核兵器を手に入れてしまった人類は、後戻りをする勇気と智恵をもつことなしには、いずれ生存の危機に瀕することになる。そんなことは誰もが知っていたことではなかったか。そして、核の平和利用だと信じられてきた、「安全で・安心で・安価な」エネルギーの供給源であるはずの原子力発電所が、とんでもない爆発事故を起こしたのである。それはあきらかに、人智が制御しがたいテクノロジーであることをむき出しにさらした。そのまき散らす放射性物質は、これから数十年、数百年、いや一万年の長きにわたって地球を汚しつづけるだろう。すでに勝負は決している。

われわれは福島第一原発の事故を通して、何を突き付けられ、いかなる学びを強いられているのか。この列島の風土のなかには、西洋とは異なった自然観が育まれてきた。その再評価こそが、どれほど凡庸であれ、たぶんもっとも切実に求められていることだ。この列島に生き死にを重ねてきた人々は、そもそも人間が自然をまったく支配することなど思いも寄らず、自然のもたらす恩恵／災厄の危うい均衡のなかに、身の丈の知恵や技をもって慎ましやかに暮らしてきたのではなかったか。民俗知はそれを復権させよ、と囁きかけてくる。たとえば、しばしば自然エネルギーは「反文明」のイメージに塗り込められるが、それはあきらかに誤解である。むしろ、民俗知と最先端のテクノロジーとが風土を仲立ちとして邂逅を果たすとき、可能性としての自然エネルギーという問題系がはじめてほんとうの姿を現わすのだ、と言ってみたい気がする。原発から自然エネルギーへのゆるやかな転換とともに、やがて風景は一変することだろう。

二　超高齢化社会への先触れとして

二〇年か、三〇年先の未来に訪れるはずであった世界が、いま・ここに手繰り寄せられてしまった、という思いに捉われている。たとえば、三陸の村や町は、内陸部と比べても、すでに以前から厳しい少子高齢化と過疎化の波に洗われていたが、このたびの震災はそれを、さらに深刻な段階へと押し進めてしまった。若い世代を中心として、たくさんの人々が住む家も仕事もなく将来設計が立たないがゆえに、ふるさとを棄て遊動化へと踏み出している。そうしてコミュニティの解体や離散が、見えにくい地殻変動のように起こりつつある。それはたぶん、東北とはかぎらず、三〇年後の列島社会をあまねく覆っている現実の一端を先取りしているにちがいない。

東日本大震災の犠牲者は二万人近くになるが、その三分の二が高齢者であったことは、何を意味しているのか。試みにいま、過去の津波の被災状況を思い返してみるのもいい。山下文男の『津波の恐怖――三陸津波伝承録』には、統計記録を元にした興味深い分析が示されている。昭和三陸津波（昭和八年）においては、岩手県の死者総数二五八五人のうち、数えで十歳までの子どもが八一八人（三一・六パーセント／全人口中の世代比率は二六・一パーセント）と突出して多く、それにたいして六十代以降の老人世代は二三五人（九・一パーセント／全人口中の世代比率は七・五パーセント）と意外にも少なかった。人口の世代別分布からは、これらの子どもと老人が災害弱者であったことがあきらかだが、被害の大きい地域ほど幼児の犠牲が多かったことが指摘されている。ところが、それから六〇年後に北海道の奥尻島などを襲った北海道南西沖地震津波（平成元年）では、死者総数一九八人のうちで、老人世代は九〇人（四五・五パーセント／全人口中の世代比率は一四・八パーセント）と半数に近く、子ども世代は一六人（八・一パーセント／全人口中の世代比率は一三・二パーセント）にすぎなかった。そして、このたびの東日本大震災では、老人世代が犠牲者の三分の二を占めることになったのである。少子高齢化が進むなかで、老人たちがまさしく災害弱者の中核の座を占めるにいたった、と言えるだろうか。

老人は何より避難そのものがむずかしい。やっとのことで津波から逃れはしたが、避難後にまた多くの方が亡くなっている。避難所や病院で、凍え、衰弱しながら、介護を受けられず、一度は助かったはずの命が失われていったのである。それにしても、老人という災害弱者をめぐって、新たな問題が浮上しているのかもしれない。高齢者の介護施設が津波の直撃を受けて、多くの犠牲者を出しているが、忘れてならないのはその犠牲者のなかに介護者が少なからず含まれていたことだ。家族のなかに介護の必要な老人を抱えて、そのかたわらに留まったために、かなりの数の方たちが津波の難に遭っている。わたしの教え子の家族も、そうして亡くなっている。

やがて訪れるはずの「超高齢化社会」においては、この災害弱者としての老人と、その介護に従う人々をいかにして守るか――という問題が、いっそう深刻の度合いを増してゆくにちがいない。地域社会が一体となって取り組まねば、「超高齢化社会」のなかの災害対策はうまくいかない。実際にも、今回の震災のなかで、相互扶助の精神に根ざした地域の力が働いたか否かによって、明暗がくっきり分かれた事例に触れたことがある。地域の復興のプロセスにおいても、高齢者とかぎらず、子どもや障がい者などの弱者をどのように守るかというテーマが、きちんと議論されねばならない。弱き人々こそを、あらかじめもっとも安全な場所に、といったモラルはたんなる夢物語なのだろうか。建築の思想も変わるはずだ。何であれ、あらゆる災害を想定しながら、その被害を少しでも減じることをめざしてコミュニティが創られる時代が始まったのである。

三　共同体の呪縛と力のはざまに

「津波てんでんこ」という言葉が知られるようになった。津波のときには、ほかの人のことは構わずに、てんでんこに、つまり、それぞれに勝手に逃げるように、という三陸地方に伝わる教えのようなものだ。明治の三陸大津波（明治二十九年）の頃から語られるようになった、という。津波はてんでんこだからな、そう、母親から何度も言い聞かせられた、と語る人がいた。それほどに津波は恐ろしいものだ、そこでは家族の情愛にも捉われてはいけない、と語り継がれているのである。災害教育のなかにも取り入れようという動きがあるらしい。しかし、「津波てんでんこ」の教えは矛盾に満ちている。その背後に隠されているのは、まさに家族の絆や情愛そのものでありながら、それすらも棄てることを強いられる過酷な状況があることを、幼い者たちはくりかえし教えられ、大人たちは確認し合う。究極のサバイバルのための教えであった。

ところで、山下文男は『津波の恐怖』のなかで、いくつもの興味深い指摘をおこなっている。たとえば、死者と負傷者の比率は何を語っているのか。明治三陸大津波のときには、死者が約一万八千人にたいして負傷者は三千人足らず、約一六パーセントであったが、昭和三陸大津波の場合には、その二倍に近く、三〇パーセントを越えていた。チリ津波においては、死者六二人にたいして負傷者二〇六人と、その関係は逆転している。ちなみに、関東大震災や阪神大震災などでは、死者にたいする負傷者の割合がはるかに高いという。津波は疑いもなく、「必殺性の高い、より恐るべき災害」（山下）なのである。

チリ津波は例外と言っていい。それは、はるかなチリという遠隔地からのゆるやかな津波ゆえに、追いつかれても負傷だけで命拾いした者が少なからずいたのである。ところが、明治や昭和の三陸大津波の場合には、津波に追いつかれた者たちのほとんどは亡くなっており、生還することができた者は稀だった、そう、山下はいう。それはだから、しばしば奇跡の物語として語り継がれることになったのである。そうした奇跡の物語はこのたびの震災のなかにも、数も知れず誕生しているはずだ。わたし自身もまた、そんな小さな物語のいくつかを聞き書きしてきた。

柳田国男の『豆手帖から』に収められた「二十五箇年後」というエッセイには、明治三陸大津波にかかわる聞き書きのかけらが拾われている。そこにも奇跡の物語はあった。津波によって山の麓に押し潰された家のなかで、馬までが無事であったとか、二階に子どもを寝させて湯に入っていた母親が、風呂桶のまま海に流され裸で命をまっとうしたが、三日目に屋根を破って入ってみると、子どもは傷もなく生きていたとか。そんな珍しい話や、「話になるやうな話だけが、繰返されて濃厚に語り伝へられ、不立文字の記録は年々に其冊数を減じつゝあるか」と、柳田は書いていた。大津波から二五年が経過していた。

こんな話も拾われていた。その語り手の女性は、十四歳のときに明治三陸大津波に遭遇した。戸数が四〇戸足らずのムラでは、ただの一戸だけが残ってほかはことごとく潰れた。残った家でも、床のうえに四尺も上がり、浮くほどの物はすべて持って行かれた。八つになる男の子が一人亡くなった。十四歳の少女は、津波の力に押し回され、中の間の柱と蚕棚のあいだに挟まって、動けずにいるうちに波が引いていった。うしろの丘のうえから父親に名を呼ばれ、登って行って、助かった。同じ中の間にいた母親もまた、乳房を含ませていた乳幼児とともに助かった、という。

この聞き書きはいくつかの点で示唆に富むものに感じられる。犠牲になったのは八歳の男の子であった。このときは幼児の犠牲が突出して多かったことを想起しておこう。父親は避難が早かったのか、無事であった。母親と乳幼児、そして十四歳の娘は津波に呑まれながら、何とか生き延びることができた。ほかの男衆は漁や避難のために海に出ていたのかもしれない。いずれであれ、まさしく「津波てんでんこ」の状況そのものだった。生死の分かれ目は、ほんの偶然のようなものにすぎない。母親と乳幼児と娘が生き残ったことこそが、偶然であり、ささやかな奇跡だったのである。実は、この明治三陸大津波にあっては、死者が男よりも女のほうが多かったことが確認されている。体力において劣る女性たちは、相対的には災害弱者といえるのかもしれない。

それはまた、明治三陸大津波の一編の縮図のようにも感じられる。この津波の記録や語り継ぎのなかには、子どもを抱いたまま死んだ母親、姑を助けようとして死んだ嫁、老いた両親のかたわらにいて怒濤に呑まれてしまった娘などの逸話が数多く含まれていることを、山下は指摘していた。山下はいう、「半封建的な家族制度」に縛られ、「家」に従属する女性たちの立場、「主婦や母親、嫁として背負わされている重荷の問題」もあったと考えられる、と。あるいは、柳田による聞き書きの断片のなかにも、そうした「家」を背負わされた女たちが津波に洗われながら、逃げることもかなわず、「家」に留まり、耐え忍ぼうとした姿を見て取ることができるのかもしれない。たとえば、幼な児を抱いたままに亡くなった母親／年老いた姑を死なせてしまった嫁という、ひき裂かれた場景が、昭和三陸大津波のときにも、くりかえし語り継がれている、という。ここにはしかも、個／家族／共同体をめぐる微妙な軋轢が影を落としていることを忘れてはならない。「家」を、家族を棄てた個を断罪する共同体という、もうひとつの見えにくい問題が浮上してくる。

むしろ、東北の人たちはけっして「津波てんでんこ」に逃げることができないからこそ、母は子に、万一のときには私を棄てて逃げなさい、と教えねばならなかったのではなかったか。哀しい、覚悟の教えだった。当然とはいえ、「家」や共同体による呪縛は薄らいでいるにちがいない。が、その呪縛がまったく消えたかといえば、いくらか心もとない。やっとのことで生き延びた人々が、家族や仲間を助けられなかったことを悔やみ、みずからを責める姿に、幾度となく出会った。家族の情愛や絆を感じて、涙を誘われることは多かった。それにしても、寝たきりの高齢者をあとに残して避難しなければならないとは、なんと残酷なことか。そして、それができずに、家族が共倒れになる悲劇がそこかしこに転がっている。だからこそ、「津波てんでんこ」の教えはいわば、ある種の解毒剤としての役割を託されてきたのではなかったか。

このたびの震災報道のなかでは、ときに東北の人々の凜として、じっと耐えている姿が称讃された。その根底にはきっと、家族の絆や、コミュニティの繋がりが横たわっている。しかし、同時に、共同体による見えにくい呪縛も影を落としているのかもしれない。いま、それが危機に瀕している。そして、東北の復興と再生のために、あらためて共同体の力が求められていることはまちがいない。

くりかえすが、被災地にむき出しに見いだされる現実は、この国の二〇年か、三〇年先の未来図である。高齢化が進んでゆく社会では、災害に備えることはいよいよ困難になる。あれだけ津波に備えていた東北でさえ、あれだけの犠牲者を出さねばならなかったのだ。われわれはいまから、未来への構想力をやわらかく鍛えておかねばならない。震災は忘れた頃にやって来る、そのときのために。

四　専門知の限界を超えるために

われわれは東日本大震災をめぐる報道のなかで、専門知と称されるものが次から次へと登場しては、たちまちにして失墜してゆくのを目撃した。専門知がいかに頼りなく、いかに危ういものであるかを思い知らされたといってもいい。「想定外」やら「未曾有の」といった言葉が、そこかしこに屍のように転がっていた。専門知は無惨にも、そろって白旗を揚げた。壊れた原発のコントロールすらできず、地震や津波の予知など夢のまた夢であることを、白日の下にさらしたのである。

わたしは八〇年代なかばに、物書きとしてデビューしている。奇妙ににぎやかな時代だった。ポストモダンと呼ばれる軽やかな知がもてはやされ、かぎりなく低い専門の敷居をこえて、領域横断的な出会いの場がいたるところに仕掛けられてあった。いまにして思えば、わたし自身がそうした時代の空気にどっぷり浸かりながら、みずからの知や思想を育んでいったことは明らかだが、わたしはその空気に馴染みにくいものを感じていたのだった。わたしが九〇年代のはじめに、東京に訣別して東北へとフィールドを移すことを選んだのはむろん、そのためである。

それから数年も経ずして、日本社会はバブル経済が一気に弾けて、うす暗い混迷状態のなかへと這入りこんでゆく。阪神大震災が起こり、オウム真理教によって地下鉄サリン事件が惹き起こされた。気がつくと、ポストモダンはすでに日常と化していた。軽やかな知の群れは色褪せ、いつしか表舞台から退いていった。知や学問がいっせいに、専門やらアカデミズムやらの砦のなかへと撤退していったのは、その頃からのことではなかったか。知はどこか鬱屈した、閉塞感を漂わせるものに変わっていった。隣り合う領域ですら、もはや侵犯はおろか、交流の機会も稀になったかと思う。そうして専門という鎧に身を固めた知の群れは、制度のなかに安住の場を見いだし、社会から断絶してゆく。原子力ムラばかりではない、さまざまな「専門ムラ」が乱立する状況が生まれたのである。

そして、どうやら二〇一一年、東日本大震災の勃発とともに、専門知はその権威性をあっさり剝奪されて、寒々しい荒野に投げ出されてしまったようだ。どれもこれも、専門知はことごとく無力だった。わたしがとりあえず属している民俗学など、その最たるものではなかったか。

ここで、わたしが寺田寅彦という名前を想い起こすのは、おそらく偶然ではない。当然とはいえ、寺田寅彦は地震学者として名高く、その地震や津波にまつわる思索は天災のたびに呼び返されてきたのである。そう、天災は忘れた頃にやって来る、という言葉とともに。わたしもまた、この震災の渦中にあって、くりかえし寺田の「天災と国防」や「津浪と人間」といったエッセイを読み、その深くやわらかな言葉に揺さぶられた一人であることを隠す必要はあるまい。その寺田寅彦こそが、「専門の枠をのりこえる、感性豊かな複眼思考の科学者」(山折哲雄)だったのである。われわれはこの人を、まさに専門知の限界を超えるためにこそ必要としているにちがいない。

五　寺田寅彦の災害論から

ここでは、『天災と日本人　寺田寅彦随筆選』(山折哲雄編、角川ソフィア文庫)をテクストとして、寺田寅彦とのひそかな対話を試みることにしたい。じつは、わたしはすでに、「自然の記憶の覚え書きがほしい」(原題、『kotoba』二〇一一年秋号。本書所収)というエッセイのなかで、寺田との対話をおこなっている。

それゆえ、これはその続編の意味合いをもつことをお断りしておく。

被災地を歩きながら、幾度ともなく寺田の言葉を思いだした。寺田は関東大震災のあとに、横浜から鎌倉にかけて被害状況を調べるために歩いたらしい。そこで、あることを明らかに確認するのである。すなわち、その地方の丘陵のふもとを縫う古い村家が存外平気で残っているのにたいして、田んぼのなかに発展した新開地の新式家屋がひどくめちゃめちゃに破壊されていた、と。いかにも示唆に富んでいる。わたし自身もまた、よく似た対照的な被災状況に遭遇してきたからである。

わたしのわずかな知見によれば、古くからの（東日本の）伝統的なムラはたいてい、丘陵の麓を縫うように広がっており、茅葺きの家々がそこに点在している。近世になると、平野部の大規模な灌漑施設が整えられ、水田としての開発が推し進められる。それはさらに、明治以降の近代には、宅地造成がおこなわれて新式の家々が建ち並ぶようになり、やがて新開地へと姿を変えてゆく。寺田の観察によれば、古くからのムラが思いがけず破壊を免れているのにたいして、新開地の家々が壊滅状態になっていたのである。

同じような光景を目撃している。今回の東日本大震災においては、津波によって壊滅的な被害をこうむった地域のなかに、さほど遠くはない時期にひらかれた新興住宅街がいくつも含まれている。おそらく偶然ではない。むろん、東北の海辺の開発史は横浜や鎌倉とはいくらか異なっているが、たとえば浦や潟が開拓されて水田となり、さらに住宅街や街場へと展開していったケースは少なからずある。それは伝統的な海辺のムラとは、明らかに一線を画されるような景観を呈している。そして、津波による甚大な被害を受けていることが多いようだ。

あらためて寺田の言葉に耳を傾けてみたい。寺田は書いている、――昔の人たちは、過去の経験を大切に保存し蓄積しており、その教えに忠実に頼ろうとした。だから、過去の地震や風害に堪えたような場所にのみ、ムラを保存し、時の試練に堪えたような建築様式のみを墨守してきた。そうした経験にしたがって造られた家々は、関東大震災でも多くは助かっているのである、と。

あるいは、こんな言葉はどうか。寺田はあるとき、中央線の車窓から、信州や甲州の沿線における暴風被害を観察したらしい。それによれば、停車場付近の新開町の被害がかなり大きいのにたいして、古くからの土着と思われるムラの被害が意外に少なかった、という。寺田はこう書いていた。

旧村落は「自然淘汰」という時の試練に堪えた場所に「適者」として「生存」しているのに反して、停車場というものの位置は気象的条件などということは全然無視して官僚的政治的経済的な立場からのみ割り出して決定されているためではないかと思われるからである。

（「天災と国防」）

三陸の海沿いに伸びる鉄道は、津波によっていたるところ寸断され、復旧が危ぶまれるほどの厳しい被害をこうむっている。仙石線の野蒜駅などは、津波に洗われて線路が砂に埋もれたままに放置されている。山側にコースを変更することになるらしい。あるいは、昨年の十月はじめであった。宮城側から福島に入って間もなく、新地町にいたったとき、常磐線の新地駅がまったく姿を消しているのに遭遇して、深い衝撃を受けたことがあった。それがはたして、官僚的・政治的・経済的な立場からのみ決定されていたがゆえの、ある避けがたい帰結であったのか否かは措くとしても、「旧村落は『自然淘汰』という時の試練に堪えた場所に『適者』として『生存』している」という指摘は、なかなかに興味深いものだ。

六　高台移転という問題へ

明治二十九年、昭和八年、そして平成二十三年と、東北は近代において少なくとも三度の巨大な津波に見舞われている。そのたびに、津波という天災から逃れる方法として、高台移転というテーマが浮上したが、うまくいかないことが多かった。今回もすっきりと進むようには思われない。

寺田寅彦はいう。すなわち、津波に懲りて、はじめは高いところだけに住居を移していても、やがて五年経ち、一〇年経ち、一五年、二〇年と経つあいだには、やはりいつともなく低いところを求めて人口は移ってゆく、そうして運命の一万数千日の終わりの日が忍びやかに近づいてくるのだ（「津浪と人間」）、と。こんなシニカルな物言いで語られた一節もあった。

大津浪が来ると一と息に洗い去られて生命財産ともに泥水の底に沈められるにきまっている場所でも繁華な市街が発達して何十万人の集団が利権の争闘に夢中になる。何時来るかも分からない津浪の心配よりも明日の米櫃の心配のほうがより現実的であるからであろう。生きているうちに一度でも金を儲けて三日でも栄華の夢を見さえすれば津浪に攫われても遺憾はないという、そういう人生観を抱いた人たちがそういう市街を造って集落するのかもしれない。それを止めだてするというのがいいのかどうか、いいとしてもそれが実行可能かどうか、それは、なかなか容易ならぬ六かしい問題である。事によると、このような人間の動きを人間の力でとめたり外らしたりするのは天体の運行を勝手にしようとするよりもいっそう難儀なことであるかもしれないのである。(「災難雑考」)

たしかに、いつやって来るかもわからぬ津波を心配するよりも、明日の米櫃を心配するほうが、より現実的ではあるにちがいない。ここまでたっぷり皮肉をこめて語られてみると、高台移転という問題が人間の生臭い欲望がらみであることがむきだしになる。はたして平成の大津波においても、事情がまったく同様であるのか否かは、わからない。外からは見えにくいテーマでもある。

柳田国男が『豆手帖から』の「二十五箇年後」と題された一節で、こんなふうに語っていたことを想起してみるのもいい。

恢復と名づくべき事業は行はれ難かつた。智恵のある人は臆病になつてしまつたと謂ふ。元の屋敷を見棄てゝ高みへ上つた者は、其故にもうよほど以前から後悔をして居る。之に反して夙に経験を忘れ、又は其よりも食ふことが大事だと、ずんずん浜辺近く出た者は、漁業にも商売にも大きな便宜を得て居る。或は又他処から遣つて来て、委細構はず勝手な処に住む者も有つて、結局村落の形は元の如く、人の数も海嘯の前よりはずつと多い。一人々々の不幸を度外に置けば、疵は既に全く癒えて居る。(『定本柳田国男集』第二巻)

ここでも、高台移転の問題があらわに生臭い欲望とからめながら論じられていることに、わたしは関心をそそられる。津波の経験を忘れて、それよりも食うことが大事だと、人々は競って浜辺近くへと進出してゆく。そこにまた、よそから移住してきた人々が勝手に住みついて、いつしかムラの形は元のごとくに再建されるのだ、という。たぶん、この東日本大震災にあっては、同じ経緯を辿ることはないだろう。もはや漁業はたくさんの労働力を必要としないまでに、機械化が進んでいるし、すでに海辺の村々は少子高齢化や過疎化に喘いでおり、人口の流入など望むべくもない。

いま海辺のムラや町に暮らす人々がみな、海とかかわる仕事に就いているとはかぎらない。被災地は、またそこに生きる人々は、あくまで多様なのである。観光やサービス業、土木・建設などにしたがう人々が多数派を占める地域がむしろ多いという現実から、眼を背けることはできない。欲望のありようもまた、きわめて多様なのである。可能なかぎり高台移転を進めることが望ましい、とわたしは考えている。

七　神社と貝塚が生き残った

海に沿って被災地を歩きながら、古くからムラの鎮守として祀られてきたような神社と、縄文時代の貝塚遺跡が津波の被害をまぬかれ、生き残っていることにくりかえし気づかされた。神社と貝塚、それは明らかに人間たちの生と死に深くかかわるものだ。近年、貝塚はたんなるゴミ捨て場ではなく、人や獣のタマシイをあの世に送る特別な場、いわば墓地であったことが確認されつつある。それが津波の難を逃れている。偶然とは思われない。

先に引いた「旧村落は『自然淘汰』という時の試練に堪えた場所に『適者』として『生存』している」という、寺田寅彦の言葉を思い返してみるのもいい。そこにいう「旧村落」を、神社や貝塚に置き換えてやれば、それらがまさしく「自然淘汰」という時の試練に堪えた場所であったことが見えやすくなるかもしれない。

家々はひとつ残らず押し流され、ただ一面に瓦礫の山が広がっている海辺のムラに立ち尽くし、ふと気がつくと、鳥居が見える。さらに眼を泳がせてゆくと、ムラの後背をなす丘の中腹の木立ちのなかに小さな社が見える。かろうじて被災をまぬかれたのだ。その姿はいかにも孤高に、神々しさすら感じさせる。

そういえば、寺田寅彦の「日本人の自然観」というエッセイには、貝塚に触れた、こんな一節もあった、――すなわち、先住民族は貝塚を残している、かれらの漁場は浜辺近くに限られていたであろうが、船と漁具の発達はしだいに漁場を沖のほうに押し広げてゆき、同時に漁獲物の種類を豊富にした、いまでは発動機船に冷蔵庫と無電装置を載せて、岸から千海里近い沖までも海の幸の領域を拡張している、と。たしかに、海辺に暮らす人たちは海の幸をもとめて、その漁の領域を磯浜から内海へ、沖合いの海へと広げていった。海岸線も時代ごとに動いている。貝塚はいわゆる縄文海進の時代、海が陸地深くに切れ込んでいた縄文中期あたりの海岸線にあったために、比較的に高台にあって、津波が及ばなかったのだともいわれる。さだかではない。

それにしても、「日本人の自然観」というエッセイは刺激的である。寺田によれば、われわれは通例、自然と人間とを対立させ別々の存在のように考えるが、それは現代の科学的方法の長所であると同時に短所でもある。しかし、これらはじつは「合して一つの有機体を構成している」のであって、究極的には独立に切り離すことのできないものである、という。人類もまた、あらゆる植物や動物と同様に、はるかに永い歳月のあいだに自然の懐に育まれ、その環境に適応するように育てあげられてきたものではなかったか。

そして、われわれの風土においては、足元に広がる大地は、深き慈愛をもってわれわれを保育する「母なる大地」であると同時に、またしばしば刑罰の鞭をふるう「厳父」としての役割をもつとめる、という。海の幸・山の幸を豊かにあたえてくれる「母なる大地」が、ときに「厳父」として地震・津波などの天災をもたらす。そのコントラストがきわめて鮮やかに見いだされるのが、まさに日本列島の自然風土であるのかもしれない。津波のあとには、しばしば海の幸が豊漁になるといわれるが、今回もそうした報告が数多く寄せられているようだ。

寺田はまた、こう書いている。すなわち、自然の神秘とその威力を知ることが深ければ深いほど、人間は自然にたいして従順になる、自然に逆らう代わりに、自然を師として学び、自然そのものの太古以来の経験から自然の環境に適応するようにつとめるであろう。大自然は慈母であると同時に、厳父なのである。しかもそれは、自然を思いのままに操り支配するような唯一絶対のカミを必要とはしない。そこに、八百万の小さな神々への信仰が、自然崇拝と背中合わせに生まれてくる。多神教の風土ということか。

単調で荒涼な沙漠の国には一神教が生まれると云った人があった。日本のような多彩にして変幻きわまりない自然をもつ国で八百万の神々が生まれ崇拝され続けてきたのは当然のことであろう。山も川も樹も一つ一つが神であり人でもあるのである。それを崇めそれに従うことによってのみ生活生命が保証されるからである。また一方地形の影響で住民の定住性土着性が決定された結果は到るところの集落に鎮守の社を建てさせた。これも日本の特色である。

いたるところに、鎮守の社が建っている。それが巨大な津波の災禍のなかに生き残った。渚や浜辺という、人間と自然との境界に広がっているあわいの世界に眼を凝らすことで、われわれの縄文以来の自然観や信仰のあり方がよく浮かび上がるのかもしれない。震災はわれわれを、裁きの場ではなく、思索の場へと引き出しているかのようだ。そこにさらに、原発事故の影が射しかかり、問いは複雑に屈折する。逃げることはできない。

2012.3.11　陸前高田市

震災からの復興——東北ルネサンスに向けて

全国保証組合トップセミナー講演、2月17日

一　はじめに

私は、二〇年ほどずっと東北の村や町を歩きながらおじいちゃん・おばあちゃんに話を聞き、その土地でずっと昔から行われてきた暮らしや生業を教えてもらうというとても地味な民俗学という学問を専門にしてきました。

そのような私が、三月十一日に東日本大震災が発生するとともに、いろいろなかたちでメディアから声がかかり、政府の東日本大震災復興構想会議の委員にもなりました。その中で、私がひたすら自分の役割だと思っていたことは、東北に生きる人たちの声を少しでも皆さんに知ってもらうことです。私の父親は福島県出身ですが、私は東北で暮らしているわけではありません。しかし、東京で言論活動をやっているほかの人たちよりは東北のことを知っているという思いがあり、これまで発言をしてきました。

皆さんのお手元にある冊子は、仙台で出ている『仙台学』という冊子です。この冊子を発行している

「荒蝦夷」は、数名の社員を抱えた小さな出版社で、ずっと昔から付き合いがあります。被災しながら、なおかつ、そこで踏みとどまって出版活動を続けてきたということで、昨年、「荒蝦夷」は、出版社の集まりである出版梓会の賞をいただきました。彼らが本を置いてもらっていた被災地の本屋は、ほとんどが壊滅してしまって、もちろん自分たちの商品を回収することもできません。あらゆることが動かなくなりました。仙台の印刷所は、被害を受けて一、二か月は動きませんでした。さらに、日本製紙の石巻工場が被災したので、紙がなくなって動かないという本当に深刻な状況で、彼らは「これ以上傷口を広げないために、出版社を畳んだほうがいい」とみんなに言われていました。しかし、私は、「続けろ」と彼らに言い、可能な限りの支援をしてきました。

これは、出版に携わる一つの小さな企業の話ですが、私自身は、昨年の四月の初めからずっと被災地を歩き、いろいろな人たちと言葉を交わす中で、被災地は、恐らくこの一年、二年が本当に分かれ目になり、そこで踏ん張って雇用を確保しながら頑張ろうとしている中小企業が厳しい状況に立たされることをはっきりと感じました。

例えば、福島県南相馬市は人口七万数千人の町ですが、まだ三万人ぐらいの人たちが町を離れています。今年の三月で完全に引っ越ししてしまう、住民票も移してしまう人たちもかなり多く現れると思います。

そうした状況の中、あるシンポジウムの席で、一人の若い経営者が、「雇用も確保して、何とか踏ん張りたいと思っている。そうしなければ、さらに人が流出してしまう。けれども、本音を言わせてもらえれば、あと一年か二年頑張れるかどうか分からない」と話されました。

恐らく、被災地の多くの小さな企業の方たちは、そういう思いを共有していると思います。復興の速度がとても遅いのです。被災地を歩いていると、昨年の四月の段階、夏、秋、冬とどんどん環境が変わっています。ところが、政治は、その変化のスピードに、人々の意識がどう変わっているかに追い付いていない気がします。

二　政府と自治体と県民

われわれ、政府の復興構想会議では、本来、昨年の末に最終提言を出すというシナリオでした。しかし、四月半ばに動き出してみると、とてもそんな悠長なことは言っていられないということで、二か月半の期間で十数回、延べにして五〇〜六〇時間、毎週のように首相官邸に集まって議論を重ね、六月二十五日に最終提言を出しました。

現場からさまざまな声が聞こえてくる中で、とにかく被災地のためにやれる限りのことをやろうと議論を重ねました。

ただ、あまりにも速度が遅いのです。改めて提言書をよく眺めてみて、被災地にきちんとお金が行き渡るかというと、縦割りの行政の中で、使い勝手の悪いお金であって現場には届かないのではないかと思い、今苛立ちが募っています。何が悪いのかよく分かりません。恐らく、われわれの社会のさまざまな制度が制度疲労を起こしているのかもしれません。また、国と県と市町村との関係も決してうまくいっているとは思えません。

みんなが国のほうを向いて、国に何かしてほしいと思っています。けれども、現実には、国は、そういう市町村の現場に目が届いているわけではありません。市町村のレベルから、「自分たちの村や町はこんなことをしたい、こういうかたちで復興したい」といったビジョンなり、シナリオなりが出てこなければ支援ができないのが現実です。

そして、県は県で国のほうしか見ていません。国の役人との交渉の中で、どれだけお金をもらえるかということです。日常であれば、それが彼らの仕事かもしれませんが、県民レベルから見ると、県は市町村で苦しんでいる自分たちのほうを全く見ていない、背中しか見えないという感覚があります。

もらったお金をどのように使うか、将来、いろいろな課題が押し寄せているこの土地で生きていくために何が必要か、どういうビジョンを持ったらいいのかという議論がないままに、そのお金を持て余している状況です。しかし、知恵を出して必死で生きようとする人たちがいる市町村は、これから何とか上向きになっていくと思います。

岩手県の南三陸町には、様々な知り合いがいますが、いろいろと不満が噴出していると聞いています。しかし、一年目の「3・11」を前にして、「それでも俺らは、随分いろんな人たちに助けてもらったな。大学の先生や建築家やいろんな人たちがやってきて、勝手なことを言われて腹が立ったこともあるけれども、その中のいくつかは、この土地に確実に根付いて、新しい仕事を生み出してくれるかもしれない」と、厳しい中でも少しだけ余裕が出てきて、自分たちの現状を再認識することが始まっています。

これから被災地は、二極分解というか、草の根で自分たちの地域を新たにデザインしていこうという意志を持った人たちがいるところといないところで大きく分かれていくと思います。ある意味では、弱肉強食のような状況が始まるかもしれません。

三　被災地から見えた高齢化社会の課題

次に、昨年の四月以来歩いてきた中で、見たり聞いたりしたことをいくつかお話しします。まず、最初に感じたのは、二〇年か三〇年かけて訪れるはずだった未来がすぐそこに転がっているということでした。震災の後、若い世代を中心にして、被災地からは人口流出が始まりました。住む家もない、仕事もない、しかし子どもを育てなくてはいけない、そのうえ福島県には放射能の不安があります。目の前には、もしかしたら三〇年後に訪れるはずだった超高齢化社会がむき出しの現実になって転がっていました。この問題をどう引き受けるかは、とても厳しいテーマになると思います。

復興構想会議でも、誰もが東北に新しい産業と雇用を生み出さなくてはいけないと考えていました。私自身は民俗学者で、そういうことには疎く、じっと耳を傾けていましたが、あまり新しい産業が提案されることはなかったという印象です。

のちほど触れますが、一つは、エネルギーの転換、再生可能エネルギーを展開していくことです。これは、間違いなく東北の新たな産業になり、雇用の場を生むと私自身も感じ、そういう議論の流れになりました。

もう一つは、二〇年、三〇年の時間を早回しするように現れた超高齢化社会の中で、介護の仕事は、間違いなく大切な新しい産業になると感じました。もちろん、一次産業の立て直し、農業、漁業、林業、どれも厳しいですが、復旧させなくてはいけません。

実は、三陸の沿岸部は、内陸部と比べると、数字のうえでも少子高齢化が非常に厳しいかたちで進んでいました。津波による被害の中に占める高齢者の割合は非常に高いです。実際に被災地を歩いていると、いくつか気掛かりなことがありました。

それは、高齢者のための多くの老人介護施設が津波により厳しい被害を受けているという現実です。老人介護施設は、土地の安いところを求めて海岸部に建てられていました。津波の最も厳しい被害を受けた施設には、介護が必要で、避難することがとても難しい高齢者たちがいて、また、介護をする人たちも逃げることができませんでした。

ある大学院生が、こういう問題に関心があると話していたので、私は彼に、ぜひそれを調べてほしいと話しました。恐らく、メディアがそれをきちんと追いかければ、今回の震災の最大の被害者が高齢者とその周辺にいた介護施設の人たちと同時に、寝たきりの老人を抱えた家族であるということにたどり着けると思います。

一人の寝たきりの老人をまさか置いて逃げるわけにいかないということで、津波が来ないと思うほうに賭けてしまった家族が完全に津波にのみ込まれました。私の教え子の家族は、おじいちゃん・おばあちゃん、母親、妹・弟が亡くなって、残ったのは自分とお父さんだけでした。そういう事例がたくさんあると思います。

高台移転とかいろいろなことが議論されていますが、この問題はとても深刻だと思います。介護現場で働く人たちが、災害に遭ったときに逃げることができない命懸けの仕事になるという現実を知ったら、果たして働く人たちがそこで安心して働けるだろうか。介護施設、身障者の施設こそあらかじめ安全な場所に造るべきだというモラルのようなものが作られていかないと、災害が起こるたびにこの問題が出てきます。神戸の阪神・淡路大震災では、特別に老人たちが亡くなるという事態は起こっていません。これは、高齢化が進んでいる地域であるが故に起こっている特有の問題だと思います。

河北新報社の記者が南三陸町で三月十二日に撮った一枚の写真に目を奪われました。それは、壊滅した廃墟のような町の風景を背にして、緩やかな坂をこちらに避難してくる人たちの姿を撮った写真でした。その前面に、おばあちゃんを背負った四十代の女性とその横にも四十代の女性、周りには、戦場から避難するような姿の人たちが疲れ切った表情でこちらに向かってくるという写真でした。

私はその写真を最初に見たときは、写真の意味を取り違えていましたが、地元に入ってすぐに知りました。そのおばあちゃんを背負って避難していたのは、中国から来ている花嫁でした。中国人花嫁が日本の義理の母親を背負って避難してくる姿は、高齢化社会のとても象徴的な光景である気がしました。この一〇年、二〇年、外国人花嫁というかたちで、そうした役割が彼女たちの肩に背負わされていた現実があると思います。われわれは、これから増えていく高齢者の問題をどう引き受けていくかです。

今、日本の人口は一億三千万人弱ですが、つい一、二週間前に、五〇年後には、八六〇〇～八七〇〇万人に減少し、その四割が高齢者であるということが発表されました。恐らく、地方はもっと厳しい割合になると思います。私自身は、随分前からこの問題が気になって、八千万人の日本列島を頭に浮かべながら、今ここで何をすべきかを考えないといけないのではないかという提案だけはしてきました。今回の震災でも、六十代の老人たちが、八十代、九十代の高齢者を背負って避難する姿がたくさん見られました。

四　中央集権的システムの弱点を補うコミュニティの力

「東松島市の奥松島」と呼ばれていますが、宮戸島という小さな島があります。そこにかかる橋が震災によって落ちて島が孤立しました。しかし、そこで生き残った老人たちが、一〇日ほど全く外部からの救援なしに暮らし、生き延びていました。それぞれの家に残った食料を持ち寄って炊き出しをして、集会所のようなところで暮らしていました。このようなコミュニティがきちんと残っていたところは、それができています。

今回の震災の中でよく見えてきたのは、新興住宅街と伝統的なきずなを持った地域とのかなり大きな落差です。コミュニティが生きているところは、お互いに助け合うことが当たり前に行われています。津波が来たときには、どこどこの寝たきりのおばあちゃんは誰が助けに行くということを普段から備えとして議論されていたところでは、被害がかなり少なかったです。

ところが、新興住宅街のようにお互いの関係が希薄でコミュニティとしてうまく機能していないところは、それがなかったために厳しい被害を受けています。被災の状況は同じなのに、ある地域は十数人、別の地域は二百人ぐらいの犠牲者が出たとか、びっくりするほど極端な事例が出ています。われわれは、そういうこともきちんと調査・研究して次の災害に備えなくてはいけません。

また、震災からそんなに遠くない時期、いわば、それぞれが生き延びるために闘わなくてはいけなかった時期にいろいろなことが見えました。電気や上下水道も止まってしまっていたときに、思い出したようにまだ捨てられていなかった井戸などが使われ、それが助けてくれたということは象徴的だと思います。

つまり、すべてのインフラが中央集権的に作られているので、広域の災害にぶつかったときには弱いです。神戸市のように一つの都市であれば、周辺が生き残っているので救援の手が差し伸べられます。ところが、今回のように広域の災害になると、災害のときの支援の協定を結んでいても、例えば、岩手県沿岸部はみんなやられて、誰も助けてくれません。運良く、岩手県沿岸部では、被災を少ししか受けなかった内陸部の遠野市が扇の要のようになって、宮古市から陸前高田市までの沿岸部の村々、町の支援にあたることができました。

インフラという意味で言うと、コンビニもほとんど動きませんでした。中央集権的に効率性を求めて作られてきたので、寸断されるとなかなか立て直すことができません。一方、地域の人たちが自分の作ったものを持ち寄る小さな市場のようなところは生き残って、そこで小さなものの流通が行われていました。

こういう現実は、外からはなかなか見えませんが、我々は、井戸や市場という、いわば地域分権的な分散型のシステムを、リスクの分散、あるいはサバイバルのある種の戦略として意図的に確保しておく必要があるかもしれません。

この問題は、エネルギーの問題に凝縮されていると思います。われわれの社会を中央集権的なシステムだけで効率的に作ることは、とても危ういです。中央のコンピューターが一つ壊れただけで麻痺するという状況が起こります。そうだとしたら、それを補完する地域分権的な分散型システムを置くべきではないかと考えさせられるテーマでした。私は、民俗学者ですから、恐らく、皆さんとは違う目で地域を見たり、被災地を歩いていると思います。

五　近代化と復興のシナリオ

南相馬市は、三月十二日の朝にメディアも医療関係者も自衛隊も一斉に引き揚げたために、孤立した島のようになって取り残されました。また、桜井市長があるメディアに登場して、「助けてくれ」と世界に向かって叫んだこともありました。

私の友人たちは南相馬市の出身であり、避難所に入ってずっと支援をしていたので、彼らから情報はどんどん入っていました。私は彼らとともに、警戒区域が設定される前の日の四月二十一日に初めて南相馬市に入り、二〇キロメートルのラインを超えて一五キロメートルぐらいの小高という地区に入りました。夕暮れになっていましたが、道路が寸断されて、それ以上進めないというところでわれわれは車を止めました。周りは、津波に遭ったときのまま放置されていました。家々は、津波によってぶち抜きになって、車も散乱しているというひどい状況が広がっていました。

そして、傍らには、アスファルトの道路を突き崩すようにして津波がなめていて、一面の泥の海が広がっていました。私の中では、この泥の海が今回の震災後の原風景のようになりつつあります。

翌日も南相馬市をずっと歩きました。私の知り合いのお兄さんが住んでいる村は、七六戸ぐらいの集落のほぼ七〇戸が完全に流されてしまって、そこで話を聞きました。

その傍らにも一面の泥の海が広がっていました。私は、その泥の海がとても気になり、聞いてみると「その下は水田だ」と言います。田んぼが津波によって洗われて泥の海になっていました。土地の人たちは、「浦にかえってしまった」あるいは「江戸時代に戻ってしまったよ」という言い方をしました。

どういう意味を持つのか。実は、明治の初めの頃の写真を見ると、そこは、深させいぜい二メートルぐらいの潟状の浦が広がっていました。そこに明治三十年代から干拓事業が始まって水田にしていきます。水を抜いて排水施設を調え、塩抜きをして田んぼにします。人口が爆発的に増えていった時代なので、国民の腹を満たすために米の大増産の体制が作られ、日本全国どこでも水田が開かれていた時代です。ちなみに、明治の初めの日本の人口は三千万人、昭和の初めは六千万人ぐらいなので、人口が爆発的に増えてくるのは戦後です。

「明治三十年代からの干拓によって新しく水田に生まれ変わったその地域が、津波によって浦に戻ってしまった」というのも、私にとってはとても示唆に富んだ言葉でした。ずっと被災地を歩いていくといろいろなことが見えてきますが、明治の地図と現在の町、被災の状況を重ね合わせたときに見えてきたことがありました。

明治時代の地図では、一面の水田であった海沿いの地域、恐らく、その水田は、少し前は潟か浦だったはずです。つまり、浦とか潟であったところを近世の後半から明治にかけて埋め立て、田んぼとして開いて水田地帯になっていました。そこが、気が付いてみると、新興住宅街になって家が建ち始め、道路が造られ、陸前高田市は、郊外型のショッピングモールが立ち並ぶ大変おしゃれな町になっていました。そこが完全に壊滅しました。

いわば、われわれ日本社会の近代の開拓のシナリオの一つでしょうか。本来であれば、海辺に近い浦や潟では、漁業が行われていたはずです。潟というのは、「生物多様性の宝庫だ」と言われている漁業の場であり、風光明美な場所でした。そこを埋め立てて水田にし、さらに時間がたつと、水田の中に住宅が造られ、やがて町になっていきます。そうした地域が、今回、間違いなく最も厳しい津波の被害を受けています。

浦安市の辺りでも、液状化ということで埋め立て地が弱いことが明らかになり、もしかしたら、近代の我々の社会が選んできた開発のシナリオが直撃されたのかもしれないと考え始めました。

例えば、南相馬市の泥の海になった地域をどのように復興・再生するかというのは、いくつかのシナリオが考えられます。一つは、元に戻すことです。つまり、「3・11」の前に水田として使われていたので、水田に戻そうというシナリオが一つあります。今は、莫大な資金と労働力と時間を費やして水田に復旧するというシナリオが動き出しています。

ところが、現実は、耕す人たちの高齢化が進んでいて、今でさえ平均年齢が七十代になっています。耕すことができない、後継者もいない状態です。最初の干拓が明治三十年代から半世紀を費やして昭和の初め頃に終わります。そして、分配というか、土地を買い取って耕し始めました。その二代か三代後には、「自分一人で耕すことはできないから、集約化するというシナリオが語られ始めていた」と言います。米作りの将来は、とても厳しいものになることは誰でも予想できます。「一生懸命に米を作ってきたけれども、あんまりおいしい米ができないんだ」とも言っていました。つまり、ブランド米として戦っていく競争力がないことも本人たちは知っています。

そのため、五年かけて排水施設を調え、もう一度圃場整備を行い、塩抜きをして、さらに放射性物質を取り除くという作業をして田んぼに戻ったとしても、「よかったですね」とはならない現実が待ち構えています。八十代に近くなった人たちが、そこを耕すことができるとはとても思えません。莫大な費用と労働力と時間をかけて田んぼに復元したにもかかわらず、耕す人がいないということでは、その地域にとって新しい将来のシナリオにはなりません。

それでもそうしたシナリオが選ばれる可能性が高いのは、土木建築の分野での公共事業として行われるので、そうした職種の人たちはお金が入ってきて潤うからです。

しかし、そのシナリオは本当に無条件に正しいだろうか。元に戻すこと、復旧することがリアリティを失わせていく現実があることをきちんと想定しておかないと、またしても誰も歩かない遊歩道や誰も使わない施設、飛行機がほとんど来ない飛行場を造ってしまいます。われわれがずっと繰り返してきた戦後の貧しい時代の公共事業依存型の地域振興策が、別のかたちで繰り返されるのではないでしょうか。

また、復興構想会議の議論の中では、再生可能エネルギーの基地にしようという案が出ていました。実は、私もそれを提案してきました。風力の発電、あるいは太陽光パネルを敷き詰めるとか、いろいろな案があると思います。

再生可能エネルギーの基地にするというのは、必ずしも水田ということと齟齬を来すわけではありません。例えば、牧場の上三メートルぐらいのところに太陽光パネルを張るとか、一次産業と共存するかたちでのシナリオも考えられると聞いています。

私は、自然エネルギー、再生可能エネルギーが持っているポテンシャルをきちんと考える必要があると感じました。風力発電機一基で部品が一万から二万あるそうです。一万から二万の部品を造る工場を誘致して、東北のどこかに造れないだろうか。そうすれば、そこに新しい雇用が生まれます。太陽光パネルもそうです。泥の海を自然エネルギーのファームとして育てていくときには、恐らく、そこで生まれるエネルギーや電気を売ることによってかなりの利益が上がります。そして、一〇年、二〇年、三〇年と転がしながら、当然、その時間の中で放射性物質が消えていくというものが第二のシナリオとして考えられます。そして、復興構想会議での、福島県を自然エネルギー特区にしようという私の提言には、多くの方たちも賛成し、提言書の中に盛り込まれており、そこには特別の予算が付けられています。

しかし、現場を歩いていると、地域で小さな自然エネルギーを展開したいとか、始めたいと思っている人たちのところに資金がちっとも届いていない、資金が回っていない、知恵もちっとも届いていないという印象があります。早い時期に配られた地図には、ここは自然エネルギーの基地にしようとか、いろいろなものが載っていましたが、いつの間にか消えて、どこもかしこも水田に戻すというシナリオになろうとしている気配が感じられます。

私自身は、第三のシナリオがあるかもしれないと思い始めています。日本列島の海辺、海岸沿いから潟が消えたのはかなり最近です。東京湾から潟が消えたのも昭和三十年代です。まだ数カ所残っているようですが、江戸前寿司とか、のりを作るとか、東京湾は、そういう場所でもありました。日本列島の海岸部には、潟の風景がたくさん広がっていて、そこは、漁業の場であり、風光明美な観光地という風景が広がっていました。

第三のシナリオとして、そういう潟や浦、自然に戻すというシナリオが考えられるかもしれません。唐突な発想かもしれませんが、日本列島は、これから人口八千万人の時代に向かって動き出しています。多分、人と自然との境界線を大きく変えていくと思います。

今、山村では、里山の手入れがされずに荒れて崩壊しています。そのために、奥山に暮らしていた野生動物たちが村や町、都市部にさえ侵入してくる時代に入っています。例えば、山で暮らす人たちを訪ねると、おばあちゃんが村はずれの小さな畑をネットで囲んで一生懸命に豆をまいています。なぜなら、野生動物が自分たちのテリトリーにどんどん入ってくるからです。

しかし、今まで人間たちが一億三千万人の人口の圧力で自然を押し返していた、あるいは自然の中にどんどん入り込んで開拓していました。ところが、人口減少、少子高齢化、過疎化の中でそのラインを支えきれなくなって撤退を始めているため、野生の獣たちがどんどん人間側に入ってきているということだと思います。「山が攻めてくるんだよ」という言葉を何度も聞きましたが、それが実感だと思います。

人と自然、村と山を分けていた境界のラインがどんどん人間側に迫っています。今も都市部に猿やイノシシや鹿が入ってきて大騒ぎになっていますが、人口八千万人の日本列島というのは、これがもっと日常的な風景になっていくと思います。

海においても、人間がマックスで海の側にせり出していたラインが支えきれなくなります。今回、コンクリートで固めた海岸線が、津波によって壊滅しました。地盤が沈下したために港近くを歩いていると、海がものすごく近くて怖いです。

改めて「3・11」前の消波ブロックや防潮堤といったコンクリートで固めた境界を復元するのか。五メートルで超えられたから七メートル、八メートル、一〇メートルにすればいいのか。景観が全く壊れてしまいます。高い堤防を造れば、次に来るかもしれない津波には何とか備えられるかもしれないが、観光客が来なくなったという現実が待っています。

今、実は、高い堤防を造るというシナリオが作られています。海岸線数百キロメートルにわたってどれだけ造るかは分かりませんが、専門家に言わせると、「材料がないんじゃないの？」という話を聞きます。現実的な問題として、コンクリートや砂利をどのように手配するかについても、それぞれの市町村が立てている計画を総和として合算したときには、莫大な量になってとても実現できないといったシナリオが見えてくると思います。

潟として再生するという考え方は、夢物語のように聞こえるかもしれませんが、八千万人の日本列島にとっては、とても素直なシナリオかもしれません。もちろん潟に戻したシナリオだけを選べば、そこで暮らしていた人たちの経済的な打撃がありますが、例えば、そこを風力の基地にする、そして、その下は、潟に戻していくというシナリオもあり得るのではないかと考えています。我々は、三〇年か五〇年後に訪れるはずの日本列島の姿を何とか思い描きながら、今ここをどのように立て直すかを議論するべきです。

誰も耕さない田んぼや誰も住まない町を作るという、我々が戦後からずっと選んできた公共事業依存型のシナリオを、もう一度根底から考え直す必要があると思います。私は、問題提起として、第三のシナリオということを少しずつ話しています。

六　FUKUSHIMAとエネルギー問題

少しだけエネルギーに問題に触れます。どこでも話をしていますが、私は、「3・11」まで、原発には全く興味がなく、一度も推進とも反対とも発言したことがありませんでした。「3・11」の数カ月前、下北半島を取材したときに、六ヶ所原燃ＰＲセンターという原子力の施設をのぞき、何ともどでかい装置を眺めましたが、民俗学というおじいちゃん・おばあちゃんの話を聞いて歩く学問の担い手としては、あまり関心が持てませんでした。

ところが、「3・11」以降、福島県の第一原発が爆発事故を起こし、福島県を歩き始めてすぐに、隠されていた現実が次々とあらわになってくると思いました。少なくとも福島県は、これから原発と共存して生きていくことはできません。もし、それをしてしまったら、福島県はもう再生できないと感じました。一〇万人の人たちが難民化して家を失い、村を奪われ、漂流しています。数字には出てこないどれだけの人たちが、とりわけ子育て世代が福島県から流出しているでしょうか。

この原発事故によって傷つき、ローマ字の「FUKUSHIMA」になってしまったこの場所は、私の父親のふるさとでもあります。どうやって生きていったらいいのでしょうか。福島県は、普通の市民のレベルから議会、そして、県知事まで脱原発宣言をし、「一〇基の原発をすべて廃炉にしてほしい」と表明しています。福島県を歩いてみれば分かります。福島市や郡山市という内陸部で暮らしている人たちも見えない不安におびえています。「原発は人を殺さなかった、死者を出さなかった」とよく言われます。確かに、人を殺すレベルの放射能の汚染のところは、本当に僅かなので、「死者が出なかった」と言えるかもしれませんが、現実は、随分違うと思います。

復興構想会議の委員でもある芥川賞作家の玄侑宗久さんのお寺の檀家の中から、昨年の四月ぐらいまでの段階で六人の自殺者が出ています。果樹農家や酪農をやっていた六人の方は、このままでは暮らしていけないと悲観して命を絶ちました。本当に小さなエリアですが、そこで六人の方が自殺しています。福島県内では、統計に表れないところでいったいどれだけの人たちが自ら死を選んでいるか。アル中になったり、補助金をもらってパチンコをやっている、酒を飲んでいると笑われますが、私には、誰も好き好んでパチンコをしているとは思えません。明日が知れない、住むところもない、補償がどうなるかも分からないという不安の中で、家庭内暴力が随分広がっているということも昨年の五月の段階で聞いています。

原発が人を殺さなかったというのは、半分だけ事実だと思います。その陰で多くの人たちが追い詰められています。いまだに一〇万人近い人たちが避難しています。これから除染をしながら、その人たちが村や町に帰られるか、あるいは分散していくのか、あるいは新しい町を合同で作るのかとか、やがてさまざまな問題が議論されていくと思います。今はまだ除染の問題に集中して、何とか除染ができればと思っていますが、なかなか難しいと思います。

十一月三十日、福島県の方たちと三人で、あるテレビ番組に出演して、福島県の現状をさまざまに語りました。最後に、視聴者からのファクスが紹介されました。「福島の大変な状況はよく分かりました。それでしたら、今止めている原発を動かして、そこから得られる資金を復興に回したらいかがですか」とファクスの中の見えない人が語っていました。

司会者に指名された会津若松市の一人の女性は、「コメントはありません」と答えました。当たり前です。本当に福島県を支援し、原発を必要としているのであれば、その人の町に原発を造り、そこで得られる電気やお金を復興に回すというなら分かります。でも、これだけ傷ついてしまった福島県がさらに原発を抱えてその不安の中で生きていくことはあり得ません。本当に普通に暮らしている人たちが体を壊したり、鬱になったりしています。でも、そういう現実は、メディアにはなかなか取り上げられません。福島県の人たちもじっと耐えています。

私は、随分早い段階の四月三十日の復興構想会議の場で、福島県自然エネルギー特区構想を提案しています。まず、国が責任を持って除染をすること、そのための研究することや研究所の設立、そのための予算を付けることです。そして、放射能、とりわけ低線量の放射性物質が身体にどういう影響をもたらすのか等、見えない部分がたくさんあることを認識しなければなりません。

チェルノブイリのようにはならないと信じていますが、一〇年、二〇年を考えると子どもたちを中心として、医療の体制をきちんと整えておく必要があります。除染、医療、自然エネルギーを三位一体で特区として認めて、産業としても育ててほしいという提案をしました。

実は、福島県には、明治以降の近代、水力発電その他、海岸べりには火力発電所がいくつもあります。つまり、東京への電力の供給基地としてやってきたので、電力のインフラは相当整っています。私は、それもきちんと利用するべきだと考えました。

原発の事故によって傷ついた福島県が、前向きに新しい時代のエネルギーを生産する場へと姿を変えていくというシナリオを掲げて動き出したら、恐らく、たくさんの人たちが支援してくれて、そこで作られたさまざまなノウハウが輸出できるはずです。今までは、風車一つ造るにもいろいろな制約がありました。研究資金もそこには流れずに、もっぱら原発に流れていました。そういう原発中心のシフトを、国家が柔らかく転換するだけで、随分いろいろなことが変わってくると思います。

風をエネルギーに換える、太陽の光や熱をエネルギーや電気に換える、地熱をエネルギーに換える、森の木をバイオマスに換える、バイオマスを通して、あるいはごみを燃やしてエネルギーを作る、潮の力、波力をエネルギーに換えるということは、実は、近代の最先端のテクノロジーが可能にしています。自然エネルギーというと、経済界の人たちからはすぐに、文明に反する妄想や夢のようなことだという批判が出ます。復興構想会議でもそういう議論がありました。脱原発を言う人たちの発言の中に、文明に背を向けるようなにおいがあったことは確実です。しかし、現実の再生可能エネルギーの現場は、まさしく最先端のテクノロジーが作り出している新しい風景です。

風をエネルギーに換える、私は、「最先端のテクノロジーと風土が結婚するんだ」という言い方をしていますが、そこに電気やエネルギーが生まれます。我々は、そういう時代に差し掛かっています。まだ夢のような話かもしれませんが、先にかじを切ったドイツは、一〇年後ぐらいには、三〇パーセント近い比率でエネルギーの中に再生可能エネルギーによって作られたものを持ち込もうとしています。

日本は、技術としては、非常に高いものを持っています。世界で一番だったさまざまな地熱の技術なども、日本という足元で実践していくことができないままにシェアを奪われて後退しています。世界では、既にエネルギーの半分は再生可能エネルギーで作られているという統計もあるようです。統計は、人によって随分違うので私には分かりませんが、それにしても、世界がそういう方向に向かっていることは確かだと思います。

私が、再生可能エネルギーの魅力という声を上げ始めたら、東京都で私の周辺に専門家たち数十人が手弁当で集まってきました。そして、半年ぐらい毎週のように集まって勉強会をしていました。そこには、風力の研究者等、いろいろな研究者がいました。原子力の最前線にいる人も、何かできないかとやってきました。

肩書をはずした人たちが議論をする中で、いろいろなことを教えられましたが、再生可能エネルギーの魅力の一つは、地産地消型のエネルギーのシステムということです。原発は、あまりにも巨大すぎて、その周囲をよく眺めてみると、地場産業は一つもありませんし、作れるわけがありません。機密の問題もあるので、「我々は原発の部品を造っています」ということはあり得ません。例えば、自動車工場の周りには、さまざまな中・小の製造工場が造られ、メンテナンスの人たちの雇用も生まれます。そういう意味での展開は、再生可能エネルギーの周辺に間違いなく起こると言われています。

大企業がメガのレベルで巨大な風力の基地を造っても、多分、地元には、お金が落ちず、雇用もないので、地産地消型あるいは地域分権型のエネルギーのシステムを作っていく必要があります。

七　東北地方における自然エネルギー特区の可能性

福島県を自然エネルギー特区にという私自身の提案が、好感を持っていろいろな人たちに受け止められましたが、福島県は、依然として原発事故の厳しい影響のもとにあってなかなか動きが取れません。それを見ているうちに、私は、考え方を少し変えました。

このエネルギーの問題は、東北一円を一体的に考えることです。例えば、太平洋側で風がいい季節と、日本海側で風がいい季節は違います。それをきちんと一体的に把握してエネルギーを配分していくシステムを作れれば、不安定な供給という欠点を補うことができるかもしれません。

風がいい場所には風力、太陽光が有望な場所には太陽光システム、あるいは地熱やバイオマスなどさまざまな可能性を持った選択肢があります。例えば、東北一円を特区にして、分散して組み合わせてトータルで安定的なエネルギーの供給システムが作れないでしょうか。

秋田県は、今回の震災の影響をほとんど受けていませんが、NPO法人あきた県民公社によって風の王国（プロジェクト）が立ち上げられ、今走り出しています。それを東北一円で自然エネルギー特区としてデザインすることができたら、これは可能性があるかもしれないと思い始めています。

ただ、残念ながら、そういう東北全域を視野に収めるという議論がなかなか起こりにくい状況です。東北は、外から見ると東北ですが、内側に入ってみるとばらばらです。隣と話をするよりも東京と話をするほうが多いという特性があって議論が始まりませんが、提案としてはするべきだと感じています。

いずれにしても、原発事故の影響は、一〇年、二〇年と非常に厳しいかたちで東北にかぶさっていくと思います。しかも、統計によれば、「秋田県や東北のいくつかの県は、五〇年後に人口が半分になるだろう」と言われています。百万人の県が五〇万人の県になり、いわば大きな都市の人口にも満たなくなります。そういう現実が既に見え始めているところで何ができるのか、復興のためにどういうシナリオを描く必要があるか。

今日、私がお話ししたのは、夢物語のような話と思われるかもしれません。けれども、復興構想会議の中で、建築家の安藤忠雄さんが「三〇年か五〇年後の日本をきちんと思い描きながら、今ここからの復興を考えなくてはいけない」と繰り返し言われたその言葉が私の中に残っています。私は、それを受けて、八千万人の日本列島を頭に描きながら、ものを考えようと思うようになりました。今日は、その一端をお話ししました。うまくお話しできなかったと思いますが、お付き合いいただきましてどうもありがとうございました。

一年後のインタヴュー

『毎日新聞』2月21日

復興の動きはあきれるほど遅い。国や県にはそもそも将来へのビジョンが乏しいからだ。被災地はそんな国や県を見切り始めている。もはや受け身では何も動かないと、人々は痛みとともに気づいてしまった。

被災市町村の首長たちは、それぞれに厳しい状況のなかで、孤立を恐れず覚悟を決めて発言している。そして多くの人が、試行錯誤をくりかえしつつ、草の根のレヴェルから声を上げ始めている。復興資金はもちろん必要だが、そうした「下」からの動きこそ支援してほしい。

思えば、福島はかつて自由民権運動のはじまりの土地だった。その記憶はいまも生きているようだ。草の根で開かれているシンポジウムの場などで、誰ともなく「まるで自由民権運動みたいだ」という声が聞こえてくる。現実は途方もなく厳しい。いまだに底が見えない。だからこそ、人々は現代の自由民権運動を求めている。

他方、中央の東北への視線は相変わらずだ。原発事故の当事者である東京電力の姿が、福島ではほとんど見えない。十分に責任を果たしてきたとも思えない。それなのに、東電批判の声はとても小さい。

一〇万人の「原発難民」を生んだ福島には、原発と共存する選択肢はありえない。福島県には、これまで三〇年間で約三千億円の交付金が降りたと聞く。ところが、それでは小さな村の除染費用にすら足りない。「契約」はすでに破綻した。原発は地震であれ津波であれ、絶対に事故を起こしてはならなかったのだ。福島からの脱原発はイデオロギーではない。

放射能による汚染は、すでに福島県を越えて東日本全域に、少なからず広がっている。汚染とともに生きるという選択肢しか、もはや残されていない。可能なかぎり子どもたちの健康を守るシステムを構築しながら、しなやかに、したたかに「腐海」(『風の谷のナウシカ』)とともに生きる知恵を学ばねばならない。

どんなに困難でも、自然エネルギーへの転換を選ぶしかない。風力・太陽光・地熱・バイオマスなどを組み合わせて、東北全域を「自然エネルギー特区」にするような、大胆にして、将来の日本を見据えた提案がほしい。日本にはそのための技術も経済力もあり、再生へのチャンスもある。

3・11からの再生――一年後の提言

『北海道新聞』3月12日

東日本大震災から一年が過ぎ、被災地以外の人びとやメディアは徐々に〈3・11〉から身を退きはじめている。忘れることはある意味、仕方のないことだ。

しかし、東北に深い関わりを持つわれわれは、忘れるわけにはいかない。震災後、東北ゆかりの作家やジャーナリストとともに、被災者の聞き書きを続けている。

聞き書きの仕事は語り手との出会いから始まる。何度も被災地に通い、時間をかけて関係を「熟成」させていく。

例えば、津波にさらわれながら助かった男性から、その体験を聞き書きしたのは、昨年四月のことだった。その一〇か月後、彼ははじめて、近くの木に引っかかっていた女性のことを語った。「子どもを抱いて、『助けてください、助けてください』と叫び続けていた。いつの間にか声が聞こえなくなった」。彼自身も水に長時間漬かり、凍傷で体が動かないような状態だったにもかかわらず、「俺は何もしてやれなかった」と涙を浮かべた。

半年たってようやく語ることができた体験だったかと思う。

こうした、一過性の関係では聞くことのできない百人の体験談をまとめ、震災一年に合わせて『鎮魂と再生——東日本大震災・東北からの声100』（藤原書店）として刊行する。今月下旬から北海道など全国の書店に並ぶ。

東北の復興と再生に寄り添いながら、この聞き書きを五年、一〇年、二〇年と続けていきたい。やがて東日本大震災にまつわる記憶のアーカイヴ（保存記録）の一部になると思う。体験や記憶は書き残さなければ、残らない。

私たちは一九九五年の阪神大震災から多くのことを学んだはずだ。しかし、神戸の仮設住宅で問題になった「孤独死」が、東北で再び繰り返されようとしている。被災者が避難所から仮設へ移るとき、くじ引きで入居先を決めるなど、わざわざコミュニティを壊すようなやり方をした。

こうした問題は被災地でしか分からない。震災を生き抜く知恵として、次の世代に語り継いでいく義務がわれわれにはある。

全く違う被災をしている岩手・宮城と福島で、復興の歩みに大きな差が生じてきた。

津波の被災地は津波で流された瞬間が「ゼロ」。たくさんの犠牲者は出たが、生き残った人たちは何とか生きていくしかない。岩手や宮城を歩くと、地域差はあるが、前向きな空気が生まれつつある。

ところが、原発事故は起きた瞬間がゼロではなく、どこまでマイナスが広がるのか、いまだに分からない。原発周辺の一〇万人が家を失い、村を失い、仕事を失い、難民化している。汚染された大地で農業ができるのか、汚れた海で漁業ができるのか。林業も難しい。原発事故で、人類が背負うべき課題を福島の人びとが背負わされてしまったかのようだ。

私にとって福島は父親の故郷であり、二〇年通い続けている「東北学」のフィールドだ。その土地が厳しい状況に追い込まれる中で、だんだん思いが強くなり、私はいつしか福島を自分の故郷として選び直した。

だからこそ、福島にいら立ちを覚えることもある。

東北の復興について議論する場に出席すると、岩手や宮城からはどんどん要望や提案が出るのに、福島からは「まだ原発事故が収束していないから」と何も出てこない。「福島を忘れないで」と、いまだに情緒的な話に終始している。

一年が過ぎてしまったのだ。福島に残った人たちは覚悟を決め、前向きに新しい社会をデザインしていくしかない。「だから応援してくれ」と訴えることで、はじめて支援が得られる。そうでないと福島は忘れられ、置き去りにされてしまう。

福島の外では差別が始まっている。「福島ナンバーの車で関東に行ったら入店を拒まれた」などという、口にするのもバカバカしい話を、実際の体験談として耳にする。

福島だけでなく、東北全体が放射能で汚染されたというイメージが広がっている。

岩手・陸前高田市の松が、昨年八月の京都の「五山送り火」で使用を拒まれた。この二月には、青森県の雪を運んで行う予定だった那覇市の子ども向け行事が中止になった。原発事故後に福島や首都圏から避難してきた人たちが、放射能汚染を懸念して反対した、と報じられている。

福島原発からの距離、そして放射線量は、陸前高田と東京とでほとんど変わらない。関東にも線量の高い地域がある一方で、福島県内でも会津地方などは線量が低い。こうした事実も「東北＝汚染」のイメージを組み替える力を持たない。痛みを分かち合う感覚が希薄だ。それが今、瓦礫の処理をめぐって、よじれた光景を生み出している。

私は昨年春、委員を務める政府の東日本大震災復興構想会議で「福島県自然エネルギー特区構想」を提案した。福島の負のイメージを払拭し、風土に根ざした復興と再生を進めたいとの思いからだ。

その後、全国各地で自然エネルギーへの転換を目指す動きがみられる。ただ、国の態度はいまだに中途半端だ。福島県は脱イデオロギー的に「脱原発」を宣言している。もっと柔らかく開かれた場で、エネルギー問題を含めて、この「国のかたち」を議論していかねばならない。

『「辺境」からはじまる』あとがき

赤坂憲雄・小熊英二編『「辺境」からはじまる――東京／東北論』明石書店、4月27日発行

なんだか、とても遠い日々のことのように感じられる。いまから一年前の四月半ばに、不思議な縁の連なりのなかで小さな勉強会がはじまり、それは一年余りの歳月を経て、この論文集に辿り着いた。被災地を歩きはじめたばかりだった。色のない日々だった。記憶も途切れがちで、わたしはきっと、緑色の手帖とデジカメの写真の群れなしには、その日々を思い浮かべることができない。だから、ほとんど東北の記憶しか辿れない。東京のわたしはほとんど夢遊病者のようなものだったかと思う。

勉強会がはじまって間もなく、五月一日であったが、一橋大学で小さな集まりが持たれた。そこで、旧知の小熊英二さんと山内明美さんと三人で、半分だけ公開の座談会をおこない、それはのちに『「東北」再生』（イースト・プレス刊）にまとめられた。みずからの立ち位置を確認するための、たいせつな場になった。勉強会もまた、この三人が中心になって、若い研究者たちの発表に耳を傾けるかたちで進められた。なにしろ、わたしは山形から東京にもどったばかりであったから、東京での人間関係がそもそも乏しかった。そうした研究に触れる機会を持てたことは、たいへん幸いであった。

この論文集には、そのときの発表から展開した論考が、幾編か収められている。何人かは、まちがいなく研究者として、表現者として大化けしたかと思う。その姿を間近に目撃させてもらったことは、とても刺激的な体験であった。思えば、かれらは東北の出身であるか、東北をみずからのフィールドとしてきた研究者である。それゆえに、東日本大震災に直撃されていたし、それをみな、逃れがたい宿命のように感じていたのではなかったか。ここに収められた論文にはたぶん、それぞれに、その逃れがたさの影が射しているにちがいない。

わたし自身はおそらく、いくつもの偶然が重なって山形を離れ、東京へと還っていなかったら、まったく異なったかたちで東日本大震災を体験することになったはずだ。わたしは地震・津波、そして福島原発の事故によって、つかの間離れかけていた東北に一気に引き戻されたのだった。東北学の第二章が、思いも寄らず、そこに幕を開けていた。わたし自身もまた、まさに、あの逃れがたさの影に縛られた一人なのである。しかも、わたしに固有の屈折がまちがいなく織り込まれている。「東京／東北」をめぐる磁場のありようが、いくらかほかの人たちとは異なっている、ということだ。いやむしろ、その磁場のありようをそれぞれの場所から問いかけることが、この論文集をつらぬく隠れたモチーフになっているというべきなのかもしれない。

東北の被災地を歩きながら、しばしば東京を想った。東京／東北のあいだの、絶妙にして捩れた、はるかにして分かちがたい関係性に、その距離に頭がくらくらする瞬間があった。いまこそ、「東京／東北学」をつくらねばならない、と焦りに駆られた。たとえば、『東京／東北学』という名の雑誌が欲しい。時が熟せば、それはきっとかたちを成してゆくはずだが、いまはその時の訪れを待つことにしよう。

それにしても、小熊さんの明晰さには救われてきた。幾度となく、その「元も子もない」言葉に頭を冷やしてもらった。こちらの情緒的な言葉が届かない現実をむきだしに突きつけられて、そのたびにさりげなく狼狽しながら、深く記憶に留めた。「原発は斜陽産業です」なんて、ぽつりと言われて、まったく目から鱗と嬉しくなったことを思い出す。

さて、こうして震災とともにはじまった勉強会が、ひとつの果実を産み落としたことに歓びを覚えている。編集を担当してくれた赤瀬智彦さん、ありがとう。

明日もまた、被災地をフィールドに、〈歩く・見る・聞く〉を続けようと思う。

2012.3.11　石巻市

原発と民俗学

共同通信、3月9日脱稿

何度でも書いておくが、わたしが福島から脱原発について語るとき、それはとりあえずイデオロギーというものと一線を画している。そういう立場があり得るのが福島だ、と言ってもいい。福島の悲惨は、原発とともに生きてゆく将来シナリオを許さない。

ところで、わたしは東北をフィールドにして来た民俗学者の端くれである。民俗学という、ムラを訪ねて爺ちゃん・婆ちゃんに聞き書きをする知の方法は、原発などという問題からはるかに隔絶したものだった。ところが、福島では原発事故が起こった。茫然自失しながらも、あらためて被災地を歩きはじめて、わたしはやがて気付いた。原発事故以後の福島というフィールドでは、まさしく民俗学的な知が求められている、と。

〈3・11〉以後に、わたしがはじめて書いたエッセイは、「東北の民俗知、今こそ復権」と題されていた（本書所収）。立ち向かうには巨大過ぎて、手に負えそうにない原発事故を前にして、だからこそ生活者の身の丈の知恵や技をいま一度復権させなければいけない、と考えたのだ。しかし、まるで無力だった。民俗知など、あくまでローカルな、またノスタルジックな過去の遺物にすぎないことを、思い知らされた。

ところが、民俗学の基本といっていい「歩く・見る・聞く」に立ち返って、東北の被災地をおずおずと訪ねる内に、ある不思議な感覚が寄せてきた。民俗学はまだ死んではいない。

たとえば、五月の末であったか、三陸の漁村では、ガレキの山のなかから衣装や太鼓を掘り起こし、鹿踊《シシ》りが復活していた。お盆の季節には、津波に洗い流され、どこまでも土台だけが連なる風景のなかに、死者たちへの鎮魂のモニュメントが見いだされた。野の花や菓子や写真が置かれ、新しいホトケサマを迎える高灯籠が立ち、板卒塔婆が並べられ、小さな霊場が生まれていた。秋になると、相馬地方で、流された神社や屋敷神の祠がひとつひとつ再建されはじめた。海辺の墓地には、散乱していた墓石や首のない地蔵が集められ、手を合わせる人々の姿があった。

まさに、そこに転がっていたのは、常民たちのフォークロアの風景そのものだった。惨憺たる廃墟のなかから、フォークロアの小さな神々が息を吹き返した。四月はじめ、いわき市の塩屋岬の近くで、一面のガレキの海のなかに孤高に立ち尽くす鳥居を見た。高台に神社だけが生き残っていた。この震災の、わたしにとっての原風景のひとつである。

福島ではいま、津波の被災地とは異なる意味合いで、コミュニティの再建というテーマが緊要なものになろうとしている。家や村を失い、仕事を奪われ、原発難民と化した人々は、寸断された絆を編み直し、新たなコミュニティの再建へと踏み出してゆく。あえて比喩的に言えば、福島の復興は祭りの太鼓や囃子の声とともに始まるのかもしれない。

原発はいま、のたうち足掻いている。ならば、いくらかの畏敬の念をもって、にぎやかな笛や太鼓とともに、まず福島県内の一〇基の原発の埋葬の儀式を執り行なわねばならない。そして、身の丈の民俗の知を生かしながら、明日の地域社会のデザインへと向かうことにしよう。いましばらく、黄昏の民俗学のかたわらに留まろうと思う。

文化・芸術による震災復興についての覚え書き

『東日本大震災、文化芸術の復興・再生への取り組み』
文化芸術による復興推進コンソーシアム設立準備事務局、3月31日発行

一

はじめに民俗芸能が復活を遂げた。

被災地では、いまだ生き延びることがテーマであった震災から二か月も経たぬ時期に、民俗芸能の復活への動きが始まっていた。わたし自身は五月の末に、南三陸町の水戸辺というムラで、はじめてそのことを知った。あのときの驚きは忘れられない。

水戸辺は志津川湾に面した、小さな港をもつ漁村である。十数メートルの高さの津波に呑み込まれて、ムラはほとんど壊滅に近い被害を受けた。多くの人々は高台に逃げて、命だけは助かったが、何もかも失った。ところが、ムラの男たちは海辺から数キロも流された瓦礫の山のなかに分け入り、それぞれの思い出の詰まったものを探し続けたのである。そして、かれらがついに見つけたのは、水戸辺に伝承さ

れてきた鹿《シシ》踊りの衣装や太鼓だった。それを洗い清め、仲間たちを集めて、避難所で踊った。仲間内から二名の犠牲者があったらしい。まさに鎮魂の踊りとなったにちがいない。避難所に暮らしていた人たちは、ほっとしたように涙をこぼした、という。

それから、水戸辺の鹿踊りはあちこちに呼ばれるようになった。神社に奉納したり、ムラの行事や何かで、踊ってきたのである。すべての道具や衣装が見つかったわけではない。ニュースに触れた人々からは支援として道具類が届けられたようだ。

気がついてみると、水戸辺の鹿踊りのように震災から数カ月で復活を遂げていった民俗芸能は、けっして少なくはなかった。三陸の沿岸部にかぎっても、鹿踊りのほかに、剣舞や虎舞などが早い時期に復興している。メディアの片隅に、明るいニュースのひとつとして取り上げられているのを見かけることが多かった。たしかに、廃墟のなかで演じられる民俗芸能はインパクトが強い。しかし、どこでも後継者不足で、存続すら危ぶまれていたはずの民俗芸能がそうして、むしろ華々しく復興する姿には、どこか意外の感を拭うことができなかった。

なぜ、民俗芸能は復活を遂げていったのか。それが大切なテーマのひとつになった。

二

震災の夏には、鎮魂と供養のテーマがあふれていた。

お盆の季節に被災地を歩いた。四月から五月にかけての頃には、津波に流された家々のコンクリートの土台ばかりが眼についたが、それが急速に雑草に覆われてゆこうとしていた。荒れ野に回帰してゆく被災地からは、あらゆる記憶が根こそぎに奪われてゆくようで、恐怖を覚えた。コンクリートの土台が見えると、妙に安心を覚えた。そこに、花が供えられている姿をくりかえし見かけた。そのかたわらに、お菓子や缶入りのジュースかお茶、壊れた携帯電話、そして写真が置いてあった。別れを告げる言葉を書いた紙が、ビニールに包んで立てかけてある。何人もの名前が見える。

土台しか残っていない民家の庭先に、真新しい高灯籠が立っていた。花が供えられた一角が近くにあった。高灯籠は新しいホトケが、道をまちがえずに自分の家に戻ってくることができるようにと立てられる、目印なのである。この家でも、迎えなければならない死んだ家族のために、建物としての家はすっかり流されてしまったが、その庭に高灯籠を立てたのである。生き残った家族のもとに帰ってきてほしい、という願いが託されていたはずだ。

そこからは、延々と草むらにテトラポッドが点在している。まるで恐山の賽の河原のような情景が広がっていた。海辺に出て、荒涼とした海に見入っていると、数台の車に分乗した人たちがやって来る。十数人の人たちはみな花を携えていた。浜辺に集まると、一人一人順番に壊れた堤防に近づいて、海に向かって花束を投げてゆく。親族のなかに遺体の上がらぬ者がいて、その供養のために浜辺へやって来たのか。肉親の死を受け入れることはできないが、それでも何とか区切りをつけようとしている、そんな姿に見えた。みなが花を投げ終えると、海を背にして寄り集まって記念写真を撮った。

その頃から、わたしは自分が被災地巡礼の旅をしているのだと思うようになった。いたるところに、東日本大震災の犠牲者たちを鎮魂するための小さな霊場が生まれていた。そこで、ただ黙って手を合わせることが、いつしかわたしの旅の作法と化していった。

三

瓦礫の海のなかで、くりかえし生き残った神社に遭遇した。

〈3・11〉から四週間ほどが過ぎていた。はじめていわき市に入り、津波に洗われた海岸をひたすら南下した。塩屋岬をめざしたが、辿り着くことはできず、その手前の薄磯という地区で茫然と立ち尽くすことになった。住宅街は津波に舐め尽くされ、火災も起こり、ほとんど壊滅状態だった。まだ瓦礫の処理はほとんど行なわれておらず、かろうじて緊急車両の移動を可能とするために道路から瓦礫が撤去されているだけだった。一面の瓦礫の海が眼の前に拡がっていた。言葉はなかった。ただ黙々と、破壊の跡を眺め、手を合わせ、カメラのシャッターを押し続けた。

ふと、瓦礫のかなたに、鳥居がぽつりと立っているのに気付いた。焼け焦げたビルを迂回し、瓦礫を掻き分けながら、近づいてゆく。石の鳥居が瓦礫に埋もれたままに、かろうじて立ち尽くしていた。狛犬は片方だけ、鳥居の向こうに身をよじるように立っている。かたわらに参道の坂道があり、高台に薄井神社が建っていた。そこから眺めると、海がすぐそこにあって、津波が低い堤防を越えて一気に住宅街を押し流した情景が思われた。神社は避難所として使われていたらしい。この地区で津波の難を無傷で免れたのは、この神社だけだったかもしれない。

思えば、瓦礫の海のなかに、かろうじて鳥居や神社が生き残っている姿を見かけた、それがはじまりとなった。津波に舐められて跡形もない風景のなかに、気がつくと、鳥居と森と神社が孤高に立ち尽くしているのだった。高台にある神社に逃れて助かった人々の話にも、くりかえし出会った。五メートルくらいの高さまで、参道の階段が流されたが、社殿に上がった人たちは助かったとか、集落のもっとも奥まったところに鎮座する神社の鳥居の下まで津波は届いたが、狭い境内に逃れた人々はそこに焚き火をたき、一夜を明かした……といった話に耳を傾けた。

津波の難を逃れた神社の姿は、多くの人によって語られてきた。神憑りの霊験譚を語りたいのではない。ある工学部の大学院生の研究によれば、同じくらいの数の神社が流されており、そこに特別な意味合いは存在しないともいう。きちんとした調査と研究が必要だが、わたし自身はそこには何らかの社会文化史的な背景が隠されていると想像しているが、いまは措く。

四

ここで、寺田寅彦の「天災と国防」というエッセイから、いくつか手がかりになりそうな箇所を引用したうえで、簡単な注釈を施しておく。

それで、文明が進むほど天災による損害の程度も累進する傾向があるという事実を十分に自覚して、そうして平生からそれに対する防御策を講じなければならないはずであるのに、それがいっこうにできていないのはどういうわけであるか。その主なる原因は、畢竟そういう天災がきわめて稀にしか起こらないで、ちょうど人間が前車の顚覆を忘れたころにそろそろ後車を引き出すようなことになるからであろう。

しかし昔の人間は過去の経験を大切に保存し蓄積してその教えに頼ることがはなはだ忠実であっ

た。過去の地震や風害に堪えたような場所にのみ集落を保存し、時の試練に堪えたような建築様式のみを墨守してきた。それだからそうした経験に従って造られたものは関東震災でも多くは助かっているのである。大震後横浜から鎌倉へかけて被害の状況を見学に行ったとき、かの地方の丘陵のふもとを縫う古い村家が存外平気で残っているのに、田んぼの中に発展した新開地の新式家屋がひどくめちゃめちゃに破壊されているのを見たときにつくづくそういう事を考えさせられたのであったが……。

寺田はまず、「文明が進むほど天災による損害の程度も累進する傾向がある」と述べている。津波による被災エリアに眼を凝らしていると、この文明の問題が大きな影を落としていることがわかる。つまり、干拓して水田地帯を開き、住宅街や町を造るといった開発史が、あきらかに被災の濃淡を生んでいるのである。かつて、そこは海でした、という奇妙な言葉を幾度耳にしたことか。くりかえし目撃した泥の海は、その下に水田風景を沈めているが、それはまた津波がもたらした開発の前の、潟や浦であった近世以前の景観であったりするのである。「過去の経験を大切に保存し蓄積してその教えに頼る」人々は、「過去の地震や風害に堪えたような場所」にのみ集落をつくってきたがゆえに、地震や津波にも生き延びることが多かったのである。神社は集落のなかでも、とりわけ「危険のあるような場所」は避けて、「時の試練に堪えた場所」に建てられていたのであり、だから津波の難を逃れることが多かったのではなかったか。わたしの観察するかぎりでは、津波に流された神社の多くは、明治以降の開発とともによそから勧請された神社であったように思われる。

旧村落は「自然淘汰」という時の試練に堪えた場所に「適者」として「生存」しているのに反して、停車場というものの位置は気象的条件などということは全然無視して官僚的政治的経済的な立場からのみ割り出して決定されているためではないかと思われるからである。

いわば古い神社は、「時の試練に堪えた場所」に「適者」として「生存」しているがゆえに生き残ったのに反して、近代になって開発された水田や住宅街や町に勧請された新しい神社は、過去の経験や記憶を無視してつくられたゆえに、厳しい津波の洗礼を受けたということだろうか。

五

コミュニティを支えているのは、神社と寺である。

当たり前に過ぎることだが、地域の精神的な拠りどころでありつつ、実質的にも集会所や公民館のような役割を担ってきたのが、神社と寺であった、という現実を再確認することになった。高台にあって生き残った神社や寺はみな、ことに初期には避難所となり、救援物資の受け入れ先となって、コミュニティの中核的施設であることをさりげなく示した。

その神社や寺のなかには、厳しい被害をこうむったケースが少なくはない。被害は当然とはいえ、津波だけではなく、地震による損壊や放射能による汚染といったものにまで広がり、その詳しい被害状況はまるで明らかにされていない。その再建に関しては、宗教的施設という条件ゆえに公的な資金が導入されることはむずかしいとされ、東日本大震災復興構想会議においても議論のテーマとすることさえ拒まれたのだった。数百キロにわたる海岸沿いに点在する神社や寺のなかには、おそらく再建されずに放置されるケースが多数出現することになるだろう。

むろん、南相馬市などでは、神道関係者たちが全国に呼びかけて、流された神社の再建のためのプロジェクトを持続的に行なっており、神社が瓦礫の山の下に埋もれることだけは避けることができたようだ。それぞれの地域で、そうした地道な試みが始まっている。気仙沼ではすべてが失われた廃墟の町のなかで、鳥居を見かけて近づいてみると、流された神社の跡に粗末な鳥居やご神体などが集められ、聖地として小さな復活を遂げていた。ここに、もう一度町を再建する、という人々の意志の結晶のように感じられた。

高台移転や「仮の町」といった構想が語られているが、宅地造成をおこないインフラを整え、復興住宅を建て並べただけでは、コミュニティの再建はありえないのだということを肝に銘じておきたいと思う。

六

民俗芸能の背後には、宗教が見え隠れしている。

あまりに当たり前なことではあるが、伝統的な民俗芸能はみな、地域の神社や寺と結びつき、その祭りや行事の一環として組み込まれ、受け継がれてきたのである。三陸の鹿踊り、剣舞、虎舞などむろん例外はない。その掲げるテーマは死者への鎮魂・供養、魔除けや厄払い、収穫の祈願と感謝といったものであり、それはまさしく日本人であるわれわれにとっては宗教的な行為そのものではなかったか。宗教をタブーに囲ったうえで、民俗芸能について、その復興について語ることはできないにもかかわらず、いや、だからこそ、明治以降の日本人は習俗／信仰のはざまでアクロバットを演じてきたのではなかったか。その結果として、欧米人からは「無宗教」「無神論」といった蔑みや誹りを受けてきたのである。

それにしても、東日本大震災はわれわれ日本人にたいして、人間はいかにして自然の荒ぶる力に向かい合うべきなのか、という根源的な問いを突き付けている。生や死について深く考えることが求められている。あの南三陸町水戸辺の鹿子踊の供養碑に「この世の生きとし生けるものすべての命の供養のために踊りを奉納せよ」と刻まれていたことを思い返すのもいい。おそらく、みちのくに暮らす人々は、生きとし生けるものたち、人間ばかりか鳥獣虫魚さらには草木の類にいたるまで、いや、死者や、神仏・精霊など「眼には見えないものたち」までも含んだ、共生の世界を創ってきたのかもしれない。科学技術や経済力によって、すべての自然災害を防ぐことはできないことを思い知らされた。むしろ、人は自然への畏敬を忘れることなく、新しい人と自然との敬虔なつき合い方を学んでいく必要がある。防災から減災へ。それはたぶん、日本人が受け継いできた芸能や芸術、そして文化のなかに、すでに準備されている思想や哲学のかけらであったにちがいない。

五感や想像力を研ぎ澄ますために、これまでは宗教が突出した役割を果たしてきたが、これからは芸術文化がそのある部分を担うことになるはずだ。芸術が仲立ちとなって、五感や想像力を研ぎ澄ますことによって、「眼には見えないものたち」の世界とのコミュニケーションをはかりつつ、自然への畏敬の思いを育て、人と自然との関係、あるいは人と世界との関係を新たに紡ぎ直してゆくのである。

七

それにしても、被災地にはそこかしこに宗教的なるものが転がっていた。

くりかえすが、神憑りの話を弄んでいるのではない。われわれはきっと、二万人近い震災の犠牲者たちとともに、これからの人生をいかに生きていけばいいのか、という問いと無縁に生きていくことはできない。子どもたちにも伝えねばならない。死者を悼むことは、生き残った者たちにとって何よりも崇高な、かけがえのない仕事であることを。

東北の民俗芸能の多くが、生きとし生けるものたちすべての命を寿ぎ、供養するために演じられてきたことの、深々とした意味を問い続けたいと思う。「打つも果てるもひとつの命」(「原体剣舞連」)という、宮沢賢治からのメッセージをかたわらに置きながら。

さて、芸術や文化なしに、われわれは豊かな復興や再生を語ることはできない。

震災から言葉へ

『日本文学』4月号、日本文学協会（同第66回大会講演）

北條〔勝貴〕さんのお話をうかがいながら、自分は三・一一以降、ずっとこの三・一一が転換点になると語り続けて来た人間の一人だなということを感じていました。ただ、ちょっと違うかなと思うのは、僕は、この三・一一は転換点に「なる」というのではなくて、「なって欲しい」「ならなかったらたまらない」という思いに駆り立てられるように、そう語ってきたのです。福島の人たちと話をしていても、原発事故によってこれだけ痛めつけられている自分たちのこの体験が次の世代のために活かされなかったら報われない、そういう思いを語る人たちはたくさんいます。ですから、転換点になるという客観的な話ではなくて、転換点にしなくては俺たちは救われないという意識なのかという風に思います。これは後ほど議論をさせていただきたいと思います。

僕自身は震災後、四月の初めからですが、とにかく被災地を歩きはじめ、ひたすら歩いてきました。歩いて見たこと・聞いたことをとにかく手がかりにして、語りたいと思ってきました。四月の二十一日、警戒区域が設定される前日に、僕は南相馬市の小高に入りました。第一原発からは、一五キロほどの地点、翌日からはそこに入ると法律に触れるというその前日だったんですけれども、とにかく入りました。三、四年前に島尾敏雄さんの取材のために小高を訪ねたことがありまして、その時のことを思い出しながら歩きました。三月十二日には原発事故が起こり、すぐに避難していますから、津波に洗われた風景がそのまま残っているんですね。一面の泥の海が広がっていました。道路はいたるところ津波によって寸断されている。もう、その先には行けないというところまで行き、車を停めました。泥の海の下には、まだたくさんの犠牲者たちが眠っていらっしゃるんだろうなと思いながら、とても厳粛な気持ちになりました。なにひとつ物音は聞こえてこない。夕暮れでした。交差点の真ん中に立って、ガイガー・カウンターで線量を測ると、〇・三九マイクロシーベルト。ふっと気がつくと、遠くから潮騒らしき音が聞こえてくるのです。ずっと泥の海を遥かに辿っていくと、一キロぐらいでしょうか、彼方に海が見えました。島尾敏雄さんが学生の頃に、帰郷すると近所の子供たちと海水浴をしたという村上海岸、その海辺の松が数本だけ見えました。そして、そこから潮騒が聞こえてくる。音はそれだけでした。そして、「この下には一面の水田があった」と教えてもらいました。水田が泥の海に沈んだ風景というのを、それから僕はくりかえし目撃することになります。

四月の初めから歩き始めてから、もうひとつ、くりかえし遭遇した光景がありました。一面のがれきの海のなかに、なぜか鳥居と神社が生き残っている。それが津波に洗われた海辺の村の原風景として記憶に定着していきました。これについては、あらためて取り上げることができるかもしれません。

＊＊＊

十月の初めに、四日間ほどかけて、仙台の港からいわきの方まで海岸づたいに、できるだけ海岸に近いところを歩いてみようと思って車を走らせました。がれきの撤去は集積がずいぶん進んでいて、それまで入れなかったところにも入れるようになっていました。そのなかで、いま眼の前に広がっているこの風景をもし名づけるとしたら、「潟化する風景」、「潟化する世界」といったところかなと思った瞬間がありました。海辺や渚が潟に戻ろうとしているのです。潟化する世界が自分の前に広がっている。それは、人と自然との関係、人と自然とを分かつ境界というものが、いま大きく揺らいでいる、それを実感させられた瞬間でもありました。地盤が沈下していますから、海岸づたいの道を選んで走っていると、道が海に消えていったり、波に洗われて通れなくなっていたり、そういうところがたくさんありました。あるいは、田んぼが完全に水をかぶっていたりする。そして排水の施設や用水路などが寸断されていますので、海水が流れ込みあふれて、道のすぐ脇が海になっているのです。このときの感覚というのは、ちょっと味わったことがない感覚であり、言葉にするのがむずかしいですね。海がひたひたと境を越えて足元に寄せてくる、そうして人間が造ってきた道や田んぼを侵していく。そういうイメージでしょうか。

それからいろいろ調べていくと、その自分の見た世界の意味が少しずつわかっていったような気がします。たとえば南相馬市の八沢浦というところは、四月の段階には完全に泥の海の下に没していました。何度か訪ねるうちに水がだんだん引いて、いまは田んぼが現われています。調べていくと、明治三十年代にそのあたりの開拓が本格的に始まっています。つまり、海岸をコンクリートの堤防で仕切って、その内側を排水し、潮を抜いて、田んぼにする、という作業が延々と繰り返されて、いまは水田地帯になっているわけです。そこが、今回の津波によって泥の海に戻ってしまった。いまは、また田んぼが現われています。何をそこで感じたのか、考えたのか。

明治の初めに日本列島の人口は、三千万だったと言われています。昭和の初め六千万、いまはマックスで一億三千万弱でしょうか。近代になって、増大していく人口を食わせ養うためには、田んぼを開くことが、絶対的に必要だった。国策として開田は進められた。その小さな一コマが、目の前にあったわけですけれども、それが津波によって一瞬にして洗い流されるように姿を消した。これから五〇年ぐらいかけて、日本列島の人口は八千万人台にまで落ちていくと言われています。そうした八千万人の日本列島の姿というのを思い浮かべるときに、目の前にある、いわばやわらかく壊れていく光景がとても黙示録的なものに感じられました。いま山村を訪ねると、山に暮らす人たちがよく「山が攻めてくるよ」と語るのです。つまり、里山という形で人間がマックスのところまで、自然や野生を押し込んでいたものが、その押さえる力がどんどん弱まっています。少子高齢化や過疎化といったことで、あるいは限界集落化ということで、その自然を押しとどめる力が弱まっていますので、山がどんどん里の方に降りてくる。野生動物が、村だけではなく都市部にまで徘徊しはじめているのも、明らかにそういうことだと思います。海においても、そうした人間がマックスの人口の力によって押し返していた海の力が、逆に岸辺を侵しはじめているのかもしれない。そんなことを感じさせられました。

＊　＊　＊

被災地を歩きながら、僕が思い出していたのは、実は寺田寅彦のいくつかのエッセイでした。ほかの何よりもリアリティを感じてきました。『天災と日本人』というタイトルで編まれた文庫本のなかに収められた、たとえば、「天災と国防」というエッセイにはこんな一節があります。ある意味では寺田寅彦という人は、すべての天災を人災として読み直そうとしていたんじゃないかと感じています。「しかし、昔の人間は過去の経験を大切に保存し蓄積して、その教えに頼ることがはなはだ忠実であった。過去の地震や風害に堪えたような場所にのみ集落を保存し、時の試練に堪えたような建築様式のみを墨守してきた」。関東大震災のあとに、寺田寅彦は横浜から鎌倉にかけて調査のために歩いたのですが、「かの地方の丘陵のふもとを縫う古い村屋が、存外平気で残っているのに、田んぼの中に発展した新開地の新式家屋がひどくめちゃめちゃに破壊されているのを見た」と報告している、そんな一節を生々しく思い出しますね。

先ほどの八沢浦というところでもそうなんですが、僕はたまたま同行した人間が神主であったということもあって、それに仕事柄、神社がとても気になって、地図を見ながら神社の位置を確認し、それが津波によってどのような被害を受けているのか、いろいろ確認してきました。そこでは神社の半数が津波の被害に遭いました。その被害にあった神社のほぼすべてが、田んぼが開かれ、そこに新しく勧請された神社です。古い昔からの氏神をお祀りする神社は残った。そこが浦として使われていた時代に、その周縁につくられた村、その少し高台にある神社は、ほぼ無傷で残っている。つまり、寺田寅彦が語っていたように、地方の丘陵のふもとを縫うように広がっている古い村や家々が生き残り、田んぼを開いてつくられた新開地の家々が破壊されているという状況は、ほとんど同じだったかと思います。かつて、柳田国男が「潟に関する連想」というエッセイのなかで、日本の海岸風景の基調にあったのは潟であるということを書いています。潟というものは、日本の渚や浜辺や海岸の景観の根幹を形づくっている。ところが、我々の近代は、ほぼこの潟のある風景をすべて埋め尽くし、消滅させてきました。この潟というものをどのように考えたらいいのか。

たとえば、岩手県の陸前高田。松が全部やられて、一本だけ残っているということでよくニュースになります。あそこの津波によって洗い流された市街地は、明治の地図を見てびっくりしたんですけれども、一面に田んぼが広がっていたんです。そのさらに以前は、河口近くの湿地帯か、潟や浦が広がっていたのかもしれません。つまり、近世以降の開発史のなかで、潟や浦を干拓し田んぼにして、おそらく戦後になると、その田んぼを潰して市街地を造ってきたのです。そうして我々はあまりにも自然のふところに深く入り込みすぎたのかもしれない。その自然のふところに入り込みすぎたところが、もう絵に描いたように今回の津波によって洗われている。地図を重ねあわせにするとはっきりわかります。あるいは、津波によって浸水した地域の地図を眺めていると、面白いことに神社がその浸水域の外側に点在しています。縄文の貝塚もまた、多くが津波の被災をまぬかれています。それはいったい、何を意味しているのか。いずれであれ、古い地図を確認すると、かつて潟や田んぼであったところが津波の被害を受けています。それがかなり普遍的に言えるのではないかと感じています。仙台の海側の地域は、大変厳しい被害を受けましたが、あのあたりもかつてはやはり潟や湿地だったのかもしれません。そこが新興住宅街として切り開かれてきたのです。

＊　＊　＊

三陸に暮らす人たちは、かつて海山の間に村や町をつくりました。山を背負いながら、いきなり海に落ち込んでいくような狭い場所に、小さな村を作って暮らしていたのです。明治二十九年、昭和八年と、このあたりは大津波に襲われていますけれども、津波にやられるたびに、高いところに移住しなくてはいけないという声が起きる。ところが、呼び戻しのように叫ばれながら、それがうまくいかずに同じところに村や町がつくられ、そしてまた数十年後に津波に流されるということを繰り返してきています。おそらく明治や昭和の大津波のあとに起こったことと、いま平成の大津波のあとに起ころうとしていることは、大きく異なってくるだろうと想像しています。

なぜ、五年か一〇年で大津波の被災跡地に村が再建されたのか。実は当時の漁業というのは、機械化が進んでいませんから、労働力が多ければ多いほど有利だったのです。ですから、あのあたりでは、もらい子と言って農村から子供をもらって労働力として確保する、ということが当たり前に行なわれていました。津波に洗われたあと一〇年も経たずに、人口が元の水準に戻ることができたのは、そうした漁業そのものが多くの労働力を必要としていたこと、それを供給するだけの余剰人口を社会が抱えていたということが、背景にあったのです。海辺の村や町は、内陸部の農村とはネットワークというか親戚関係というのが、まったく違うんですね。たとえば、紀伊半島の白浜から千葉の房総白浜、そして、その流れの村々が三陸には点在しているのです。隣り合った漁村のルーツがまったく違うというのは当たり前で、その歴史はいわばモザイク模様をなしています。そして、そうであるがゆえに、津波に遭ったときに、全国に散らばっている親戚関係の人たちのなかから、一斉に人が集まってくるといったことが起こりえたのです。もうひとつ、在日の人たちが労働力としてそこに集められたらしい。確認は難しいかもしれませんが、土地の人から聞いたことがあります。

おそらく、今回の津波のあとには、そういう状況は生まれないでしょう。すでに大きな漁船も機械化が進んでいますから、労働力はあまり必要としないのです。そういう状況のなかでは、三陸の被災した漁村がたくさんの労働力を吸収して、たくさんの人口を養う場所になるとは思えません。おそらく、小さな村や港は打ち棄てられて人口がさらに減り、北條さんが先ほど「故地に戻れる力」と言われましたけれども、それもまた今回は大きく変わるだろうと想像しています。

メディアのなかでは、その故地に戻りたいという人たちの声とか姿というのが、飽かずくりかえし報道されています。そこにはある種のノスタルジーが見え隠れしています。けれども、現実には、すでに震災から二か月ぐらいで、コミュニティを解体する動きが始まっていました。ある半島では、五月の段階に早くも、助かった人たちが集まってコミュニティが集めていたお金を分配し、閉村式を行なって散っていったのです。ところが、そういうニュースはあんまり表に出てこない。地方新聞の片隅には掲載されていましたが、地元の人たちでもほとんど知らないような状況がありました。おそらく、故郷を捨てる人たちの姿というのはノスタルジックではないし、痛いんだと思いますね。だから、ニュースにはなりにくいのです。

＊　＊　＊

いま、被災地では厳しい形で、老人世代と若い世代の分断が起こっています。つまり、老人世代はやはりそこに戻りたいのです。お墓があり、神社があるから、そういう思いが漠然と共有されているのです。けれども若い人たちは、元々、将来への明るい展望もなくやっと暮らしていたのに、震災の瓦礫のなかから暮らしと生業の場が再建されるまでには、何年もの時間がかかる、ここで子育てを続けることはできないということで、どんどん故郷から離れつつあります。けれども、その若い世代の離れていく後ろ姿というものは、おそらくメディアの関心をそそらないのです。そうして、メディアがつくり出すイメージのなかでは、いまもなお故郷へ戻ろうとする力が強く働いているかのような錯覚に縛られているようですが、現実ははるかによじれて、厳しいと感じています。

とりわけ、福島の場合には、放射能による汚染という問題がかぶさっています。途方もないストレスのなかで、福島の人々はどのような選択をしているのか。僕自身は、たとえば飯舘村や南相馬市をくりかえし訪ねていますが、津波の被災地を歩いたときの文章というのは、わりあい書きやすいというか、なんとか言葉にすることができるんですね。ところが、原発の被災地はいくら歩いても、それをどういう風に言葉にしたらいいのか、言葉そのものが見つからないのです。ですから、僕自身は無意識にそれを避けてきたような気がしています。飯舘村はほんとうに美しい村でした。人々が去って半年もすると、すでに草がどんどん田んぼや家を覆い隠して、原野に還ろうとしているかのようなのです。それはしかも、どこまでも見えない恐怖なんですね。だから、それをいかに言葉にするか、一筋縄ではいかない。地震や津波というのは、なんとか我々の学問や文学のなかでも、何とか言葉で捕捉することができます。ところが、原発事故のもたらした状況というのは、まったく次元の異なった言葉を必要としているのかもしれない。原発被災地を歩いているときには、僕は寺田寅彦を必要としていません。放射能の影というのは、たぶん福島でもいまはまだ具体的に現われていません。五年、一〇年、二〇年とかけて、それがじわじわ表に出て来るのでしょう。福島に生きる人たちは渦中にいて、いま眼の前で起こっていることをどういう言葉にしていいのか、途方に暮れています。

＊　＊　＊

僕が三・一一以降、いちばんと言っていいほどの感動をもって読んだのは、『チェルノブイリの祈り』という岩波現代文庫に入っている、スベトラーナ・アレクシェービッチという方の、小説のようなエッセイのような、ドキュメンタリーのような本です。この本には、励まされたというか。一人のジャーナリストの、たとえばこんな言葉が記録されています。

ぼくはヒロシマとナガサキについて読んだことがあり、記録映画を見たことがあるんです。恐ろしかったが、核戦争、爆発圏がわかった。想像することだってできた。けれども、僕たちの身に起きたことは理解できないでいる。ぼくたちは死んでいく。なにかまったく未知のものが以前の世界をすっかり破壊し、人間に忍び込みつつある、入りこみつつあるのが感じられる。ある学者との会話を覚えているんです。「これは何千年にもわたるんです」と彼は教えてくれた。「ウランの崩壊、ウラン二三八の半減期ですが、時間に換算すると一〇億年なんですよ。トリウムは一四〇億年です」。五〇年、一〇〇年、二〇〇年、でもその先は？　その先はぼくの意識は働かなかった。ぼくはもうわからなくなったんです。時間とはなにか？　ぼくがどこにいるのか？

実は、この女性の書き手は九〇年代に聞き書きを始めるんですけれども、一〇年間くらいは、どういう言葉の織物にしていいのかわからずに試行錯誤を重ねていたのです。その末にようやく織り上げた本なのです。あるいは、こんな言葉がそこには見えます。

チェルノブイリ。ぼくらにはもうほかの世界はありません。基盤を奪われたとき、まず、ぼくらはこの痛みを思いのたけぶちまけましたが、いまでは、ほかの世界はなく、どこにも行き場がないことを知っている。このチェルノブイリの大地に定住する悲劇を感じ、世界観ががらりと変わった。戦場から帰ってきたのは、〈失われた〉世代、チェルノブイリとともに生きているのは〈途方にくれた〉世代です。ぼくたちはもう途方にくれてしまったんです。

福島の人たちは、いまだにみずからが背負わされた痛みと思いのたけをぶちまけることができずに、じっと堪えています。少しずつ、思いのたけをぶちまける場面が出てくると思いますが、いま体験しつつあることを言葉にしていくためには、きっと五年、一〇年とかかるんだろうと思います。そして、このロシアの人々、チェルノブイリの、ウクライナの人々の言葉を読んでいると、なんだかロシア文学の分厚い伝統を感じてしまうんですね。普通の人たちの言葉が、とても哲学的であったり、なにか世界の深いところに届いているような、そんな感触があるのです。

最後の章に、子供たちからもらった言葉の断章のようなものが並べられているなかに、こんな言葉がありました。

私たちの家にお別れをするとき、おばあちゃんは、お父さんに物置からキビの袋を運びだしてもらって、庭一面にまいた。「神様の鳥たちに」って。ふるいに卵を集め、中庭にあけた。「うちのネコとイヌに」。サーロも切ってやった。おばあちゃんのぜんぶの袋からタネをふるいおとした。ニンジン、カボチャ、キュウリ、タマネギ、いろんな花のタネ。おばあちゃんは菜園にまいた。「大地で育っておくれ」。そのあと家に向かっておじぎをした。納屋にもおじぎをした。一本一本のりんごの木のまわりをぐるりとまわって、木におじぎをした。

避難が呼びかけられて、いや命じられてからほんの数時間で、この人たちは避難しています。その避難のときの一場面を、子どもがのちに言葉にしているのです。ほとんど一篇の民話のようなものですね。おそらく福島でも、これに似たような光景がたくさんあっただろうと思います。でも、なかなかそれは言葉としては記録されていかないかもしれない。僕自身は仲間たちと被災地の聞き書きを始めています。何年かかるかわからないけれども、三・一一から離れるごとに風化していく言葉もあるだろうし、熟成していく言葉もあるでしょう。そのどちらも見据えながら、言葉を丹念に紡いでいく。そんな仕事を僕自身の東北学の第二章だというふうに、思い定めています。

なぜ、青森の雪は拒まれたのか

『環』vol.49、藤原書店、4月25日発行

昨年の九月であったか、『福島民報』に寄せた「風評被害と戦うために」と題したエッセイ（本書所収）が、思いがけず大きな反響を呼んだ。もっぱらツイッターのなかで、しかも非難と攻撃の的になった。あえて挑発的に書いた一文ではあったが、確実に、何かが露わに炙りだされたかと思う。放射能汚染にまつわる風評被害と差別は、しかし、予期していたよりもはるかに複雑に捩れていたのかもしれないと、いまにして思う。これから数十年間にわたって、福島の人々は差別のスティグマから逃れることはむずかしいだろう。どれほど無念で、残酷であれ、福島はもはや、ヒロシマ・ナガサキそしてミナマタなどへと精神史的に連なる負の地名、フクシマになったのである。

わたしは半年前のエッセイのなかで、「風評被害という名の未知なる差別が、福島を、いや白河以北の東北を覆い尽くそうとしている」と書いた。風評被害とはいかにも、微妙な言葉だ。何らかの実体らしきものはあるが、そのまわりに噂やら幻影やらの分厚いヴェールがまつわりつくことで、現実は奇怪なまでの肥大化を遂げる。とりわけ放射能汚染は眼には見えず、臭いもせず、その影響についても確実

なことが言えないゆえに、いかにもタチがわるい。根拠なくばらまかれる「安心」と、無限大にふくらんだ「不安」とのはざまにひき裂かれて、だれもが翻弄させられる。

たんなる都市伝説なのか。最近も、こんな話を聞いた。福島の人たちが伊勢参りにでかけたとき、駐車場で、気がつくとまわりから車が消えていた。福島ナンバーだったからか。山陰のある町に避難している子どもが、いまだに友達ができず、仲間外れにされており、とうとう登校拒否になってしまった。福島に帰るか、留まるか、迷っているという。このたぐいの話は掃いて捨てるほど耳にする、実にありふれたものだ。そのすべてを、気のせいとか、都市伝説と見なすことは、少なくともわたしにはできない。

マスメディアが「事件」として報じたものは、枚挙にいとまがない。今年になって、沖縄から流れてきたニュースはきわめて示唆的であった。子ども向けのイベントのなかで使うために、遠く青森から雪が運ばれてきた。ところが、この雪によって放射性物質が沖縄に持ち込まれる、という批判の声を受けて、イベントそのものが中止に追い込まれたのである。その後、この雪は石垣島などに運ばれて、幼稚園のイベントに提供された、という。

どうやら、何か隠されていたものがおずおずと正体を現わしたようだ。その運ばれてきた雪が放射性物質によって汚染されているか否か、ということが問題視されているわけではないらしい。まず、そのことに注意を促しておく。公表されてきた汚染地図その他に拠るかぎり、青森は沖縄と変わらぬ汚染レヴェルであり、青森の雪が汚染されている可能性はかぎりなく低い。それにもかかわらず、なぜ青森の雪は拒まれたのか。青森が東北の一部をなすという地政学的な条件を抜きにして、それをうまく了解することはむずかしい。つまり、青森は東北ゆえに拒まれたのではなかったか、ということだ。たとえば、汚染地図によれば、一部の地域で福島県内と同レヴェルの線量が確認されている北関東、群馬や栃木の雪であったとして、それは拒まれたのだろうか。群馬の雪／青森の雪のあいだには、いかなる差異と分断のラインが存在するのか、という奇妙な問いにはそそられるものがある。群馬は関東に属している。群馬を拒めば、関東を、さらには東京を拒むことになる。それはできるか。白河の関によって、関東／東北を分断しておくことには、放射能と同じように見えにくい地政学的な力が働いているのかもしれない。

それにしても、沖縄が「事件」の舞台であったことには、意外の念を抱かずにはいられなかった。それまでの「事件」がもっぱら、京都や福岡などの西日本で起こっていたことには、どこか既視感があった。不可視の放射性物質が、あらたなケガレの源泉として登場してきたのではないかと感じた。歴史家の網野善彦さんが『東と西の語る日本の歴史』のなかで語られていたように、差別やケガレをめぐる精神風土において、列島の「東」／「西」のあいだにはあきらかに断層が存在する。とりわけ、狩猟文化が身近に生きられている東北では、獣をはふり・皮を剝ぎ・肉を食べることにまつわるタブー意識が、西日本などとは大きく異なっている。ほとんど知られていないが、沖縄もまた、この肉や皮のタブーとは無縁な地域である。沖縄には、日本列島の「西」に濃密に分布している被差別部落が、チョンダラー（京大夫）というヤマトに由来する念仏系の芸能者を唯一の例外として、存在しなかった。その沖縄で、なぜ青森の雪がケガレとして忌避されたのか。

じきに謎はほどかれていった。沖縄の人たちがイベントの中止後に、あえてその雪を別の行事のなかで活用したというニュースが、後追いで報じられたのである。どうやら主役は沖縄の人々ではない。メディアの報道に眼を凝らすうちに、「事件」の主役たちの姿が浮かび上がってきた。抗議活動をおこない、イベントを中止に追い込んだ女性たちが、原発事故以来、福島や関東圏から避難している人たちであることを、いくつかのメディアが明らかにしていたのである。くりかえし非公式の場で囁かれてはきたが、わたし自身はマスメディアの報道のなかではじめて触れることになった事実である。これまでの類似の「事件」においても、強硬に抗議していたのは一〇人とか二〇人ほどで、「事件」の発覚後は、その抗議によって方針を変更した行政当局にたいする批判が逆に、数百件のレヴェルで寄せられてきたのではなかったか。報道されてこなかったわけではない。しかし、つねに匿名の抗議行動であり、主役たちの姿は見えなかった。

主役たちの断片的な声も拾われていた。せっかく放射能汚染を嫌って沖縄まで避難してきたのに、「安心」を脅かすようなモノが入ってくるのは許せない、沖縄も安全でなくなったら、さらに遠くへ避難しなければならない……。そんな肉声らしきものにも触れた。さて、これはいよいよ、問題が捩れてきたな、と感じている。なぜならば、あきらかにそれと同質の、あるいは類似の声を、瓦礫の処理とその受け入れをめぐる騒ぎのなかで耳にすることが多くなってきたからだ。しかも、それが東北の内部から、「進歩的」と思われてきた知識人のなかから、まっすぐに語られはじめるのを聞き及んでは、とうてい心穏やかではいられない。

どうやら、中世以来、西日本の社会を厳しく覆ってきた「ケガレと差別の風土」といったものに、一連の「事件」の原因のすべてを帰すことはできなくなったようだ。「差別なき東北」の誇りに賭けて、わたしはこの問題をきっちり追究してゆくべき責務を負わされた、と勝手に感じている。白河以北の、みちのく（道の奥）にたいする屈折した差別意識、被差別部落にかかわるケガレ意識とタブー、そして、放射能という見えないケガレが惹き起こしつつある、あらたな差別の状況といったものが、複雑怪奇に絡まり合いながら、われわれを未知なる領域へと導こうとしているのかもしれない。

フクシマはここでも、時代の最先端の問いがむきだしに折り重なる、知の闘いのフィールドとなってしまったのではないか。問いの立て直しが求められている。

震災を超えて

『倫風』7月号／8月号、実践倫理宏正会、5月14日／6月11日インタヴュー手入れ

近代の開発が甚大な被害を生み出した

東日本大震災と原発事故から、私たちは何を学ぶべきなのだろうか。

私は震災の翌月から、岩手、宮城、福島の各県の被災地となった沿岸の地域を、ひたすら歩きまわってきた。東北地方は、私がライフワークとしている「東北学」のフィールドであり、仲間や友人が多く暮らしている場所である。地震・津波と原発事故に襲われた福島は、父の故郷でもある。私にとって東日本大震災は対岸の火事ではなかった。

最初に訪れた日、海は穏やかに凪いでいた。震災が起きた日も、こんな静かな海だったのだろう。それが、地震の数十分後に巨大な津波が押し寄せ、ほとんどすべてを押し流してしまった。沿岸の町は、いたる所で津波によって運ばれた粘土のような泥を被っていた。松林はなぎ倒され、家はコンクリートの土台しか残されていない。私は、人のいない、凍りついたような風景に、〝恵み〟と〝災い〟という

自然がもたらす二面性を感じずにはいられなかった。

いまも鮮烈に記憶に残っている風景のひとつに、福島県いわき市の薄磯という海岸地区で見た、瓦礫の海のなかにぽつりと立っている傷だらけの鳥居の姿がある。その鳥居は偶然倒れずに残ったわけではない。あちこちで、そのような鳥居を見かけた。被災を免れた神社にもくりかえし出会った。神社に逃れて津波の難をまぬかれた人が、思いがけずたくさんいる。神がかりな話でも、偶然でもない。津波や高潮にかかわる過去の経験から、昔の人々は大切な神の座を災害の届かない高台に置いて守ろうとしたのだ。それは先人による、後世の人々の安寧への祈りのように思えた。

古い時代の地図で被災地を見てみると、明治以前につくられた神社は被害がほとんどなかったが、明治以降に建てられたものは多くが被災していたことがわかる。江戸時代になると、しだいに人口が増え、食糧の増産が必要となり、海岸近くにまで開発が進んでいった。

明治以降の近代には、さらなる人口増加に対応するために、「潟」や「浦」を埋め立てて水田とする動きが広がっていった。それが昭和になると、水田を潰して住宅地や市街地をつくるようになる。今回とりわけ厳しい津波の被害を受けたのは、こうした近代の海辺の開発史のいわば最前線のようなところだった。聞き書きをしてみると、「かつては海だった」という。近代はひたすら、人と自然との境界線である海岸をコンクリートで固めてきたのだが、それが荒ぶる自然によって突破されたのである。

福島県南相馬市に、かつて八沢浦《やさわうら》と呼ばれた土地がある。名前の通り、複数の沢が切れ込んだ浦があったが、明治中期から昭和にかけての干拓で、堤防をつくり、排水施設を整え、広大な水田風景をつくりだした。しかし、それは今回の津波ですっかり元の潟や浦に戻った。土地の人は「江戸時代に戻った」

という。干拓の是非を論じているのではない。明治以降、爆発的に人口が増えていったから、水田を広げ食料増産をはかることは避けがたい選択だった。しかし、その結果として、人間たちがあまりにも自然の懐深くに入り込み過ぎたために、自然からしっぺ返しを受けたのではないか。私は東日本大震災をこのようにとらえることもできると思っている。

災害の歴史が培った「てんでんこ」の教え

大正十二年の関東大震災を経験した、物理学者で随筆家の寺田寅彦は、「天災は忘れられたるころ来る」と語っている。寺田の言うように、文明が進むほど天災の被害は大きくなる。いつか災害が来るのは自然の法則と覚悟を決め、災害への備えをしておかなければならないのに、次の天災が起こるころには、人は災害の記憶をすっかり忘れてしまう。そうならないように、昔の人たちは災害の記憶を後世に残そうとした。語り継ぐ老人たちがいたし、石碑に津波の教訓を刻んだ。

青森県から宮城県にかけての太平洋側は「三陸」と呼ばれるが、そこで語り継がれているのが「津波てんでんこ」という教えである。明治二十九年の三陸大津波の時、家族一緒に逃げようとして津波に呑まれ、多くの犠牲者が生まれた。その経験から、津波が来たら家族であってもかまわず、てんでんこ（それぞれ）に逃げろという教訓だ。この言葉が語り継がれたのは、てんでんこにはなれない現実があったからだということを忘れてはならない。

東日本大震災では、犠牲者のおよそ三分の二が六十歳以上の高齢者だった。介護の必要な高齢者を助けようとして、津波に呑み込まれた人々がたくさんいた。津波が来るとわかっていても自分だけ逃げるわけにはいかない、という人間の情が影を落とす。

とりわけ東北は家族の絆が強い。生き延びた人たちはみな、親やつれあいや子どもを助けられなかったこと、自分だけが生き延びてしまったことに対して、罪障の意識にさいなまれる。その罪障感を少しでもやわらげ、心の傷を包み込むためにも「津波てんでんこ」という教えは必要だったのではないだろうか。

民俗芸能が心と心をつなぐ

宮城県南三陸町の水戸辺という漁村を訪れた時のことだ。村はほぼ壊滅状態だが、津波の犠牲者はわずか数名だったという。そこに住む六十代の男性は、瓦礫のなかから鹿踊りの衣装と太鼓を見つけ、きれいに洗って、生き残った仲間と一緒に避難所で踊ったという。それを見た老人たちは涙を流した。その涙には、生き残ったことへの許しや、親族や友人を亡くした悲しみなど、いろいろな思い込められていたはずだ。

東北の民俗芸能には、鎮魂と供養というテーマが濃密に流れている。水戸辺には鹿踊りの供養塔があり、津波にも流されなかった。そこには「生きとし生けるものすべての供養のために踊りを奉納する」という言葉が刻まれている。

東北の自然風土は厳しく、歴史をひも解いても飢饉や災害が多い。山や海など、自然と深く関わる暮らしを続けてきた人たちは、大きな命のつながりのなかに自分たち人間がいる、生きとし生けるものすべてと共生しているという感覚が強い。

日本各地で民俗芸能は衰退しているというが、津波によってすべてが失われた被災地の多くで、いち早く復興している。古い神社やお寺が津波にたえて生き残り、被災者の心のよりどころとなっているように、大災害をきっかけに、民俗芸能が人と人の心をつなぐ大きな力を秘めていることが、思いがけず再確認されたのかもしれない。

原発事故で分断された絆を回復するために

ところが、原発事故による放射能汚染に見舞われた福島では、人々が長い時間をかけて築いてきた、人と人のつながり、心と心の絆が一瞬のうちに分断されてしまった。

同じ福島県でも、原発による交付金を受けてきた地域と、受けてこなかった地域とでは原発事故以降、大きな分断が生まれている。そこに、さらに補償金の問題などがからんで、見えない分断と対立は深くなっているようだ。

世代間も分断された。年配者は家や地域、コミュニティに対する愛着が強い。だから、たとえ放射能があっても村に戻りたい、もう一度同じ場所で生活を立て直したいという思いを強く持つ。一方、若者は汚染地域から離れて新たな生活を築こうと考える人が多い。

とりわけ分断が深刻なのは、小さい子を持つ母親たちだ。放射能に汚染された地域から避難した母親は、留まった母親から「逃げた」と言われ、逆に留まった母親は避難した母親に「人殺し（子どもの健康を犠牲にしている）」と非難される。

同じ家や同じ地域で暮らし、昨日まで仲良くやっていた人たちが、まるで敵同士のようにいがみ合い、誹謗中傷し合っている。この状況をなんとかしなければならない。

こんな話を聞いた。ある五十代の男性は、福島第一原発が爆発したあとに、精神的に不安定になった妻とともに車で福島を脱出し、西へと向かった。東京から愛知県の熱田神宮、三重県の伊勢神宮、そして最後は和歌山県・熊野の那智の滝にいたり着いたという。原発事故のもたらす見えない不安に追い立てられながら、この夫婦がたどったのはまさに日本人の信仰の道そのものだった。私にはそれが、癒しと救いを求める巡礼の旅であったように感じられる。

はたしてこの夫婦は「逃げた」のか。原発事故の直後は誰もがみな一種の恐慌状態にあり、まともな情報もない極限状態のなかで孤独に、さまざまな選択を強いられたのだ。あの不安でどうしようもなかった時期を忘れてはいけない。心と心が分断されたままで、他者を傷つける言葉や振る舞いを重ねても、何一つ変わらず、何一つ始まらない。

まずは、誰かを非難したり中傷するような言葉を封印し、静かに他者への想像力を回復することだ。他者の身になって考えてみる。それができた時初めて、東北、特に原発事故に苦しんでいる地域の絆があらためて編み直され、復興と再生に向けて歩み出すことができるのではないだろうか。

福島を「フクシマ」にしない

人間は自然の猛威に抗する力を持たない。少なくとも限界がある。そのことを私たちは東日本大震災で思い知らされた。

ただ日本には、くりかえし地震や津波に襲われてきた経験と、そこから立ち上がってきた歴史がある。

東日本大震災は未曾有の大災害ではあったが、津波による被災地はやがて復興に向かうだろう。「東北学」という学問をライフワークとしている私も、どのような復興が東北のためになるのか、ともに考えていきたいと思っている。

しかし、津波によって引き起こされた原発事故に対して、私たちはいったい何をなしうるのか。原発周辺地域では、事故直後、遺体の捜索ができず、その死を弔うこともできなかった。現在も除染や廃炉など、事故をどのように収束していくのかわからない状況である。収束どころではない現実が影を落としている。

二六年前に起きたチェルノブイリ原発事故では、周辺の住民を強制的に避難させただけで、大がかりな除染作業は行なわず、土地を見捨ててしまった。旧ソ連のように広大な土地を持つ国ならそれでいいかもしれないが、国土の狭い日本ではそうした選択はそもそも不可能だ。原発事故のあとにも、福島の人々は何とか踏み留まり、自分たちの土地で生きていこうとしている。

原発の交付金や公共事業に頼らず、自立的な村づくりを進めてきた飯舘村は、表面的には村民相互の対立ばかりが目立っている。メディアは結果的に対立をあおっているような気がする。ただちに帰村することはできないとしても、多くの村民が深いところでは、可能ならば村に帰りたいと願っているのではないか。菅野村長は時間がかかっても帰村しようと訴えている。飯舘村の人々の示す、困難のなかに未来を切り拓こうとしている姿に心を打たれてきた。

ところが海外では「福島」は、ヒロシマ、ナガサキに続く放射能汚染地域「フクシマ」という認識になっている。チェルノブイリと同じように見捨てられた土地だと思われているのだ。復興への取り組みが、その後の報道から見えてこないからであろう。

この負のイメージは放っておけば、福島を呪縛し続けるに違いない。それは復興の失敗を意味するのではないか。「フクシマ」を幸福に満ちた福島（ハッピー・アイランド）にするにはどうすればいいのか。あくまでそれを問い続けたい。

「災い」を「恵み」に変える知恵

いま私たちに求められているのは、官民が力を合わせ、大きな視野のもとに福島の未来図を描き、一つ一つ実行していくことだろう。私が委員の一人として参加した「東日本大震災復興構想会議」の役割も、そこにあったはずだ。

この会議では、多くの委員が東北を再生させるための提言を語ったが、私は「福島県自然エネルギー特区構想」を提案した。私の構想は三つの柱からなる。

一、放射性物質の除染を行なうための研究・実践機関を設ける。二、被ばくが人体にどのような影響をもたらすのか調査・研究し、医療を行なう機関を設置する。三、福島を原子力エネルギーから自然エネルギーへの転換の拠点にする。

まず、順序としては三番目であるが、特区構想の柱ともいえる自然エネルギーへの転換の拠点づくりについて。自然エネルギーには風力や太陽光、地熱、バイオマス、潮力などがある。

とりわけ福島の被災地周辺に適しているのは、風力発電と太陽光発電だろう。たとえば、福島第一原発から放射性物質を運んだ風の通り道に沿って、風力発電の風車を建てることはできないか。そこは長期にわたって帰ることが困難な地域でもある。「災いの風」を「恵みの風」に転換する、といったシンボリックな意味を託されることになるだろう。また、海沿いの地域では太陽光発電をおこなう。豊富な日照が役に立つだろう。

そうして得られた自然エネルギーによる電力を、どう活用するのか。基本的には電力や熱を地産地消するものだが、余剰分は売って復興資金に充てることもできる。地域のエネルギー自立を目指しながら、省エネ的なライフスタイルの提案も行なっていく。また、自然エネルギーは地域の風土に根差しているので、原発や公共事業のような大企業の下請けではなく、地場産業として育てつつ安定的な雇用の創出を目指さねばならない。

自然エネルギーが軌道に乗ったとき、私たちは初めて、石油や天然ガスなど限られたエネルギーの奪い合いから戦争が引き起こされた時代に、別れを告げることができるのかもしれない。福島は原発事故に見舞われた地域だが、それゆえに、日本の、いや世界の将来のエネルギーの形を模索する、シンボリックな「はじまりの場所」となる可能性を秘めているのだ。ただ、自然エネルギーについてはまだ技術的な課題が多く、成熟した技術となるまでにはかなりの歳月を必要とする。

世界が目を向ける福島に

ようやく除染作業が急務となっている。さまざまな除染の技術や方法が提案され試みられてはいるが、なかなか期待したほどの効果が上がっていないというのが現実だ。地面を削る方法も試されてはいるが、今度は削った土の保管場所に苦慮している。世界的に見ても有効な除染技術が確立しているわけではない。

除染技術の遅れは、除染を専門に研究する機関が少ないからでもあるだろう。そこで特区構想の一番目に挙げた、放射性物質の除染に関する研究をすると同時に除染を行なう施設や機関の設置である。具体的には、放射性物質の除染に関する国の研究機関を設置し、日本の科学者だけでなく、海外からも多くの専門家を招き、最先端の技術と知識を融合させ、除染技術を確立する。ここで得られた研究成果は、福島の大地と海を浄化するのはもちろん、福島を最先端の除染技術を有する地域として世界に印象づけることになる。

これと並行して実行しなければならないのが、放射能による汚染状況にかかわる情報公開を徹底して行ない、それぞれの地域、またそこに生きる人々がみずからの将来を選択するために役立てられるようにすることだ。あくまで将来設計は住民の意志に委ねられねばならない。どのレヴェルの汚染状況であれば安全である、という誰もが納得できる基準は残念ながら確立されていない。

除染と同時に必要なのが、特区構想の二番目に掲げた、放射性物質が人体や環境に及ぼす影響の研究と、それをもとにした被ばく医療の実践だ。

昨年の秋、飯舘村から南相馬市へ向かう山中で、木の実を食べているサルの姿を見かけたが、木の実は間違いなく汚染されている。野鳥などは移動するので、放射性物質が広範囲に広がることも考えられる。野生動物によって放射性物質がどのような広がりをみせ、自然にどのような影響を与えるのか、それが人体へどう影響するのか。これらを調査・研究をすることは、日本人の健康を守るとともに、原発事故を起こした日本の責務でもあるはずだ。

医療施設については、国内外から優秀な医師を招聘し、地元の医療機関とも連携して、被ばく医療を研究すると同時に、患者に最先端の治療を提供しなければならない。さらに、何十年にもわたって、患者の追跡調査をするべきだろう。チェルノブイリでは原発の周辺住民に対して十分な医療が行なわれず、カルテも残されていない地域があるという。福島でこれをきちんと行なうことができれば、そこで得られた情報が公開・共有され、「被ばく医療なら福島」と世界が認めるに違いない。

原発事故は確かに不幸な出来事であり、完全に収束する目途も立っていない。おそらく百年プロジェクトとなるだろう。ただ希望はある。日本は世界的に見ても非常に高度な科学技術や優秀な人的資源を持っている。福島の復興も、そのすべてを動員して前向きに取り組めば不可能ではないはずだ。

原発事故から一年四か月が過ぎようとしているが、政府はまったく明確な復興策を打ち出せずにいる。このままでは世界から福島は忘れられ、日本は三度の被ばくを経験した国として記憶される。だからこそ、福島が、日本が、原発事故から逃げずに、真正面から立ち向かうことが必要だ。福島から眼を逸らすのではなく、むしろ福島にきちんと関わり、支援し、ともに復興に向けて歩んでいく。いま求められているのは、原発事故から〝逃げない覚悟〟を固めることではないかと思う。

2012.4.20　南相馬市

いま、静かな怒りの声を

『福島民報』 8月5日

六月二十九日の夜、わたしは首相官邸の前にいた。大飯原発の再稼働が目前に迫っていた。政治は迷走を繰り返している。福島の原発事故は原因すら明らかではなく、誰一人責任を問われず、原発の安全性だけはまったく確保されないままに、再稼働へと舵が切られた。わたしはただ、それに対して納得ができないという意思表示をするためにのみ、官邸前の人々の中にいた。

幼い子どもを連れた母親たちがいる。車イスの人がいる。老いも若きも、女も男も、年齢も職業もばらばらの参加者たちが、狭い歩道にひしめき、立ち尽くしている。とても静かな抗議の群れだ。組織の旗はない。「再稼働反対」「原発いらない」などと書かれた、手作りのプラカードを掲げて、それぞれに小さな声を上げている。組織的な動員ではない。わたしと同じように、ツイッターか何かを見て参加しているのだ。

これははたして、デモと呼ばれるべきものなのか。ともあれ、わたしにとっては四〇年振りのことだった。高校時代の若さゆえの、にがく、それなりに深刻な体験を経て、組織やイデオロギーを嫌悪し、政治には頑なに背を向けてきた。その封印をほどいた。

きっかけはあった。野田首相の再稼働を決めたときの言葉だ。「わたしが責任を取る」。ひとたび原発事故が起きれば、責任など誰にだって取りようもなく、途方もない惨禍がもたらされるのを目撃したばかりではないか。「国民の生活を守るために」「子どもたちの未来のために」。耳を疑った。放射性廃棄物の処理方法を持たぬままに、原発を推進してきたのだ。すでに一万年の未来に負のツケ回しをしている。そのうえ、福島原発の事故の収束に向けてのシナリオすら示せぬままに、まるで安全性が担保されていない大飯原発を再稼働させることが、どうして「子どもたちの未来のために」なるのか。これだけはとうてい納得できない。政治の言葉がメルトダウンしている。

なぜ、安全対策を先送りしながら、あわてて原発を動かすのか。誰が利益を得るのか。なぜ、安全が担保されるまでの猶予期間は石油や天然ガスを使うという、当たり前の選択がなされないのか。経済という言葉は、中国の古典に見える「経世済民」に発している。世をおさめ、民を救うためにこそ、経済は存在するのではなかったか。この国の政治や経済、そして学問は、経世済民の志を忘れてしまったのか。この国にはどうやら、危険な原発を安全に運用するための技術も思想もなく、あるべきモラルもないようだ。

先月の二十九日、わたしは家族とともに国会包囲デモの中にいた。どこか遠くの国の数百人、数千人のデモについてはニュースになるが、この国の国会議事堂が一〇万人を超えるふつうの人々の怒りの声と、キャンドルの灯に取り囲まれても、なるべくニュースにはしたくないらしい。それでも、金曜日の夜の静かなデモは終わらない。

子どもたちの未来のために、未来の子どもたちのために、わたしたちはいま、何をなすべきか。福島の人々はすでに、原発に依存しない社会に向けて生きることを選んだ。その福島の声は、残念ながら広い世界には届いていない。この秋、昨年に続いて「ふくしま会議」を開催するために、ようやく動きはじめた。

災間を生かされてあること

『教育展望』9月号、教育調査研究所、9月1日発行

東日本大震災のあとに、ほんのつかの間、「災後」という言葉が時代を切り取るキーワードとして使われたことがあった。昭和二十年八月十五日にラジオの玉音放送を聞いて、日本人の多くは戦争が敗北に終わったことを知った。無惨に広がる焼け跡から、それぞれの「戦後」が幕を開けた。それに倣って、このたびの震災はそれに匹敵するような巨大な変化を日本社会にもたらすだろうという予感のもとに、「災後」という言葉が提起されたのであった。

おそらくそれは、二つの意味合いで定着に到ることなく、忘れられようとしている。ひとつは、劇的な変化への予感にかかわるものである。震災の直後は、さすがに原発事故という未知なる体験がかぶさることで、日本社会は今度こそ大きく変わらざるをえないという意識が広く共有されていたのではなかったか。それはしかし、数か月か半年も過ぎた頃には早くも薄らぎ、一年目の〈3・11〉にはすっかり遠ざかっていた。

被災地の現状とは無縁に、すでに原発事故も「収束」し、津波の被災地もとにかく復興に向けて動き

出しているというムードだけが、メディアを通じてばらまかれている。あれだけ膨大な復興予算が東北に手厚く分配されているのだ、あとは被災地の自己責任で立ち直ってもらうしかない、といったところか。どうやらわれわれの社会は劇的な変化を望まなかったようだ。あるいは、「戦後」の変化だって、GHQという名の占領軍の外圧によって惹き起こされたのであって、内発的に日本人が創意工夫を凝らして推し進めたものではなかったのかもしれない。東日本大震災のあとには、「災後」と呼ばれるほどの変容の季節は訪れなかったことを確認しておこう。

いまひとつは、「戦後」の明るさとの対比である。体験された方々に伺うと、「戦後」の焼け跡には無残な現実が転がってはいたが、新しい時代の訪れへの予感があって、意外なほどに明るさが充満していたという。それはたしかにどん底だった。あとはどんな形であれ浮かび上がるしかなかった。ひるがえって、われわれが置かれている「災後」には、どうにも前向きの明るさというものが欠落している。この落差はとても根源的な問いを孕んでいる気がする。

なぜ、「災後」はこれほどに不透明で、希望がなく、靄がかかったように薄暗いのか。いくつかの理由が考えられる。われわれの社会が経済的には、すでにマックスが過ぎて右肩下がりの時代に向かっていること、これから少子高齢化の波に洗われて人口が急激に減少してゆこうとしていること、など。すでに経済的な余裕といったものはなく、震災復興にもバラ色の未来図など描きようもない。そもそも日本全体の「再生」にかかわるシナリオだって、どこにも存在しない。

そして、われわれをひっそりと覆っている不安に眼を凝らすとき、ひとつの隠された現実が浮き彫りになる。われわれはきっと、災害の終わったあとの「災後」を生きているのではなく、東日本大震災と、何年後とは言えないがいずれ訪れる巨大な震災とのあいだ、つまり「災間」を生かされているのではないか。この「災間」という言葉を、わたしは自身も編集に携わった『「辺境」からはじまる』（明石書店）に収められた、若い社会学者・仁平典宏さんの「〈災間〉の思考」という論文から学んだ。

ともあれ、この「災間」という言葉を投げ込んでやると、われわれを取り巻いている現実がくっきりとした輪郭を結んでゆく。われわれが拭いがたく感じている不安は、これが終わりではなく、むしろ次の巨大な災厄に向けてのはじまりであり、つかの間の猶予期間を生かされているがゆえの不安であるとすれば、とても納得できる。これからの災害教育は、われわれが「災間」を生かされていることを共通の認識として組み立てられる必要があるにちがいない。「災間」の途方もない暗さを、覚悟をもって引き受けるしかないのだと思う。

あすの福島を創るために

ふくしま会議2012メモ、9月10日脱稿

昨年の四月か五月はじめのことであったかと思う。ふくしま会議をやれないか、そう、はじめて東京で毎週のように持たれていた不思議な集まりのなかで提案されたとき、わたしはまるで関心をそそられなかった。日本の声が世界には届いていない、福島で国際会議を開催して、東北の声、福島の声を世界に向けて発信しよう。数日後、わたしは唐突に、たしかに、この震災の年にこそ福島から世界に向けてメッセージを送ることは必要なことかもしれない、と思った。それはやがて、漠然と「ふくしま会議2011」と名づけられて、動きはじめた。

しかし、すぐに気付かされた。福島のそこかしこで、たくさんのふくしま会議が始まっていたのだった。それなのに、ふくしま会議って何か、と問われると、だれもうまくは答えられなかった。眼の前には、ひたすら厳しい分断と対立ばかりが転がっていた。会議のテーマすら定まらない。だから、こうして、いま、いろんな所で人が出会い、言葉を交わしていることが、すでにふくしま会議なのかもしれない、と言う仲間が現われたときには、一筋の光が見えた気がした。そこから、ふくしま会議を小文字に

すること、動詞化することが必要となり、「ふくしま会議する」という言葉が共有されていった。

震災から七か月目の11・11に、福島市内で開催する「ふくしま会議2011」には、たくさんの「ふくしま会議」が流れ込み、たくさんの「ふくしま会議する」人々が集まってほしい、そんなイメージが形作られていった。しかし、ほんとうは当日になるまで、みな迷い続けていた。何のための会議なのか。たぶん、会場になった福島大学の階段教室で忙しく準備をしていた数十人の仲間たちが、午前一一時一一分であったか、黙祷を捧げたとき、ようやくひとつに溶け合ったのだと思う。わたしの頭のなかには、なぜか「イムジン河」がこだましていたことを思い出す。分断と対立を超えること、それがこの日のテーマだと、あらためて心に決めた。覚悟が定まった。

たくさんの人たちが、次から次へとマイクを握った。震えながら喋った。終わると、だれからともなく拍手が起こった。すべての発言者に、意見の相違を越えて、ねぎらいの温かい拍手が送られた。心配していたような妨害はなかった。だれもが、そこに生まれていた語りの場をたいせつに守ろうとしていた。夕方近く、この日の会議が幕を閉じたとき、教室は拍手に包まれ、いつまでも鳴りやまなかった。出会うことができた喜びに満たされていたのだ、と思う。

あれから、いつしか一〇か月が過ぎた。蛇行する議論のはてに、わたしたちは「一般社団法人ふくしま会議」を起ち上げることにした。この法人は、「原子力に依存しない安全で持続的に発展可能な社会づくりを目指し、3・11以降の福島の経験と現実を世界と共有し、新しい福島を創ることを目的とする」。もはや、テーマは分断と対立を超えることではなく、新しい福島のイメージを創造し提示することだ、とわたしたちは感じている。

この11・10から11にかけて、「ふくしま会議2012」が開催される。いかなる会議になるのか、まだよくわからない。ただ、そこにもきっと、たくさんの出会いが生まれるだろう。その「ふくしま会議する」人々の出会いと繋がりのなかから、あすの福島を創るための草の根の動きが起こってくるにちがいない。わたしたちはこのまま負けるわけにはいかない。これは二十一世紀の、もうひとつの自由民権運動となるにちがいない。

2012.3.10　陸前高田市

やがて、福島がはじまりの土地となる

『世界』'13年1月号、岩波書店、'12年11月28日脱稿

一

そうか、やはり、ここは植民地だったのか。
あの人たちが、隠語のように、そう呼んでいたというのか。
……わたしは、それを、けっして忘れない。

二

三・一一から一年が過ぎた日には、陸前高田市にいて、追悼式の端っこに連なっていた。その翌日、陸前高田市から気仙沼市、南三陸町、石巻市、女川町、そして東松島市へと車で辿った。どこでも街の中心部からは、なんとか瓦礫が撤去されようとしていたが、それだけになおさら、被災地の風景は荒涼として無残なものに映った。復興など、はるかな時のかなたに転がっている遠い夢物語でしかないこと

ばかりが、鈍い痛みとともに感じられた。あれから九か月が過ぎ去ろうとしている。いまだ復興の槌音は遠い。いや、なにひとつ始まってはいない。それでいて、十数兆円の復興予算だけがすでに消化されたらしいと聞けば、悪夢にしか感じられない。どうやら棄民政策が幕を開けたようだ。

三

一九九五年の神戸／二〇一一年の東北のあいだには、いくつもの裂け目があるのだと、三・一一から遠からぬ時期に気付いてはいた。災害としての質が決定的に異なっている。たとえば、あちらがひとつの都市とその周辺を舞台とする震災であったのにたいして、こちらは数百キロに及ぶ海岸線に沿って連なる数百の村や町が舞台となった震災であること。あちらが地震による家屋倒壊や火災がもたらした災害であったのにたいして、こちらは地震と津波、そして原発事故が複合的に重なり合った災害であること。あるいは、震災の犠牲者のなかで遺体の見つからない行方不明者が、あちらが最終的には数名であったのにたいして、こちらはいまだ二七〇〇人あまりであることなどが、ただちに違いとして数えられる。

最近になって、もうひとつの、より根源的な裂け目があることに気付かされた。復興のシナリオにかかわるものだ。一九九五年の神戸にとっては、復旧こそが自明にして最大のテーマであり、そこにはそれを可能とする経済力が地域にも国家にもかろうじて存在した。いわば、街の景観を合理的に再編することには大きな抵抗が起こらず、基本的なラインにおいては「旧に復する」ことが比較的に短期間で果たされたのではなかったか。ところが、二〇一一年の東北にとっては、おそらく事情がまったく異なっていた。ここではまさに、その「旧に復する」ことがきわめて困難であること、いや、不可能であることが、しだいにだれの眼にも明らかになろうとしている。

四

もはや「縮小」や「撤退」が避けがたいテーマと化しつつあるなかで、たんなる復旧はありえない。経済力も人口もピークを過ぎているにもかかわらず、国家や官僚たちが漠然とめざしているのが、その、ありえない「旧に復する」ことであるところに、悲劇がはらまれている。いや、より赤裸々に言っておけば、復旧のシナリオすら存在しないのだ。ただ惰性のように、古めかしい公共事業型のプロジェクトが震災復興と称して展開されつつあるだけのことだ。この期に及んで、復興に名を借りた利権漁りが、政財官を巻き込んで大がかりに演じられていることを、被災地の人々はじっと黙したままに凝視している。

五

それはきっと、いたずらな蕩尽にすぎないことが、やがて露わになる。

六

それにしても、なんとたくさんの分断と対立の網の目が張り巡らされていることか。絵に描いたような、分断支配という名の、植民地的な現実がどこまでも荒涼として広がっている。岩手や宮城と、福島とのあいだに、さらに栃木や群馬とのあいだに、くりかえし引き直されてきた分断のラインならば、だれでも知っているか。

七

福島はむろん、どこよりも残酷にひき裂かれている。

福島／フクシマ／ふくしま。

福島の三・一一以後の状況は、予想されたこととはいえ、いよいよ厳しさの度合いを加えている。とりわけ、原発事故をめぐっては、「難民」から「棄民」へとテーマそのものが深まりつつある。水俣や沖縄がより身近なものとなろうとしているのは、むろん、そのためだ。原発事故がもたらした災禍ゆえに、いまだにその輪郭すらつかみがたいが、そこに生まれつつあるのがまさに構造としての棄民状況であることは明らかで、その意味ではすでに水俣や沖縄で体験されてきたことと相似的だともいえる。福島にまつわる災禍はきわめて古めかしく、またかぎりなく新しいのである。

八

依然として、福島では厳しい分断と対立が続いている。二元的な思考による呪縛。福島から避難するのも福島に留まるのも、子ども自身の意志ではないし、それぞれに厳しい選択であることに変わりはない。去るも地獄、行くも地獄。小さな正義に閉じこもって、自分とは違うもうひとつの正義に想像力が及ばない人たちが、分断と対立を煽りつづけている。それはいったい、だれを利する行為なのか。避難するにせよ留まるにせよ、福島の人々のそれぞれに厳しい選択に敬意を表し、ひたすら寄り添いつづけることだけが、わたしにできることだ。

いま切実に求められているのは、和解への途である。見えない対立と分断を越えて、和解のためのプロジェクトを足元から始めなければいけない。

九

除染こそがいま、隠された現実をむきだしにする。分断の傷口を掻きむしる。

除染の困難さ、あるいは不可能性がしだいに露わになる。チェルノブイリにおいて確認されてきたのは、除染は経済行為としてはおよそ成り立たない、つまり不毛であるということだ。チェルノブイリはとても貧しく、だから、除染を放棄して、広大な国土を汚染されたままに見捨てることを選んだ。福島にはしかし、こうしたシナリオは許されない。その是非は措くとして、多くの県民が多少なりとも汚染された地域に留まり、その地での暮らしを継続することを望んでいるからである。

どの程度の汚染レヴェルであれば「安全」なのか、いまだに専門家のあいだに最低限の共通了解すら見られない。いかなる選択も不確かなものとして宙吊りにされている。あらゆる正義もまた、虚空に浮かんでいる。

一〇

たとえば、飯舘村が求めた除染プロジェクトには、とりあえず三千億円かかるという試算が示されたのは、昨年の秋であったか。しかし、いま、それだけの予算をつぎ込んでも、たいした効果が期待できないのではないかという不安が芽生えて、除染それ自体への懐疑がふくらみつつあるようだ。

それにしても、この三千億円という除染費用には、眩暈がする、いや、奇妙な感慨が湧いて起こる。福島第一原発から四〇キロほど離れた、それゆえに、原発からわずかな恩恵しか蒙ってこなかった、人口が六千人の小さな村に、風によって運ばれてきた放射性物質が降りそそいだ。その小さな村の除染のために、ただそれだけのために、とりあえず三千億円が必要なのである。それによって、飯舘村の美しい田畑や山野が「旧に復する」わけでは、むろんない。村への帰還を望む人たちがなんとか暮らせる程度に、線量を落とすことが、たぶんそこで除染に託されている役割である。

だからこそ、わたしは原発の受け入れと引き換えに、福島県が受け取ってきた三〇年間の交付金の総額が三千億円程度であったと知ったときには、呆然として、しばらくは言葉を失った。それから、ゆるやかに、ひとつのことを確認した。原発はすでに、まったく経済的にすら合理性を喪失している、と。契約はすっかり破綻している。

二

飯舘村の、若い聡明な女性がぽつりと、戸籍を変えることを考えていますと話すのを聞いたときの衝撃を忘れることは、きっとないだろう。三・一一から半年ほどが過ぎた頃のことだ。

ほんの数カ月前に、福島県立相馬高校放送局の少女たちの演劇作品のビデオを見た。「いま伝えたいこと（仮）」と題された、東日本大震災をテーマにした作品である。三・一一から一年が過ぎた三月に初演された、という。衝撃を受けた。逃れようのない現実に必死で向かい合おうとしている、生々しい少女たちの姿が描き出されていた。彼女たちは中学の卒業式の日に震災にぶつかっている。震災がなければ、平凡な高校生活を送っていたのかもしれない。それが、地震や津波、原発事故に翻弄されながら、わたしたちは結婚できるの、子どもを産めるのと、つぶやくように語る。そういえば、別のところで、やはり女子高生が、不安だけど、しようがないから考えないようにしている、とつぶやく声にも出会った。

それから、ピーチハートという二十代の女性たちのグループを知った。とにかく自分たちのできることからはじめようと動き出した、という。福島を「子供を産みたい町」にする、とあえて語る。不安と戦っているのだ。それなのに、弾けるように笑う。

そこに、ひとりの身障者の方の言葉がかぶさる。障がいを持った子どもが生まれてくる不安や恐怖がひたすら語られることにたいする留保。どんな状況であっても、障がいを持った子どもは一定の割合で生まれてくるのです、そう、その人は静かに語りかけてくれた。ここでの差別は幾重にもよじれている。

二

たぶん、もはや、たったひとつの問いしか信ずるには値しないのだと思う。すなわち、福島で三・一一に遭遇した子どもたちのために、あるいは三・一一以後に生まれてきた福島の子どもたちのために、わたしたちがそれぞれに、それぞれの場所で何ができるのか、という問いかけである。それはしかも、ただちにより普遍的に、子どもたちの未来のために、未来の子どもたちのために、わたしたちはいま、いかなる選択をするのか、という問いへと変奏されるはずだ。

そこに転がっているのは、ほんとうは二〇年か三〇年後にゆるやかに訪れるはずであった、将来の福島、東北であり、将来の日本列島の姿である。そこに、無邪気に遊ぶ子どもらの姿はあるか。福島の人々にとって、脱原発はイデオロギーではない。子どもたちの未来のために、未来の子どもたちのためにこそ、原発への依存からの脱却が必要だ。原発の恩恵を蒙ってきた世代の責任もまた果たさねばならない。

一三

いわば、福島の人々は、新しい社会を創り出すことなしには生き延びることができないのである。そこでは、いっさいの復旧という選択肢はあらかじめ封じられている。この土地で生き延びるためには、新しい社会をなんとしても創造するしかない。傷つきひき裂かれた人々は、生命や暮らしにかかわる新しい思想を必要としているし、それに気付いた人たちがすでに試行錯誤をはじめている。脱原発というカードを前にして、これまでの、たとえば風車と野鳥の会との論争は終わる。それが、原発によってもたらされたモラトリアムの風景であったことが、むきだしになる。どこかで折り合いを付けるしかない。もしかしたら、福島は草の根の実践のなかで、ほんとうに未来に向けて「はじまりの土地」へと成りあがるのかもしれない。チェルノブイリとは違った道をたどる可能性が出てきた、ということだ。

一四

あの日から、福島ではたくさんの出会いと議論があった。そこから、実践へと足を踏み出す人の群れが見えてきた。数も知れぬ草の根の活動が始まっている。あらたな自由民権運動への可能性が見いだされようとしている。官への依存から、民の資金や人材や技術を最大限に生かすことへ。

原発から自然エネルギーへの転換は、あらたな地域からの自治と自立を求める戦いの場をいま・ここにたぐり寄せることだろう。子どもたちの未来のために、未来の子どもたちのために、原子力に依存しない生活スタイルを、地産地消型の自然エネルギーを拠りどころとして創ってゆく。この傷ついた福島こそが、そうした自然エネルギー社会への転換の先進地とならねばならない。

一五

だから、二〇一二年七月に、原子力に依存しない安全で持続的に発展可能な社会作りをめざし、三・一一以降の福島の経験と現実を世界と共有し、新しい福島を創ることを目的として、一般社団法人ふくしま会議を起ち上げたのである。すでに始まっている草の根の多様な動きと繋がりながら、たくさんの実践の場が組織されてゆく。

福島はやがて、未来の風景が生まれてくる、草の根の現場となる。

2013年

2013.3.2　浪江町

ふくしまの声

『ふくしまの声』雑誌版／ブログ版、1月2日脱稿

三・一一以降、福島の人々は地震・津波の被災に留まらず、原発事故とその風評被害によって、これまで体験したことのない苛酷な状況を強いられている。いまだに生活の場や仕事を奪われ、県内外に避難をしている人々が少なくとも一〇万人を越える状況が続いている。そうして、福島の人々の多くが、厳しい対立と分断を抱えながら、生活や仕事にかかわる将来設計のビジョンを描けずに苦しんでいる。その生きている現場でほんとうに必要な情報が、まさに現場に届いていない。いま・ここで刊行をしようとしている『ふくしま会議』は、そうした現場に根差した情報を汲みあげ、これからの生活設計や地域作りのための建設的な議論の場を提供することをめざしている。

わたしたち一般社団法人ふくしま会議は、福島の声を世界に届けることを願いつつ、二〇一一年十一月と二〇一二年十一月の二度にわたって「ふくしま会議」を開催している。生々しい現場からの声を多くの人々が共有し、広く発信する場として一定の役割を果たすことができた。厳しい状況のなかにあっても、あくまで前向きに生きようとする人々が、確実に姿を現わしている。そうした人々が情報を交換

しながら、あらたな人と情報と知恵のネットワークを築かねばならないと思う。その現実に触れて、わたしたちは雑誌とブログなどを組み合わせたメディアが必要だと感じるようになった。

もっとも苛酷な状況下に置かれている福島の人々にとってこそ、みずからが「メディアになる」（――たんなる受け身の情報の享受者から、積極的な情報発信の拠点へ）ことが切実なテーマと化しているのである。それはおそらく、これからの福島の復興と再生にとって、何よりも大切なテーマとなっていくにちがいない。たとえば、風評被害に苦しむ若い農業経営者がみずから「メディアになる」ことによって、都会の消費者とじかに繋がることが可能になるかもしれない。『ふくしま会議』はそうした草の根の動きにたいしても、ひとつの先駆的なモデルを提供するとともに、積極的にかれらとの連携の道を探っていくことになるだろう。

県外に避難している母と子どもの孤立が深まっている。県内に留まった人々とのあいだに生まれた対立の溝もまた、かぎりなく深い。『ふくしま会議』はこの対立と分断を越えるためにも働くことになる。二度にわたる「ふくしま会議」に参加した人々は、いかなる意見の表明に対しても敬意をもって耳を傾けることの、かけがえのない尊さを学んだ。『ふくしま会議』という雑誌／ブログは、そうした初志を忘れることなく、徹底してやわらかく開かれた情報と言説の場を提供することになる。

『ふくしま会議』刊行プロジェクトからは、眼の前に横たわる対立と分断を越えて、福島に生きる人たちがあらためて出会い、前向きに関係を結び直すために、多様な形での「メディアになる」動きが始まるだろう。福島の復興はそうした草の根の力によって支えられねばならない、と思う。

あらたな入会の思想を求めて

人間文化研究機構第20回講演会「コモンズ——豊かさのために分かちあう」
講演レジュメ、1月25日脱稿

三・一一以降、東日本大震災の被災地を巡礼のように歩き続けてきた。いくつかの原風景が存在する。そのひとつは、福島県南相馬市で目撃した泥の海である。以前は浦や潟湖だったが、明治期の干拓事業によって水田に姿を変えた。それが丸ごと津波によって水没していた。浦に戻った、江戸時代に還った、と語る声に出会った。

泥の海はまさしく潟だった。潟化する世界といったイメージが生まれた。柳田国男の「潟に関する連想」（『定本柳田国男集』第二十九巻）というエッセイのなかに、考えるためのヒントがあると感じた。柳田はそこで、潟と水田のかかわりに眼を凝らしていた。潟という場所をめぐって、漁業／交通／水田稲作が交錯する風景が見られた、という。潟を水田が侵蝕している境界のあたりに、「天然と人間の交渉」の歴史をひもとく手がかりが見いだされていた。泥の海とはまさに、この列島の海岸を舞台とした人と自然とのせめぎ合い、つまり開発／災害が交わる歴史の顕われだった。

思えば、日本列島の暮らしや文化は潟の豊饒さとともに栄え、その潟環境の犠牲のうえに近代化が成し遂げられたのかもしれない。潟の運命には、日本列島の近代が凝縮されている。その忘却されていた近代の開発史を、東日本大震災はむきだしに顕わした。

それでは、泥の海に回帰した干拓地をいかに復興するか。水田への復旧のシナリオには、すでにリアリティが失われている。排水施設を整備する、瓦礫を撤去する、塩抜きを行なう、圃場整備をする、といった復旧事業には、莫大な資金と労働力と時間が求められる。そのうえに、放射性物質の除去という困難な課題が残る。やっとのことで元の水田地帯に復旧することができたとして、はたしてそれを耕す人は存在するのか。古めかしい公共事業へと回帰するのか。この復旧のシナリオはすでに破綻している。

復興・再生へのシナリオが、かならず三・一一の直前の風景の再現である必要はない。たとえば、百年前の潟の風景へとやわらかく回帰するシナリオがあってもいい。潟環境を再生するプロセスのかたわらで、風力発電や太陽光発電などの再生可能エネルギーのファームとして利用する、といったことは可能か。売電による利益の再配分。かつての入会地の思想を復権させて、土地所有者たちは潟を舞台とする再生可能エネルギー事業に株を取得して参加すればいい。

東日本大震災の被災地には、この入会地の思想が再構築のうえで導入されるべきだ。山野河海という広大な自然の領域を分割し、個人の所有に帰してきた近代の開発の論理がいま、限界をさらしているのではないか。海岸線をめぐって、わたしたちはいやおうもなく、人と自然との境界領域を根底から再編することを求められている。近代は海岸線をコンクリートで固めてきた。それが津波によって突破されたのである。

震災からの復興という。いつの時代に戻ればいいのか。近世以前には、山野河海は分割されることなく、入会権をもつ地域の人々が共同利用することができた。この入会権を否定し、山野河海を分割して私的所有のもとに置くことによって、近代の開発は大がかりに押し進められた。人口が爆発的に増加していった明治以降の近代には、避けがたい選択だったかもしれない。しかし、それはいま、大きな転換を求められようとしている。わたしたちはきっと、あらたな入会地、それゆえコモンズの思想を足元から創るべき時代を迎えているのである。

泥の海、自然と人間の交渉史のなかで

『津波、噴火…日本列島地震の２０００年史』朝日新聞出版、2月28日発行

わたしの記憶のなかには、いくつかの東日本大震災の原風景と呼べそうなものが存在する。そのひとつは、震災から四〇日ほどして訪ねた福島県南相馬市で目撃した泥の海である。見渡すかぎり広がっている泥の海の下には、何があるのかと問いかけると、「水田ですよ」という答えが返ってきた。なぜとも知れず、鈍い衝撃があった。

八沢浦干拓地という地名がすべてを物語っている。もとは浦、もしくは潟湖だったのである。明治三十年代になって、大規模な干拓事業が起こされて、昭和十年頃には浦は広大な水田地帯に生まれ変わった。その干拓のエリアがそのままに、津波によって水没していたのである。その後、土地の人たちが「浦に戻ったよ」とか、「江戸時代に還ってしまったよ」と語るのを聞いた。まだ近代の開発史は生々しく記憶されている。津波や高潮などのときにはくりかえし、つかの間失われた昔の姿を現わしてきたのである。

泥の海はまさしく潟だった。潟化する世界といったイメージが、このたびの震災を読み解くキーワードになりそうな予感が生まれた。わたしはその頃、しきりに柳田国男の「潟に関する連想」(『定本柳田

国男集』第二十九巻）というエッセイを読み返していた。このエッセイは、「日本海岸では風景の特色が潟に集まつて居ります」という一文で始まっている。太平洋岸の潟と日本海側の潟とが、まったく趣きが異なっていることが指摘され、このエッセイではもっぱら日本海側の潟についての記述がなされている。

関心をそそられるのは、柳田がここで、潟と水田のかかわりに眼を凝らしていることである。たとえば、「北蒲原郡の泊潟、西蒲原郡の鎧潟を始め、現存して居る潟があるのですが、其周囲が次第々々に水田に占有せられつゝありまして、其一半を割いて交通路、漁網の刺地に当てゝあります」という。潟という場所をめぐって、漁業／交通／水田稲作が交錯する風景が見られたのである。あるいは、加賀の三湖については、「海岸の丘陵、樹林、民家等が相錯綜して、遺憾なく潟の美点を発揮して居るのであります。しかも湖水の縁を水田が侵蝕して居る模様は、天然と人間との交渉を研究するに於て非常に趣味があるのです」とも見える。潟を水田が侵蝕している境界のあたりに、柳田は「天然と人間の交渉」の歴史をひもとく手がかりを認めていたのである。

八沢浦の干拓史とは、そうした潟をめぐる「天然と人間の交渉」史のひと齣であったはずだ。そして、ここで注意を促しておきたいのは、この潟をめぐる開発史が災害史と重なり合うところに、もうひとつの「天然と人間の交渉」史が見え隠れしているということである。泥の海とはまさに、この列島の海岸部を舞台とした人と自然とのせめぎ合い、つまり開発／災害が交わる歴史の顕われだったといっていい。

ここで、寺田寅彦のいくつかのエッセイを想起することにしよう。「天災と国防」というエッセイのなかに、寺田は書いている、「文明が進むほど天災による損害の程度も累進する傾向がある」と。たとえば、村の貯水池や共同水車小屋が破壊されれば、多くの村民が同時にその損害の影響を蒙る、という。

干拓とともに新たに生まれてきた水田風景は、海辺に設けられた排水施設とそれを起点に張り巡らされた水路網によって、きわめて人為的に支えられていることが、このたびの津波の被災を通して剝き出しになった。そこが浦や潟湖であった時代には、おそらく津波による被害はもっとシンプルで、限定的なものであったにちがいない。文明が進んで、社会が複雑な有機的ネットワークで結ばれるようになると、天災による損害はより巨大化するのである。

あるいは、寺田はいう、「災害史によると、難波や土佐の沿岸は古来しばしば暴風時の高潮のためになぎ倒された経験をもっている。それで明治以前にはそういう危険のあるような場所には自然に人間の集落が稀薄になっていたのではないかと想像される。古い民家の集落の分布は一見偶然のようであっても多くの場合にそうした進化論的の意義がある」(「天災と国防」)と。古い村々は「時の試練に堪えた場所」にあるがゆえに、意外なほどに災害に強い。それとは対照的に、田んぼのなかに開かれた新興住宅地などが、甚大な被害を受けている。それは、関東大震災のときの寺田の見聞にもとづく観察であったが、このたびの震災においてもそのままに当てはまるものだ。たとえば、地盤の液状化現象が内陸部でも起こっているが、それらの場所の多くが、昔の川や湖沼を埋め立てたところに集中していることが確認されている。

寺田はまた、科学の法則とは「自然の記憶の覚え書き」(「津浪と人間」)であるとも述べていた。かつての災害の痕は、自然のなかに「記憶の覚え書き」として書き込まれていることを、われわれは東日本大震災のあとに、くりかえし学んだのではなかったか。開発/災害が表裏なす歴史に眼を凝らさねばならない。

2013.1.19　大熊町

みちのくアート巡礼を始めよう

『新美術新聞』3月11日

アートは無用にして、無償の行為である。あえて芸術や美術ではなく、アートと言ってみる。おまけに、無用やら無償やらと言ってみる。いわば、それで、何がどうなるわけでもない、儚い代物であるということだ。それなのに、いや、だからこそ、アートは奇妙なことに人の心の襞深くに分け入り、突き動かす力を抱いている。そんなアートの魅力や愉しさに、ほかでもない三・一一以後の混沌のなかでくりかえし遭遇してきた気がする。

わたしがいま、ひそかに思い描いているのは、東日本大震災の被災地を中心とした東北一円を舞台としてくり広げられる、アートの祭りである。たとえばそれを、〈みちのくアート巡礼〉プロジェクトと呼んでおく。

三・一一以後、体験したことのない巨大な災厄の影のもとで、東北はいま、たくさんの犠牲者たちに鎮魂と祈りを捧げながら、再生に向けて静かに歩み始めようとしている。そこには数も知れぬ問いが転がっている。東日本大震災は東北に、日本に、そして世界に何をもたらしたのか。いかなる未来が求められているのか。わたしたちは変わることができるのか。たやすく応答が得られるはずはないとしても、問うことをやめるわけにはいかない。

〈みちのくアート巡礼〉プロジェクトは、この傷ついた東北の村や町を舞台として、さまざまなアートイベントを展開しながら、大きな祭りの時空を創出することをめざす。文化や芸術の力をもって、東北の復興と再生のために働きたいと願うすべての人々が、そこに参加することだろう。

そして、たくさんの人々が、八十八か所のアートイベントの会場を巡礼のように辿りあるく旅をするだろう。かれらはきっと、いまだ復興にはほど遠い被災地の現実に息を呑むことだろう。アートはそこに隠されてある現実を剝き出しにさらし、祈りや瞑想へと誘いかける。それはしかも、地域に生きる人々と外からの訪れ人とが交わり、悲しみや歓びや怒りを分かち合いながら、東北そのものを再発見する場となることだろう。

どこまでも無償の祭りとして蕩尽されねばならない。かつて岡本太郎が語ったように、それは「単なる劇でもなく、絵でも、音楽でもない。それらが渾然とした、――つまり祭り」として、無意味さと昂揚のなかに、ほほ笑ましく、また残酷に演じられなければならない。そんなアートの祭りを、いま東北は求めている。

東北と奄美・沖縄、楕円の二つの焦点として

『琉球新報』3月19日脱稿

じつは、さだかな記憶がない。時間の流れ方があきらかに異様だった。五、六日のあいだは、まったく言葉を失ったまま、地下の書斎に引き籠もっていた。テレビやパソコンの画面のなかでは、福島第一原発の原子炉や建屋が次々と爆発事故を起こしていた。それでもメルトダウンはしていないと、メディアは専門家や政治家のいかがわしい言葉を垂れ流しつづけた。福島はいつしかフクシマへと姿を変じていった。

やがて、わたしはひとつの事実を再確認していたのだった。なんだ、やはり東北は植民地だったのか、と。戦前の東北には、「男は兵隊、女は女郎、百姓は米」を貢ぎ物として東京に差し出す、あきらかに植民地的な状況が存在した。福島はとりわけ、戦前からずっと、東京が消費する巨大な電気やエネルギーの供給地としての役割を担ってきたのである。一九七〇年代からは、水力や火力に原子力発電所が加えられた。なにひとつ変わっちゃいない。東日本大震災ははからずも、福島が、東北がいまなお植民地的な状況を強いられているという現実を、白日の下にさらした。それはしかも、のちの震災復興の現場に

おいてこそ、より露わになってゆくのである。

そして、ほとんど唐突に、なんて東北と沖縄は似ているのだろう、と思った。そこにはともに植民地的な状況が転がっていて、独立というテーマが見え隠れしているのではないか。ただちに、原発と米軍基地とが思い浮かぶはずだ。それはいわば、巨大なリスクを抱え込んだ利権構造であることにおいて、よく似た異母兄弟といってもいい。

原発が爆発し、のたうち足掻いていた。それが、いわば人為が産み落としたものでありながら、人智が制御しがたいものであることだけは、たしかに確認することができた。わたしはそのとき、岡本太郎が『沖縄文化論』のなかに書き留めていた、「チュラカサの伝統」なるものを想起したのだった。美しいカサ、天然痘。米軍基地。原発。そうした巨大な災厄や暴力にたいして、むきだしに抗うのではなく、しなやかに／したたかに迎え、やり過ごすための民俗知のようなものとして、それを再評価してみたかったのである。

それから、二年の歳月が過ぎ去った。あのときの曖昧な直感らしきものを、突き詰めることはしてこなかった。そのかわりに、わたしは島尾敏雄のヤポネシアをめぐる思索にたいして、あらためて関心を呼び覚まされることになった。そこには、東北と奄美・沖縄とを繋ぐための知の線分が見え隠れしていた。

島尾のふるさとは、福島県南相馬市の小高という地区である。東日本大震災の直撃を受けた。地震と津波によって、家や人が流されるなどの厳しい被災を蒙っている。しかも、それればかりではなく、福島第一原発から十数キロという距離ゆえに、警戒区域に囲われるなど、原発事故の影響をもろに受けることにもなった。

はじめて小高を訪ねたのは、六年ほど前であったか。ほかならぬ島尾敏雄の取材のために、資料館、実家、墓地、島尾が大学生の頃にいとこの子どもらと遊んだ村上海岸などを訪ね歩いたのだった。わたしはたぶん、そのとき、そこが福島第一原発から一五、六キロの地点であることを知らずにいた。原発の存在すら、かけらも意識することはなかったのである。

三・一一から四〇日ばかりが過ぎていた。二〇キロ圏内が警戒区域に囲い込まれる前日、仲間たちとガイガーカウンターを携えて小高に入った。一五キロ地点、村上海岸に近く、アスファルトの道は津波に寸断され、周辺の家々は無惨に破壊されていた。原発事故から間もなく、住民の避難がおこなわれたために、そこはまさしくノーマンズランドだった。泥の海のかなたに、わずかに海岸が見えた。残った数本の松、白い波しぶき。気がつくと、潮騒がかすかに聴こえていた。わたしはそのとき、ふっと終末の風景に立ち会っているのだと思った。そんな感慨はもしかすると、島尾敏雄の影の下にいたがゆえであったかもしれない。

島尾のヤポネシア論は再評価が求められているのではないか。奄美の島尾については、だれもが飽かずくりかえし語ってきたが、東北の、福島の、小高の島尾について語られることは、めったにない。ヤポネシア論はおそらく、楕円的な構図を抱え込んでおり、その二つの焦点はまちがいなく奄美と東北である。ところが、福島の島尾は見えない、語られることがまれだ。島尾自身が、あるとき、「私は自分を蝦夷《エミシ》だと思っています」と語っていたことを思い出す。そういえば、小高は埴谷雄高の故郷でもあった。思えば、東北と奄美・沖縄を二つの焦点とした日本文化像は、けっして珍しくはない。柳田国男にもそれはあり、また、岡本太郎にとっても、東北と沖縄とは特別な場所であって、そこから独特の日本文化論が紡がれたのである。

それにしても、震災以後の日々のなかで、わたしは民俗知の無力さを突きつけられ、同時に、かすかな可能性の芽生えを感じてきた。もうひとつのヤポネシアと出会いの旅を始めたい、と思う。

子どもの眼は世界を宿して

『子どもの本棚』6月号、日本子どもの本研究会、4月6日脱稿

柳田国男には「豆手帖から」(『雪国の春』)と題された三陸紀行がある。ときは大正八(一九一九)年の夏。仙台から八戸へと、登場してくる地名はみな、東日本大震災の被災地ばかりである。

「子供の眼」という一節。石巻の渡波《わたのは》の松林のところで、柳田は男の子が荷馬車に腹をひかれる現場に遭遇した。そのときの、ただの一瞬の子どもの眼の色には、「人の一大事に関する無数の疑問と断定と」があった、という。その二日後には、追波《おっぱ》川をゆく発動機船のうえで、石巻の医者に連れて行かれるチフスの病人に出会った。柳田はこのときも、その十一、二歳の女の子と眼を見合わせたのである。それはほとんど、「凡人の発心を催すような目」であった、という。

むろん、これらはむしろ例外的なものだ。たいてい子どもの眼は幸福の色を浮かべている。子どもらが「よその多数の幸福を知らずに安々とした目をしている」のが、旅人にとっては、風景や歌謡よりも「さらに大なる天然の一慰安」である、と結ばれていた。

震災のとしの秋、わたしは仙台港の近くの津波に洗い流された干潟で、ひとりの女の子に出会った。

三歳か、四歳くらいか。お地蔵さんのかたわらで、一度だけシャッターを押させてもらった。それは、数千枚の被災地で撮った写真のなかで、人を被写体にした、たった一枚の写真である。何かを見てしまったような、哀しげな、深い眼の色だった。子どもの眼はきっと、世界をまっすぐに宿している。

「増山たづ子　すべて写真になる日まで」展に寄せて

7月1日脱稿

みんなが笑ってる、人も、鳥も獣も、草も木も山も。

地図のうえから消され、やがて水底に沈められた故郷が、いまも笑ってる。

来たるべき不在のときに向けて組織された、記憶をめぐる戦いは、きっと受け継がれる。

徳山から、たとえば福島へ。

あの笑いとともに。

東北から五〇年後の日本を描く

『THE FUTURE TIMES』第5号（2013年夏）、7月3日手入れ

〈対談〉**後藤正文**

東北はまだ植民地だったのか

後藤　僕がこの新聞を作った動機にも関わってくるんですが、おそらく震災や原発事故についての人々の声は正しく歴史に残らないのではないかという直感があります。政府が残していく大文字の歴史とは別にきちんと人々の声を残そうとしたとき、民俗学というものがヒントになるんじゃないかと、僕の頭の中に浮かんだんです。そこで民俗学者で〝東北学〟を提唱されてきた赤坂さんのお話をうかがいたいなと思いました。

赤坂　なるほど。ただね、震災を経て、僕の東北についてのイメージはガラッと変わってきているんです。おのずとすべてのことは3・11以後に属している。僕はね、九〇年代初めから東北を歩き始めたんです。二〇年間くらい、とにかく村や町を訪ねました。ですから被災地のほとんどが、震災前に歩いたことのある場所でした。震災が起こった時に何をまず感じたのかというと、「しまった」という感覚

でした。

後藤　それはどういった意味ですか？

赤坂　東北は昔から、東京に〝男は兵隊、女は女郎《じょろう》、百姓は米〟を貢ぎ物として差し出してきたと言われてきました。でもそれは戦前の話です。震災前、僕が東北を歩いていても、すでに人々の暮らしは豊かになっているし、『おしん』のような世界がどこかにあるわけでもない。だから僕は、東北はもう十分に豊かになったと感じていたんです。

後藤　なるほど。

赤坂　でもね、そうじゃなかったんです。僕は震災が起こってすぐ、「東北はまだ植民地だったのか」というような言葉を新聞のエッセイに書きました。

後藤　植民地ですか？

赤坂　東京、つまり中央に貢ぎ物を差し出すといった意味においての植民地的な在り方、それはもう過去のものになったと感じていた。しかし、それは間違いでした。僕が実際に被災地を歩き始めたのは二〇一一年の四月初めです。ひたすら巡礼のように歩き続けました。そのなかで、見えにくい、透明な植民地性が実は3・11以前の東北にも残っていた、植民地は終わっていなかったということを、確認していくことになったんです。

後藤　具体的には何を確認されたんでしょうか？

赤坂　たとえばね、五月の末に南三陸町を訪ねたときのことです。津波の届いていなかった、山側の村にプレハブの建物があったので、「ここはなんなの？」と聞くと工場でした。なかをのぞかせてもらうと村の女性たちが働いていて、自動車の電子系統の配線を束にする、内職的な作業を黙々とされていました。それでね、ふと気になって時給を尋ねてみると、「平均したら三百円くらいだと思う」と言われたんです。つまり、時給三百円の世界がそこにあった。その当時、僕は政府の復興構想会議のメンバーだったんです。会議の中で繰り返し語られていたのが、「東北は日本の製造業の拠点である」「東北はものづくりの拠点である」という言葉でした。僕は「どこが?」と感じざるをえなかった。僕がプレハブ工場で見たものは、製造業の最末端、大手の企業の下請けの下請けの下請けくらいの現場なんです。そこまでいくと、時給三百円の世界が広がっている。「東北は日本の製造業の拠点です」という言葉の裏側に転がっている現実は、要するにそのままアジアに繋がっていくような、内なる植民地としての東北だった。それは二〇年間歩き続けてもまったく見えてこなかった。だから、「しまった」という思いがあった。俺はいったい何を見てきたのか。僕にとっては、ある意味でとても深刻な体験でした。

後藤　僕も初めて聞く話なので、どう受け止めたらいいのか戸惑います。

赤坂　もちろんそれだけではなくて、震災があって初めて多くの人が気づいた、原発が福島に一〇基あり、そこで作られたエネルギーや電気がすべて東京に運ばれているという構造もありました。つまり、きわめて中央集権的なエネルギーの生産・供給システムができあがっている。電気を送り出す地域は、危険と背中合わせにお金をもらいながら、その役割を引き受けてきた。事故が起こった時に一瞬で見えてしまったものは、要するに、中央集権的なエネルギーの生産・供給システムのなかで、福島がまさしく植民地として機能させられてきたということなんです。

後藤　実はそこにも内なる植民地としての東北が隠されていたと。

赤坂　そういうことです。

東北に流れる敗者の精神史

赤坂　もっというと、東北は日本の穀倉地帯、特に戦後は食料基地としての役割もあてがわれてきたわけです。つまりね、戦前と戦後を通してみると、東北から中央に対する貢ぎ物の中身が〝部品・電力・食料〟へ変わっただけで、構造自体は何も変わっていなかったということなんですよ。そもそも植民地としての東北という意味では、途方もなく長い歴史があるといってもいい。

後藤　どこまで遡《さかのぼ》れるんですか？

赤坂　僕はね、東北は〝千年の植民地〟だと思います。東北を歩いているとね、〝大同〟っていう年号をいろんなところで見かけるんですよ。「大同年間に、この神社は造られました」とかね。まるでそこで何かが始まった、「それ以前には歴史がありません」とでもいうようにね。もっと詳しくいうと東北って、アテルイと呼ばれた蝦夷の首長が坂上田村麻呂と戦って破れて征服された、その時に歴史が始まったという語りになっているんですよ。

後藤　それ以前の歴史はないんですか？……それはやっぱり、言葉の問題と関わってくるんですかね。たとえばアイヌの人たちが書き言葉を持っていなかったために歴史として残っていないように。

赤坂　その通りです。文字として歴史を書き留めていなければ、歴史はなかったものにされてしまう。書き記す文字を持たない者の歴史は、常に一回性の語りとして消えてゆかざるを得ない。結局、勝者からみた歴史としてしか残らないんです。しかも勝者であるヤマトの側は古代の蝦夷について、野蛮で、一族同士で殺し合いをしながら人肉を食らい合っているみたいなイメージを一方的に語ったわけです。ほとんどインディアンみたいに。共通して言えるのは、インディアンもアイヌも蝦夷も、国家に対抗するために自分たちの国家を作るということをしなかった。部族社会の人たちは、部族連合を作って国家と戦うんです。

後藤　〝まつろわぬ民〟ですね。

赤坂　そう。でも、結局切り崩されて敗北していった。だから、そこで、約千年前に東北の歴史は一度切断されている。そこからヤマトの王権によって征服され、その支配下に植民地としての歴史が新たに始まったのです。東北が〝陸奥《みちのく》〟と呼ばれるゆえんもそこにありますね。

後藤　どういうことですか？

赤坂　陸奥というのはつまり〝道の奥〟のことです。京都を中心とした政治の道、軍隊や租税を運ぶ道がある。その道が尽きた、その先に広がっている辺境の未開な世界が道の奥、つまり陸奥なんですよ。

後藤　〝文化果つる土地〟というような言葉も聞いたことがあるんですが、きっと同じような意味合いですよね。

赤坂　そうですね。今、ＮＨＫ大河ドラマで『八重の桜』をやってるでしょ。初めてじゃないかと思うんですよ、敗者の側から幕末から明治維新の歴史が描かれるのは。いつだって、勝者になった薩長の側からみた幕末維新史が、正史として語られてきたんですね。もちろん東北人のあいだでは敗者としての歴史も語られてはいました。でも東北の人たち、特に会津の人たちはあまり言葉も上手じゃないし、外に対してみずからの歴史を語ろうとはしなかった。語ることを禁じられたんですね。その結果、負け組の象徴のようにされて、律儀にそれを引き受けさせられてきました。

後藤　なるほど。

赤坂　そして近代以降、戦前には東北で起こされた国家的な開発プロジェクトは、たった一つだけなんですよ。明治十年代、宮城県東松島市の野蒜《のびる》というところに巨大な港湾施設を作って、海外からの貿易の拠点にしようというプロジェクトが、大久保利通によって企てられた。でも結局五、六年で失敗して、最終的に松方デフレという緊縮財政の時期にぶつかって切り捨てられるんです。途中で放棄されたわけです。もちろん開発が必ずしもいいことだとは思いませんが、東北は国家的な開発プロジェクトとは無縁な、ひたすら風土に抗う形で「日本の米どころ」という役割を強いられたわけです。ここでも東北は見捨てられた土地であったのか。やはり東北には敗者の精神史が流れている。そして震災を通して改めてそれを強いられている、再編させられている、そんな気がしてしまうんです。

後藤　またしても捨てられた土地にされてしまうのかと……。

赤坂　そう。しかも巧妙に去勢する力が働いている。途方もない原発事故で苦しんでいながら、国家や東電に対するストレートな批判が大きな力にならない。なぜか？　反対の声を上げたら、補償金が減らされてしまうんじゃないかと考える。それで口をつぐむ。我慢してしまう、我慢させられてしまう。やはりそれってね、悲しいけど千年の植民地が作ってきた精神のありようだなって思います。

後藤　言葉が見つからないですね。

東北の未来図は日本の未来図である

赤坂　僕はね、震災が起こったことによって、間違いなくひとつ言えることがあると思うんです。それは、隠されていた問題がむき出しになったのと同時に、そこで起こっていることがおそらく、われわれの未来図なんだということです。

後藤　そうですね。

赤坂　たとえば三陸で、まるでフィルムの早回しのように起こりつつあること。震災の前から、東北の人口は四〇年か五〇年後には半分くらいになると言われていたんです。ところが、震災の後には、その未来予想図がいま・ここに手繰り寄せられてしまった。でも、それって東北だけの話じゃないんですよ。

後藤　日本全体に当てはまると。

赤坂　あくまで東北が先にその状況にたどり着いてしまったという話であってね。五〇年後には人口八千万人、その四五パーセントが高齢者という日本列島、日本社会がやってくる。復興構想会議で、建築家の安藤忠雄さんも委員だったんですが、彼が繰り返し言われていたことがあります。「われわれは、三〇年後、五〇年後の日本を頭に思い浮かべながら、いま・ここで何をなすべきか、どのような復興のシナリオを作るべきかを考えなくてはいけない」。この言葉は深く心に残りました。今も僕がものを考えるとき必ず聞こえてくる問いかけです。三〇年後、五〇年後の日本はどうなっているのか？　それを考えるとね、僕には復旧、復興と称して海沿いに巨大な防潮堤を作るのは、とんでもない計画だとしか思えない。だって、今ある海岸線っていうのは人口一億三千万人のマックスに合わせて作られたラインなんですよ。

後藤 つまり、人口が増加したのに合わせて海を埋め立てて、内陸から人がそこに移り住んできたわけですよね。

赤坂 そういうことです。僕の教え子の実家が野蒜にあって。家を完全に流されてしまったんですが、お母さんと流された家のそばまで行ったら、「ここは今から六〇年くらい前までは海だったのよ」とおっしゃる。そんな風に、ついこの間まで海だった場所に人間たちが田んぼを開き、家を建て、街を作っていた、そこがすべて津波によって洗い流されていた。そんな光景をたくさん見ましたね。

後藤 すごく象徴的ですね。

赤坂 日本の人口は明治維新当時の三千万人から、一億三千万人にまでふくれあがった。もちろん、増えた人々を食わしていかなければいけない。だから隙間を見つけたら海だって山だって開墾して田んぼを作って、それでも足りないからと植民地を朝鮮半島や満州に作って、移民させたりしてきたわけですよね。急激に膨張していく人口をどうやって食わせるかっていうのは、国家にとって最大の課題だったと思うんです。結果的に海へ海へとせり出し、海岸線をコンクリートで固めて造った街が全部流されてしまったことを、僕は失策だったと非難する気にはなれません。でも流された現場に立って、三〇年後、五〇年後の日本というものを思い浮かべた時に、その海岸線をさらに巨大なコンクリートの防潮堤で守るっていう発想が、全然リアリティを感じさせないんですよ。だって人口は半分なんですよ？ その半分が高齢者なんですよ？

後藤　あらかじめ、津波が届かない高台で暮らしていく方法を考えるほうが、リアリティがあると思えますね。

赤坂　同感です。もうひとつ象徴的な話をしましょう。震災から一か月後、南相馬のあたりを歩いていたら、一面に泥の海が広がっていた場所があったんです。案内してくれた方に「元々ここはなんだったの?」と尋ねてみたら、水田だったという。明治三十年代以降に開墾された土地なのです。それ以前は漁業や塩田が行われたり、風光明媚な浦として暮らしが営まれていた。新しい海岸線が作られ、浦から海水を排水施設を作って排出して、塩抜きをして水田にした。福島から宮城南部を歩いていると、破壊された排水施設がいたる所にありました。つまりね、今ある海岸線はほとんど心臓のペースメーカーみたいな排水施設によって、かろうじて維持されていた、かりそめの境界だったんですね。

後藤　なるほど。

赤坂　この泥の海をどのように復旧、復興させていくのか?　おそらく、大規模な公共事業を起こして、もう一度元の田んぼに戻そうっていう計画が出てくるのだろうと思います。でも、もはや高齢化が進んで耕す人がいなくなろうとしている、という現実こそが向かい合うべきものなのです。今、東北の各地で一〇メートル規模の巨大な防潮堤を作ろうとしてるでしょ?

後藤　そうですね。僕が取材で行った陸前高田でもそんな計画が持ち上がっているという話を聞きました。

赤坂　そこで暮らしている人たち、特に漁業や観光で生計を立てている人たちは、巨大な堤防を作ったら生活が成り立たなくなるんですよ。だから、地域によっては反対している住民が少なからずいる。

でも露骨に反対すると生きていけないから、声は小さい。「そんなもの必要ない」ってほとんどの人が思っていても、目先の利害が公共事業を手繰り寄せ、思考を麻痺させる。

後藤　そもそも三〇メートルの津波が来た場所だってあるのに、仮に一〇メートルの防潮堤を作ったところで……。

赤坂　そう、防潮堤を作っても津波がそれを乗り越えてくる可能性は高いのです。それがわかっていて、なぜ復興と称して巨大な防潮堤を作るのか。今、被災地を歩いていて眼に入ってくるのはコンクリートばかり。公共事業だらけなんですよ。コンクリートのインフラ整備に大量のお金が流れている。結局、大手ゼネコンや大企業が復興予算としてつぎ込まれたお金を、そのまま東京に回収していくシステムの中ですべてが動いている。ハウスメーカーや、除染に関わるゼネコン、巨大な防潮堤を作る建設会社、それぞれがみんな同じ構造の中で、被災地をむさぼっているように僕には見えます。

後藤　僕も何度か行きましたけど、そういう印象は拭えなかったですね。

赤坂　それが復興の生々しい現場です。もっと言うとね、復興のプロジェクトは元の風景や元の生業を回復するために、たとえば農地を農地に戻す目的であれば予算が大量に入る仕組みになっているんです。でも、その農地を別の用途に転換して、地域の住民たちが「自分たちの将来を見据えたデザインをしたい」と言った場合には、まったく認められない。

後藤　おかしいですね。

赤坂　仮に排水施設を整えて、塩抜きの作業をして、降り注いだ放射性物質を除去して元の水田に戻すとしたら、五年か一〇年はかかるでしょう。そこで農家の方に「さあ耕してください」と言ったところで、絶対に立ち行きませんよ。なぜって、農家の方は現時点で平均年齢が七十代半ばだと聞いています。ただでさえ後継者がいない、「この田んぼは自分の代で終わりだ」って話していたのです。一〇年待ったら八十代ですよ。水田を維持することなんかできませんよ。耕す人がいなくなるのに水田に復旧するなんて馬鹿げてる。だから僕は言ったんです、「潟に戻してやればいい」って。顰蹙《ひんしゅく》を買いましたけどね。

後藤　うーん、僕は見当外れな指摘だとは思わないのですが……。

赤坂　だからね、今の海岸線を自明にみなすのではなくて、これから急激に人口が減少してゆく、やがて人口八千万人の日本列島になることを思い浮かべたとき、海岸線をコンクリートで固めて維持することからリアリティが失われている現実をきちんと引き受けねばならないと思う。そこを潟に戻して、景観を明治初めあたりのかつての風景に返していく。そして僕はね、そこで風力発電をやればいいと思ったんです。

後藤　そうか……。

赤坂　風力のファームを作り、田んぼを所有していた人たちが経済的にきちんと恩恵を受けられるかたちで、風景を回復させていく。そういう、自然エネルギー、再生可能エネルギーと関連づけたプロジェクトがあってもいいんじゃないかって提案をしたんですが、批判をたくさん受けました。実際、復興構想会議のなかで福島を自然エネルギー特区にしてほしいっていう提案もしたけれども、政治家でそれに賛成したのは菅直人さんだけだった。

後藤　そこまでですか……。

赤坂　でもね、東北、とりわけ福島という土地は、そういう発想の転換を避けては通れないんですよ。

つまり、ここで新しい社会をデザインするという方向に足を踏み出さなかったら、生きていくことができない土地なんです。だから逆説的に、僕は福島こそが〝はじまりの土地〟になると語ってきました。希望というものを求めて、困難であれここから歩み出さざるを得ない。変わらないという選択肢はあり得ない。戻ることもできない。福島は新しい社会をデザインするための、その〝はじまりの土地〟になることによってしか生きていけないんです。それに気がついた人たちが覚悟を決めていろんなところで動き出している。それが未来へのささやかな希望になる、希望の種子になると思う。

後藤　なるほど。

赤坂　ただね、状況は厳しいですよ。僕は震災が起こってすぐ、もはや原発との共存は無理だと思いました。実際に福島では、原発に依存しない持続的な暮らしを求めていこうというのが、震災から二、三か月の時点で県民の総意になっていた。追いつめられたがゆえに、前に踏み出さなくてはいけない。もうそれしかないという思いで議論をしてその結論に至った。でもね、今、福島で感じるのは「なかったことにしておこう」という空気なんです。除染もできない。まだ線量も高い。でも帰りたいと言ってる人たちがいるから、警戒区域のラインをゆるめて帰そうと。結局、それが一番安上がりなんです。ここでも露わに、福島の人たちを犠牲にして、原発事故などなかったことにして元に戻ろうとする巨大な力が働いている。老人たちは住むところを、故郷を失って、仮設住宅で死ぬのは嫌だから帰りたいと言う。子供たちは、「じいちゃんをこんな場所で死なせるわけにいかない」と感じている。そういう想いを逆手に取る。「帰っていいよ」と囁きかける。除染は金がかかり過ぎる、これ以上は無理だ、汚れているけれど、帰村は止めない、自己責任でやってくれ、というわけですか。もはや国家の体をなしていませんね。しかし、これが福島の現実です。なかったことにしておこうっていう空気がすごく強くなっていますね。でも、なかったことにはできないんですよ。

後藤　そうですよね。

赤坂　変わらざるをえないんです。東京は変わらないで済んだかもしれない。とりあえず、やり過ごすことができたかもしれない。でも、いずれ東京にも震災は来る。関西にも。来ないほうに賭けたいけど、来るんですよ。いつか必ず。その時に東北で何が起こり、国家が何をなしたか、それはとても深刻な影を落とすんじゃないかと思う。現在の福島が抱えている問題は、いずれ他の土地も直面する問題なんです。チェルノブイリの六年後にソ連が解体したことを忘れるわけにはいきません。

五〇年後の未来のために今何ができるのか

後藤　東北が日本の未来図、将来像だというのは、本当にそうだと思います。それに早くみんなで気づかないと、とんでもないことになるんじゃないかっていう不安も同時にあります。このままさっきの防潮堤のように、コンクリートで塗り固めた建造物や箱モノを作り続けて、将来それが老朽化したときにどうなるんだろうって。ものすごい巨大な廃墟が日本中にできて、修繕できないし、取り壊すこともできないみたいな状況になるのを想像すると恐ろしくなりますね。

赤坂　このままだとそれが日本の未来図だから。かなり高い確率で。

後藤　僕は今三十六歳なんですけど、同世代では「なんかおかしいぞ」っていう空気を共有しているという直感があります。なぜあらかじめ造ることが決まっているかのような、予算を消費するためにあるかのようなものを造るんだろうって。

赤坂　そうだね、若い世代ではすでに価値観の転換が始まっている気がする。日本の戦後経済っていうのは、公共事業依存型で作られてきたでしょ。森の木を伐採して、また植林して自然公園を造るみたいなムダなことを一生懸命やって仕事を増やして、日本の経済力だと言い張ってきた。それを高度経済成長期やバブルの成功体験として引きずってる人たちが「バブルよ、もう一度」みたいな思いで引っ掻き回している。でもね、そんなのじきに終わるから。人口も減って経済力も落ちて公共事業では回っていかなくなるのが目に見えてる。なのにさ、国土強靭化だっけ？　ちょっとね、笑うよね。何考えてるんだろう、この人たちって。もうそんなことやってる暇ないのに。だからそれに気づいた人たちが、どれほど厳しい現実であれ覚悟を決めて引き受けるところからしか、なにも始まらないんだと思う。

後藤　そうですね。僕が今一番怖いのは、早く自分たちの世代がなんとかしないと、結局、答え合わせができるのって二〇年後くらいだと思うんです。そのとき僕は五十六歳で、そこから動き出そうとしても遅いんです。だからもっと早く動きたい。社会の新陳代謝っていうんですかね、ものの考え方とか、思想とか、早く改めないと手遅れになるんじゃないかって危機感がずっとあって。早くこのやり方、旧態依然とした方法を追い出さないと、おじいさんになった時に、とんでもないツケが残ってるというか……。

赤坂　僕はついこのあいだ六十歳になったんです。そうすると、自分が働ける残りの年数はどのくらいなのかなって、後藤さんよりもっとヒリヒリ感じているわけです。原発に依存してその恩恵をたっぷり受けながらここまできてしまった反省とか、悔いとか、そういったものもいよいよ募る。だから、残りの時間の中でせめて自分に何ができるかを考えていきたい。

では、ここから少し希望に向かって話を転がしますね。僕が今、福島で何をやろうとしているか、それをいくつかお話ししたいと思います。

後藤　はい。お願いします。

赤坂　まずひとつ、僕は会津若松にある福島県立博物館の館長をしているんですが、会津は原発の汚染がそれほど届かなかった土地なので、会津から福島のために、東北のために動こうっていう議論を、震災後のかなり早い時期から始めていたんです。二〇一一年の七月二十日に開かれた、「福島の未来を考える会」のテーマは自然エネルギーの可能性を問いかけることでした。自然エネルギーを拠りどころにして、どのように地域の自治や自立をデザインしていくかを議論したんです。それから勉強会が延々と繰り返されました。そのなかで気づいたことがあるんです。

後藤　なるほど。

赤坂　ある時にね、みんなで模造紙を広げて、福島が抱えている問題をマジックで書き出していたんです。そこにはね、風力発電に反対する運動をしている人たちがいる。逆に自然エネルギーを広めたいと思っている人たちがいる。子育てについて考えている人たちがいる。あるいは野生動物の保護について考えている人たちがいる。野鳥の会の人たちもいる。あるいは……というように、てんでんばらばらな人たちが集まっていたわけです。そして、てんでんばらばらなことを模造紙に書いていきました。それを眺めていた時に、僕だけじゃなくて、みんながほとんど同時に気づいたんです。「えっ⁉」って。

後藤　同時にですか？

赤坂　そうでした。てんでんばらばらだと思っていた人たちが、これからの福島で生きていこうとした場合、ばらばらな存在ではなかった。ひとつの見えないブラックボックスを取り巻く、群れのように見えた。要するにね、模造紙のどこか見えない中心あたりに、原発が隠れていたんです。原発というものを拒絶した時には、ケンカなんかしていられないんですよ。象徴的にいうとね、風力発電を推進する人と野鳥の会の人って、本来は犬猿の仲なんですね。

後藤　鳥が風車に突っ込んでしまう、バードストライクの問題がありますよね。

赤坂　そう、天敵なの。野鳥の会の人は一羽でも鳥が犠牲になるのはいやだと言う。風力の人はそれくらいの犠牲はやむを得ないと言う。過去には、まともな会話が成立したことなんてないでしょう。でもね、犬猿の仲でいられたのは、原発があったからなんですよ。つまり、僕は〝原発モラトリアム〟と呼んでいるんだけど、原発がそこにブラックボックスのようにあって、嫌悪しつつも巨大なエネルギーを作ってくれていたから、両者は延々と対立していられたのです。

後藤　ところが、原発事故によって対立する大義名分がなくなったと。

赤坂　そう、もう原発と共存できないとなったら、どこかで折り合いを付けていくしかないんでしょう。われわれは電気のない、原始人のような生活になんて戻れやしないでしょ。同じように、鳥を一羽も犠牲にしないで生きていくことなんて、たぶんできない。われわれは自然を傷つけ、少しだけ侵すことによってしか生きていけない存在なんですよ。

後藤　改めてそれを突きつけられたと。

赤坂　じゃあ、どうしたらいいのか。その模造紙からいろんなものが見えてきた。今、われわれはバラバラのように見えているけれども、実は同じ時代を共有している、次の社会をここからデザインしていかなければいけない、折り合いを付けることを学ばなければいけない。「原発モラトリアム」に別れを告げることが必要だ。そのとき、バラバラの問題がひとつに繋がったのです。

後藤 すばらしいことだと思います。

赤坂 その集まりは二〇人とか三〇人の集まりなんですけど、何度も議論を繰り返して、「会津から自然エネルギーの会社を作ろう。自分たちでエネルギーを作ろう」というところまで来ました。その過程で出会ったのが、ドイツの『シェーナウの想い』という映画なんです。シェーナウという町の人たちが、原発を拒絶して自分たちで電力会社を作るという記録映画なんですけど、その作品の副題が〝子供たちの未来のために、今自分たちは何ができるか〟なんです。これはそのまま僕らの想いでもある。今、ここから何ができるのか。自分の、自分たちの子供たち、孫たち、まだ生まれていない未来の子供たちのために何ができるのか。今何を選ぶことが、子供たちの未来のために役に立つのか。突き詰めるとそうした問いだけが残るんです。それ以上に大切な問いなんてあるはずがない。福島の現実を前にしては、目先の利害なんてどうでもいい。三〇年後、五〇年後の福島に暮らしている人々のために今何をなすべきか、それだけを考えようと。

後藤 なるほど。僕はこの前ドイツにツアーで行ったとき、エネルギー事情の見学をしてきたんです。ドイツは発送電も分離されているし、やっぱり国がそれぞれの自然エネルギーに対して、上手に資金を融通させたりしてるんですよね。もちろんまだうまくいってない部分もあるんですけど。でもそれって当たり前だと思うんです。新しいことを始めるんだから、うまくいかないことがあって当然。失敗して初めて調整したり、修正したりしながら進んでいくわけだから。

赤坂　そのとおりですよね。

後藤　それをネガティブに捉えるんじゃなくて、ポジティブに受け止める。どう考えたってラディカルなチャレンジだと思うんです、再生が可能っていうのは。

赤坂　日本は、原発を永久機関にしようとして失敗したわけですね。でも今や自然エネルギーが技術の進歩によってそれに取って代わる可能性を持った、実用的なものとして動かせる時代に入っているんですよ。もし震災が一〇年前に起きていたら絶望的だった。でも、今ここで途方もない困難にぶつかったがゆえに、選択肢として真っすぐに再生可能エネルギーを名指しすることができた。われわれは少なくとも新しいステージに立つことができる可能性だけは、すでに手に入れていたわけです。

後藤　そう思いますね。

赤坂　最終的に僕らは、再生可能エネルギーをこの福島からいろんな形で広めていこうという想いをひとつにして、動き出しました。この八月に正式に旗揚げをする会津電力もそのひとつです。そこで中心になっているのは、女の人たち。やはり子育てとかを考えてゆくと原発との共存だけはありえない。でも、「嫌だ嫌だ」と言っているだけでは前に進めない。だから自分たちが多様な形で、再生可能エネルギーを広めて、草の根で自立や自治の拠りどころにするような方向に育てていこうと考えました。

後藤　まさに、福島がはじまりの地になるという考えですね。

赤坂　そう。面白いことにね、会津電力のプロジェクトを進める中で、金融の問題にもぶつかったんです。

後藤　金融ですか？

赤坂　うん、これまではね、地方や地域っていうのは国や県の助成金をもらうことで仕事をしてきたんですよ。自立的な地域だと称讃されてきたような自治体でも、八〇パーセントから九〇パーセントが助成金に頼っている。助成金を上手にもらってうまく回すっていうのが優等生的な「地方自治」のあり方だったのです。でもね、そうじゃない方法もあるんじゃないか。地域の信用金庫を動かして、自然エネルギーに融資してもらうようなシステムを作るとか、あるいは志で繋がる市民が多様なファンドを作って運営するとかね。

後藤　グローバルな金融市場に繋がるような、中央集権的な金融システムとはまったく別のあり方ですよね。

赤坂　そうですね、まさに顔の見える関係の中で、お金も顔の見えるものにしていこうっていう考え方ですよね。そうして発想の転換をしたときに初めて、そうやって新しい考え方も生まれてくる。だからね、草の根の自由民権運動じゃないけど、あえて地方や地域から、新しい思いや志を持った世代が発言権を得ていくことが必要だし、そこから少しずつ変えていくしかないんじゃないかと思いますね。

後藤　それが五〇年後にはスタンダードになっているかもしれない。

赤坂　ひとりひとりが五〇年後の未来を思い描きながら、主体的にいま・ここからできることを始めるという覚悟を決める、それ以外にないと思いますね。

（ごとう・まさふみ／ASIAN KUNG-FU GENERATION ボーカル&ギター。THE FUTURE TIMES 編集長）

（構成・水野光博）

災間を生きるために

『日本の科学者』7月号（vol. 48 no. 7）、本の泉社

思えば、災後という言葉の寿命はまったく短かった。それはむろん、戦後との対比のうえに産み落とされた言葉だった。戦後は明るかった、という。食うや食わずの現実に取り巻かれながら、世の中が大きく変わる予感に満ちていたがゆえに、人々は前向きな生き方を選ぶことができたのではなかったか。災後もまた、変わることへの期待とともにあったはずだが、それはたちまちにして雲散霧消してしまったようだ。

災後はあきらかに、暗い不安に満ちている。この不安から逃れるために、「量的」に「大胆な」アベノミクスに飛びついてはみたが、先行きの不透明さには変わりがない。なぜならば、そこでの変化のヴェクトルがいかにも古色蒼然としているからだ。東日本大震災にかかわる風化と忘却が、恐ろしい勢いで進んでいる。とりわけ原発事故に関しては、まるで、なかったことにしておこうと言わんばかりの空気を感じずにはいられない。おそらく、取り残されてゆく被災地からこそ、「この国のかたち」の行く末がくっきりと見えるにちがいない。

われわれは疑いもなく、災後ではなく、災間を生かされているのである。それが、どこか暗い不安の拠って来たるところではないか。いわば、東日本大震災と、いずれ避けがたく起こるはずの大きな震災との幕間を生きることを強いられている。それを、かたときも忘れることが許されぬ、まさに災間を生かされているということだ。災間を生きる思想の基本的な構えははっきりしている。そこでは来るべき災害の訪れを予期しながら、つねに備えを怠らないことが、自明にすぎる前提となる。災厄の回帰性を前提として、それに耐える持続可能でしなやかな社会を構想することが求められる。

災間という考え方を提起したのは、社会学者の仁平典宏さんである。仁平さんは「〈災間〉の思考」(『「辺境」からはじまる』所収)のなかで、災間の時代に求められているのは、弱者を基準として、社会的に多様な「溜め」を用意することだ、という。今世紀に入って、グローバリズムの激流のなか、経済的な効率性をもって無駄を省き、自己責任の名のもとに個人にリスクを負わせるという発想が、しだいに社会の表層を覆い尽くしてきた。生活保護という不可欠なセーフティネットにたいする批判や攻撃など、そのもっとも見えやすいものだ。確実に社会の不安定化をもたらすはずの非正規雇用という問題のうえにも、自己責任なる言葉がかぶせられる。痛みを強いられるのが、つねに社会的な弱者たちであることから、眼を背けることは許されない。

災間を生きるためには、いかなる思想が求められているのか。それはたぶん、いまはまだ、陰画としてしか語ることができない。まずはじめに、自己責任という言葉のもつ暴力性を明るみに出し、国家が責任を回避しつつ隠蔽するシステムのあり方に批判を投げかけねばならない。そうして、それとは逆のヴェクトルに向けて、社会のさまざまな場所に溜め・隙間・無駄を作りだし、弱者に集中するリスクを分散させ、やわらかく吸収させるようなシステムを創出しなければならない。

思えば、東日本大震災はまさに、グローバリズムや経済効率最優先の論理が抱え込んでいる脆弱さを、白日の下に晒したのではなかったか。

今世紀になって進められてきた市町村合併は、あきらかに経済効率の論理によって支えられていた。それが震災のなかで、無惨に破綻する場面にくりかえし遭遇した。広域に合併が押し進められた、その周辺地域に、切り捨てられたかのごとく震災直後のままの情景が広がっていた。支援が届かず、「見棄てられた」という呪詛のような声に幾度も出会った。無駄の排除は逆に、災厄を拡大させ、その後の復興における経済的な負担を増大させたのかもしれない。原発事故もまた、安全のための対策を無駄として切り詰めてきたことによって、甚大な被害を招き寄せることになった。

詩人の佐々木幹郎さんの「やわらかく壊れる」という興味深いエッセイを思い出す。阪神大震災のあとに書かれたものだ。堅固に構築された建築物は、巨大な力によって破壊されるとき、そこに住まう人間たちにたいして大きな負荷をもたらさずにはいない。神戸では、地震によって倒壊した建物による圧死が多かったのである。「やわらかく壊れる」とは、見せかけの永続性を演じるコンクリート的思考からの離脱を暗示していたにちがいない、とわたしは思う。すべては壊れることを前提として、デザインされるべきなのではないか。

たとえば、ムラの谷川に架けられた木橋を思えばいい。そのフォークロアはどこか啓示的ですらある。樹齢数百年の樹を伐り出して造られた丸太の橋は、橋桁が片側か両側か、なぜか固定されていなかった。洪水の力をまともに受ければ、丸太であっても折れてしまう。あらかじめ洪水で流されることを想定して、わざと橋桁を固定しなかったのである。橋は片方だけ綱に繋がれて、波の勢いを受け流し、あるいは下流のどこか岸辺に漂着している。いわば橋はやわらかく壊れるが、被害は最小限に抑えられ、間を置かずに復旧を果たす。いずれにせよ、木橋は無事に守られたのである。「減災」をめぐる民俗知の一例といっていい。

巨大な震災が起こったとき、まったく無傷でやり過ごすことはできない。われわれは東日本大震災のなかで、それを大きな犠牲と引き換えに学んだのではなかったか。だからこそ、防災から減災への転換が語られるようになったのである。やわらかく壊れるとは、そのままに減災である。それなのに、巨大な、しかし津波には無力な防潮堤を、なぜ造るのか。それはきっと、莫大な予算を浪費しながら、いずれ中途で投げ出される公共事業の悪しき事例として記憶されることだろう。

災間の時代を生かされてある者たちは、やわらかく壊れる知恵や技術をこそ徹底して追求しなければならない。コンクリートの巨大な防潮堤によって、人々は海との隔絶を強いられ、災害に備える意識を奪われる。そうして、来たるべき震災の犠牲者がいたずらに増大する。少子高齢化と過疎化は避けがたく進む。われわれはいま、五〇年後の八千万人の列島に向けて社会をデザインしなければならない、分岐点に立たされている。

災害を仲立ちとして、世界に開かれる

『平成24年度震災復興文化交流事業報告書』国際交流基金、8月14日脱稿

たとえば、巨大な災害に襲われたとき、ほんのつかの間であれ、隠されていた現実が社会の表層にむきだしに顕われることは、とりたてて珍しいことではない。しかも、この高度に情報化が進んだ時代には、災害もまた、世界に向けてむきだしに晒されていることを忘れてはならない。

東日本大震災に際して、日本人はなぜ、震災後の苛酷な状況のなかでも、静かに耐えて、救援の訪れを待つことができたのか。なぜ、被災地は暴動や略奪のちまたと化すことがなかったのか。三・一一から遠からぬ時期であったが、海外メディアは驚きとともにそこに関心を寄せ、大きく報道もした。この静かに耐え忍ぶ日本人の姿は、たんなる国民性である以上に、関東大震災や戦争の時代をくぐり抜けた末の「民度」の成熟ではなかったかと、わたしは想像している。しかし同時に、復興が遅々として進まぬ状況のなかで、不満や批判がけっして大きな声にならない現実にたいしても、海外メディアは関心をそそられているようだ。耐える日本人／物言わぬ日本人が表裏なして発見されたのかもしれない。

東日本大震災が起こって一年あまりが過ぎたころ、わたしは国際交流基金の誘いにしたがって、北京

と天津を訪ねた。「震災と東北、そして文化」と題して、講演を行なうためである。中国の人々の反応は、実に率直なものであった。震災のもたらした甚大な被害状況については、ほとんど関心を示さなかった。四川大地震から数年しか経っていない。そこでは二〇万人を越える犠牲者が出たといわれていた。悲惨ならばよく知っている、といったところか。東日本大震災についても、かれらはメディアを通して十分に情報は得ている。そこで、わたしはあえて、被災地の将来像を語ることにした。どのように震災からの復興を果たそうとしているのか。三〇年後、五〇年後の日本社会を思い描きながら、いま、なすべきことは何か。聴衆はしっかり喰いついてきた。

たとえば、日本で復興が遅れていることはよく知られていた。四川大地震に際して、中国政府が迅速に動いて復興を押し進めたことを念頭に置いて、わたしが「民主主義は時間がかかるものです」と語ると、会場のあちこちから笑いが起こった。その笑いは不快なものではなかった。少なくとも知識層のまなざしは十分に成熟している。巨大な災害にたいしていかに立ち向かうか、いかなる復興のシナリオを描くことができるか。政治体制の違いが、そこに大きな影を落としているという認識が共有された瞬間ではなかったか。

あるいは、この震災がフィルムの早回しのように、数十年後にゆるやかに辿り着くはずであった「超高齢化社会」をいま・ここに手繰り寄せてしまった、そう、わたしは語った。すると、中国の聴衆は思いがけず、鋭く反応したのである。こちらは逆に、中国が来たるべき高齢化社会の到来にそなえて、日本社会が行なおうとしている「実験」の行く末に眼を凝らしていることに気付かされた。このとき、はじめて東日本大震災がかれらの身近なテーマとなったのかもしれない。

災害を仲立ちとして、異文化が思いがけぬ形で繋がれる。災害がなければ、おそらく互いにその存在すら知ることがなかった異文化に触れる機会が、カオス的な状況ゆえに提供される。それはとてもいいことだ。そもそも文化や芸術には、国家・民族・宗教などが張り巡らす壁や境界を超えて、新しい関係性や出会いの場を創りだす可能性がはらまれている。災害がもたらす哀悼と共感のやわらかなネットワークのなかでは、それはさらに大きな、見えない壁や境界を踏み越えてゆく力を手に入れることになる。文化や芸術は生臭い現実のしがらみや利権といったものから、一定の距離を保っているからだ。

たとえば、宮城県の牡蠣を使った郷土料理をフランスやドイツで紹介するプロジェクトが行なわれた。かつて、一九六〇年代に、フランスのブルターニュ地方で牡蠣養殖が病気のために壊滅しかけていたとき、その危機を救ったのは宮城から送られた種牡蠣だった、という。交流の歴史はすでに長い。今回は、フランス側から返礼のプロジェクトが行なわれている。とはいえ、牡蠣をめぐる食文化は日本とフランスでは異なっている。ドイツでは牡蠣を食べる習慣そのものが見られない。食文化のグローバル化が、ファーストフードとは異なる方向に向けてデザインされてゆく可能性が示唆されているのではないか。歴史の古い国々にだけ可能な道筋は、確実に存在する。

あるいは、東北の代表的な民俗芸能である「鹿《シシ》踊り」がアメリカなどで公演されたことは、とても興味深いことである。なぜなら、この民俗芸能は死者への鎮魂と供養のために演じられてきたものであるからだ。東日本大震災における二万人の犠牲者たちに向けての鎮魂から、復興と再生へと繋がる、深い感謝と祈りが託されることになった。南三陸町水戸辺の「鹿子躍」にまつわる供養塔には、生きとし生けるものすべての命の供養のために奉納する、という言葉が刻まれている。鳥獣虫魚をも巻き込んだ生命の連鎖へのまなざし。震災の夏、被災地のいたるところで、鹿踊りや剣舞などの民俗芸能が復興を遂げたことに、わたしは衝撃を受けた。あの夏から秋にかけて、被災地のそこかしこに宗教的なるものが露出していたことを忘れるわけにはいかない。われわれは宗教を持たない民族ではない。

さらに、これはわたし自身も関わったプロジェクトであるが、会津の喜多方市にノルウェーとイギリスから訪れた三人の女性アーティストが滞在して、作品制作を行なった。なかなか興味深いものだった。市内の古い蔵で開催された、「精神の〈北〉へ」というタイトルの展覧会を訪れ、それぞれに「北」を背負った作家たちと言葉を交わすことができた。ヨーロッパの「北」としてのノルウェーやスコットランドと、日本の「北」を抱いた東北とが出会うことによって、何かが確実に生まれていた。「北」にはおそらく、異なる民族や宗教との衝突や交流の歴史が豊かに埋もれており、それが芸術文化のうえにも影を射しかけているのではないか。

最後に、「東北——風土・人・くらし」と題された写真展について触れておく。飯沢耕太郎氏の監修のもと、東北にゆかりの深い、世代も表現手法も異なる一〇組の写真家たちの作品を百数十点選んで展示するプロジェクトである。五年間にわたって、世界の四〇都市を巡回する予定であるという。実は、この写真展を東北の会津と遠野で開催する計画が進められており、わたし自身も関わっている。写真という表現媒体の持つ力はおそらく、被災地という抽象を超えて、そこに息づいていた風土や人々の生きる具体的な姿を、海の向こうに暮らす人々に伝えてくれるはずだ。それは同時に、東北の人々にこそ投げ返される必要があるとも感じてきた。他者による理解を深めるとともに、東北自身が自己認識を深めるためにも、この写真展は大切な場となるにちがいない。

いずれであれ、災害もまたグローバルに共有される時代となったのである。われわれは東日本大震災という巨大な悲惨を体験した。そこで学んだこと、学びつつあることは、数限りもなく存在する。この震災の記憶を内向きに抱え込んではならない。それは前向きに、世界の人々とともに共有されねばならない。災害列島に生かされてあるわれわれ日本人が、まさに、この災害というテーマをめぐって世界に貢献する道を探ることは、いよいよ重要なものとなってゆくことだろう。

2013.1.19　浪江町

〈そのとき〉からの時間を抱いて

田代一倫写真集『はまゆりの頃に』里山社、10月11日脱稿

おばあちゃんとお母さんと、三人で、お地蔵さんにお参りに来ていたのだった。

妙に、落ち着かない気分にさせられる。寡黙なのか、多弁なのか、よくわからない。被災地で、じかに人を被写体とすることは、とてもきついことだ。被災地にはきっと、外からはうかがい知れない、たやすくは近づきがたい何かが堆積しているにちがいない。そう思うだけで、足はすくむ。

わたしもまた、同じ時期、ひたすら被災地を歩きつづけた。まるで巡礼のように。ただ、花が手向けられたところで足を止め、手を合わせる。そして、小さなデジタル・カメラのシャッターをくりかえし押した。記憶のメモだ、とみずからに言い聞かせながら。気が付くと、それが七、八千枚になっていた。それらはひたすら、風景や物ばかりで、人間ははるかな遠景のなかにほんの偶然のように写りこんでいるだけだ。思えば、わたしが人を被写体にしたのは、たった一度だけではなかったか。こちらをまっすぐに見つめている、三歳くらいの女の子。仙台港に近い津波に舐め尽くされた蒲生干潟で出会った。おばあちゃんとお母さんと、三人で、お地蔵さんにお参りに来ていたのだった。

だから、すこしだけこの写真集の影が見える。

ここに収められた写真の群れは、いったい何を抱いているのか。この若い写真家はきっと、被災地を歩きながら、人を見かけると、おずおずと近づき、声を掛け、許されるとシャッターを押すことをくりかえしている。短い言葉のやりとりがあって、メモ帳か何かに言葉のかけらが書き留められたはずだ。通りすがりに、ほんの一瞬だけ手や足を止めた、立ち姿がほとんどである。その背景は、刻々と姿を変じてゆく被災地の、やはり一瞬だけの情景である。撮影した日付けと、場所が律儀に書き添えられている。記録への意志、しかしそれは、あくまで曖昧模糊としている。

「何で撮りたいのか、説明してください」
私が撮影したい理由を話すと、「いいですよ」と、快くモデルになってくれました。
（二〇一二年四月二十五日　福島県田村郡三春町樋ノ口）

そこに、少女が笑いとともに写っている。「何で撮りたいのか、説明してください」という、飾りのない尖った問いを突き付けられて、いったい答えなどあったのか。少女を納得させられるような明らかな説明が可能であったとは、とうてい思えない。被災地は数も知れぬ映像の暴力にさらされてきた。写真家はどこまでも、ようやくにして回復しつつある被災地の日常への侵入者なのである。言葉で納得が得られたはずがない。その風貌とたたずまいにたいして、ともあれ、わるい人ではなさそうだと感じた程度のことだろう。

それでも、どれほど曖昧であったとしても、この写真家とその前に立つ人とのあいだには、何か、つかの間の黙契が成立していたのではなかったか。そんな気配だけは感じられる。だから、これはたいせつな記録となるのかもしれない、と思う。それはしかし、たとえば一〇年後といった時間《とき》の隔たりを経てのことになるにちがいない。いまだ、あまりに記憶は生々しい。〈そのとき〉を振りかえる余裕など、きっとない。もしかすると、この写真集は〈そのとき〉からの時間を抱いて、思いがけぬ変容を遂げてゆくのかもしれない。だから、これは未来を抱いた写真集である、と呟いてみる。

書評／ミカエル・フェリエ『フクシマ・ノート』

共同通信、10月30日脱稿

三・一一以後、震災にかかわる本や雑誌には、可能なかぎり眼を通してきた。しかし、日本に在住のフランス人著者による、この著書は、そのどれにも似ていない。地震や津波についての、このような語り口や文体そのものが、未知に属している。大江健三郎の『ヒロシマ・ノート』にならって『フクシマ・ノート』と名づけられた、という。示唆的である。見えない線分が二つの本をやわらかく繋いでいる。

この著者にとって、地震や津波は他者であるが、われわれにとっては自己のなかに棲んでいる内なる他者であるのかもしれない。少なくともわたし自身は、こんな風に震災の体験について仔細に観察して、記録に留めることはありえない。この著者はあえて震災の渦中に踏みとどまり、それを他者として、異文化として味わい尽くそうと決意していたかに見える。この人が言葉の力を信じている文化圏からの訪れ人であったことも、忘れてはならない。

そうして、この稀有なる記録文学は誕生した。言葉はウィルスにやられてしまった。世界はもはや、数字と記号と罠でできている。それなのに、災禍のなかに音楽がこだましていた。たとえば、朝の静寂のなかから聴こえてくる、老人の口ずさむ歌のように。笑いのように。それが混沌のなかに、生の息吹きを感じさせる。

しかし、現実はやはり、はるかに深刻であったか。三・一一以降、いつの間にか広まった言葉。たとえば「半減期（ハーフライフ）」。むろん、放射性物質がその危険の半分を失うために必要とされる時間である。それは暗喩的に、「ハーフライフ（半減の生）」へとズラされる。放射能のもとで、あらかじめ半ば減じられた生、それゆえ、神経を抜かれて感覚を失った生。あるいは、光沢のない、平板で、固有の名前をもたない、長い、長い半減の生。この著書は終わりになって、そうしたハーフライフこそが、われわれ自身の生存の条件、いや常態となったことを、静かに、残酷に告げている。

再び、『風の谷のナウシカ』について

『ふくしまの声』リレー連載／3・11のあとに、わたしはそれを読んだ、観た、聴いた……、10月脱稿

三・一一から、しばらくは言葉を失っていた。地下の書斎に籠もって、ただパソコンの画面に眼を凝らしつづけた。思い出したように、テレビを見て、新聞を読んだ。メディアからは、取材や原稿の依頼があった。受けられるはずがない。言葉がなかった。

五、六日目であったか、山形の若い友人からの電話が繋がった。かれはその晩、「赤坂先生は沈黙を選ばれています」とツイッターに書いた。恥ずかしさに打ちのめされた。沈黙なんてものじゃない、語るべき言葉がないだけだ。言葉がこのまま戻って来なかったら、と想像した。体験したことのない畏怖の感覚に、身がすくんだ。

それから、パソコンの小さな画面で、『風の谷のナウシカ』に見入った。むろん、アニメ版である。少しだけ、人心地が戻ってきた。さらに、『ゴジラ』を、やはりパソコンで観た。この順番はあるいは、逆であったかもしれない。

その翌日であったか、活字の本が読みたくなって、手に取ったのが『ある明治人の記録――会津人柴

五郎の遺書』(石光真人著、中公新書)である。なぜ、はじめて読む気になったのが、この本であったのか。わからない。ただ、なにか覚悟を決めねばならない、とぼんやり感じていた。そのために読んだ。

ここでは、『風の谷のナウシカ』と『ゴジラ』について語りたいと思う。

＊　＊　＊

じつは、三・一一から二週間あまりが過ぎた頃に、つまり、なんとか覚悟らしきものを固めて間もなく、わたしは「海の彼方より訪れしもの、汝の名は」という三〇枚ほどの文章を書いている(本書所収)。ある文芸誌からの依頼であった。これが掲載されるまでには、ひと悶着があった。こんなモノを載せたら、大騒ぎになると、編集部はあきらかに怯えていた。空気は刻一刻と変化していたから、いまとなっては、あのときのやり取りがわかりにくい。ただ、世間は喪に服していた。その空気を乱す、ふさわしくない原稿、いや、許しがたい原稿と判断されたことだけは、たしかなことだ。

きっと、それが文学作品や思想の書に拠って書かれていたならば、問題にはならなかったにちがいない。しかし、それは『ゴジラ』／『風の谷のナウシカ』を中心に据えた震災論だった。こんな喪に服さねばならないときに、アニメ映画や怪獣映画について暢気に語っているとは、何ごとだ、ということであったか。疑いもなく、わたしの原稿は忌みモノだった。怯えだけが伝わってきた。ついに、忌避の理由があきらかに語られることはなかった。結局、前文に、言い訳めいた数枚をくっつけて掲載された。

たぶん、災厄と犠牲というテーマが浮遊していたのだ、と思う。

『ゴジラ』という映画は、一九五四年秋に封切りされている。わたしは、その前の年の五月に生まれた。だから、『ゴジラ』を映画館で見たわけではないし、第五福竜丸事件についても多くを知らずに来た。

この年の三月一日、南太平洋のビキニ環礁で、アメリカは水爆実験を行なっている。広島型原爆にして約千個分の爆発力をもつ水素爆弾が炸裂し、海底に直径約二キロメートル、深さ七三メートルのクレーターが形成された。このとき、日本のマグロ漁船・第五福竜丸をはじめとして、千隻を越える漁船が被爆している。第五福竜丸の無線長が半年後に亡くなった。しかし、実際の被爆者は二万人を越えるといわれている。(ウィキペディア「ビキニ環礁」「第五福竜丸」による)

『ゴジラ』はいわば、この事件を背景とした、いわば反核映画そのものであった。そして、皮肉なことには、いや、おそらくはそれゆえに、日本国家はこの年に、「原子力の平和利用」に向けて最初の一歩を踏み出したのである。

『ゴジラ』という映画は、現実にも巨大な災厄の影に覆われていた。この巨大な災厄を鎮めるための犠牲というテーマが、くりかえし姿を現わした。生け贄の島の娘と、ゴジラに蹂躙され逃げ惑う東京の人々、そして、最後にオキシジェント・デストロイヤーという、原爆を超える最終兵器を特攻兵士のように抱いて、ゴジラを退治する化学者の芹沢。原水爆も、ゴジラも、人智を超えた巨大な災厄として眺められている。と同時に、科学やテクノロジーにたいする牧歌的な信頼は、いまだたしかに存在した。

ところで、アメリカはビキニ環礁において、一六回の地上または大気圏での核実験を行なっている、という。見えないゴジラは、南太平洋から日本列島へと、少なくとも一六回は来襲していたのではなかったか。太平洋はたっぷり汚染されて、わたしたちは汚れたマグロをたっぷり喰らっていたのではなかったか。思えば、わたしが子どもの頃には、「放射能の雨に当たると、頭がはげるぞ」と、冗談めかして、大人たちから脅かされたものだ。わたしたちは核に関して、いまだに、知らないことが、知らされていないことが膨大に存在するのだということだけは、記憶に留めておこう。

＊　＊　＊

それから、三〇年の時間を経て制作された、アニメ版『風の谷のナウシカ』のなかにも、災厄と犠牲のテーマが見いだされる。しかし、その肌触りはまったく異なっている。『ゴジラ』が、あくまでも近代という時間のなかに閉じこめられていたのにたいして、『風の谷のナウシカ』はきわめて複雑にして繊細な、まさしく近代のかなたに向けての眼差しや世界観に支えられていた。

風の谷の人々にとって、押し寄せてくる王蟲の大群はまさに大海嘯であった。王蟲の怒りは大地の怒りであった。「火の七日間」と呼ばれる核戦争によって、巨大文明は崩壊し、荒れ果てた大地にはどこまでも腐海の森が広がっていた。『風の谷のナウシカ』もまた、犠牲のテーマによって幕が引かれる。ナウシカという少女がみずからを犠牲として、王蟲の怒りを鎮め、風の谷を守った。その前段に置かれた、最終兵器としての巨神兵の吐く放射能の火は無力だったのである。

たとえば、『ゴジラ』の戦略は、近代によって近代の毒を制することだった。近代科学とテクノロジーへの絶対的な信仰が生きていた。『風の谷のナウシカ』はまさに、そうした信仰が肥大化し暴走したはてのカタストロフィーのあとに、それでも生き永らえてゆく人々を主人公とした、千年後の物語世界だった。

三・一一以後の世界は、思いがけぬかたちで、いま『風の谷のナウシカ』の跡を辿りはじめているのではないか。

＊　＊　＊

それにしても、わたしが福島の原子力発電所が次々に爆発する映像の衝撃のもと、言葉を探しあぐねながら、ゴジラとナウシカを選んだ直感だけは、誤りではなかったかもしれない、と思う。ヒロシマ・ナガサキからフクシマへと、あるいはチェルノブイリからフクシマへと繋がれる、負のイメージ連鎖は、きっと避けがたいものだ。だからこそ、『ゴジラ』から『風の谷のナウシカ』へと、わたしは思想の道行きを辿らねばならない、と感じている。

『風の谷のナウシカ』、とりわけその漫画版は、まさに二十一世紀を予言した黙示録的な作品として読み継がれてゆくはずだ。わたしたちはいずれ、この汚染された大地や森や海とともに生きる覚悟を固めるしかない。風の谷という、腐海のほとりに生きる人々の姿は、わたしたち自身によって生きられる現実そのものとなったのだから。

その人達は
なぜ気づかなかったのだろう

清浄と汚濁こそ　生命だということに。

（『風の谷のナウシカ』漫画版）

それでも、明日への希望を紡ぐことができるか、という問いが、そこに転がっている。三・一一以後のいまこそ、『風の谷のナウシカ』について、本格的に語らねばならないと思う。そのための準備を少しずつ始めている。

福島第一原発から二百キロメートル離れて、もうひとつの腐海のほとり・東京にて――。

三・一一から考える——いま、わたしたちが問われていること

第32回全国社会福祉法人経営者大会講演、11月11日手入れ

大震災がむき出しにしたもの

東日本大震災の年の元旦まで、山形県にある東北芸術工科大学に勤めていました。一九年間、ひたすら東北を歩いていたのです。山形を離れて数か月で、大震災に遭遇しました。

その四月からのほぼ一年間、わたしは思い返せば、まるで巡礼のように被災地を歩き続けました。たくさんの犠牲になられた方たちの、その死に対して手を合わせることしかできませんでしたけれども、そのなかでいろいろなことを考えてきました。

今日は、そうして歩きながら考えてきたことのほんの一端をお話ししたいと思います。

世の中では、「もう忘れよう」、「なかったことにしたい」という空気がとても強いと思います。あまりにも傷跡が深くて、それを真っ向から受け止めることが辛い、厳しいということなのかもしれません。

震災は、明らかに何かをむき出しにしたと感じています。それがいったい何だったのか、ずっと問い

かけてきました。

被災地を歩いていると、二〇年か三〇年先の未来にゆっくりとたどり着くはずであった風景が、フィルムを早回しするように、いっぺんに、いま・ここに、現われてしまったと感じる瞬間がたくさんありました。

すでに人口減少への転換が始まっているこの時期に、われわれは大震災にぶつかりました。そのことを前提として、いろいろなことを考えるように迫られているのだと感じています。

人口の予測はさまざまに行なわれていて、震災の前から三陸の被災地となった地域は、四〇年か五〇年後には人口がほぼ半分になり、その人口の四五パーセントから五〇パーセントが高齢者になると予測されていました。ところが、その予測は四〇年か五〇年後の将来のことではなく、いま、足元から始まってしまっている、そんな気がします。

災害は弱き人びとを直撃する

わたしの教え子にも、被災地の出身の若者たちがたくさんいました。彼らの家族も被災しています。被災の現場を歩きながら、あるいは話をお聴きしながら、本当に災害は弱者を、弱き人びとを直撃するのだということを、さまざまに目撃したように感じています。

東北の三陸地方は、近代になってからあわせて三回の大きな津波被害を受けています。明治二十九年、昭和八年、そして、今回の東日本大震災です。

明治と昭和の三陸大津波のときの犠牲者で、とくに目立ったのは若い母親たちでした。災害において、とりわけ誰が多く犠牲になったのか。これは、その社会の隠された問題をあらわにするのだと思います。なぜ、若い母親たちが多く犠牲になったのか。理由は、はっきりしています。家族制度の問題です。嫁という立場の若い女性たちは、家族のなかでもっとも弱い部分だったのです。若い母親たちが乳飲み子をかかえて津波に巻き込まれた絵図が、『風俗画報』などにたくさん描かれています。その悲惨さに人びとは心を打たれたのだろうと思います。

若い母親たちは乳飲み子をかかえて、あるいは小さな子どもの手を引いて何とか逃げることができた場合にも、じつは逃げることが許されなかったのです。姑や舅を置いて、自分だけが子どもと一緒に逃げたために、あとで厳しく非難されるということが実際にあったといいます。逃げるに逃げられなかったのです。

東日本大震災では、その犠牲者の三分の二近くの人びとが高齢者であったといわれています。避難してからも、高齢者や障害をもつ方のなかに犠牲者がたくさんあったということが、最近になって報告されるようになっています。

わたしは、海沿いの被災地を歩きながら、介護施設が厳しい被害を受けているということにいつしか気がつきました。

そして、介護施設で働いていた人たちが、利用者の避難を手助けしている最中に津波にのまれて亡くなった、という話をいくつも聴きました。泥のなかから発見されたときには、高齢者を抱えた格好のままで亡くなっていたという話もありました。おそらく、かなりの数の方がそのように亡くなっています。わたしは、殉職だと思っていますけれども、きちんと語られてはいません。

消防士もたくさん犠牲になっていますが、彼らの場合はきちんと殉職として認定され、報道もされています。でも、介護施設での殉職はほとんど語られてこなかったと思います。

だからこそ、これからのためにもきちんと引き受けなければいけない問題でもあるのだろうと感じています。

わたしは、前任の大学で多くの教え子を送り出しましたが、ひとりの男子学生をよく覚えています。その学生には難病の弟がいました。彼と出会ったときは、ニヒルというか世の中を小ばかにした、あるいは呪っているような、そういう若者でした。

卒業式で、彼と握手をして別れるときには、この子は世の中に出てきちんと生きていけるのだろうかと思い、涙が出そうになりました。その彼が、気仙沼にある介護施設で働いていることを震災後に知って、電話をかけました。彼はとても元気な声で、「施設の高齢者全員を無事に避難させることができました」と、とても元気な声で応えてくれました。そして、これから介護の資格を取りたいとも語っていました。

身内に難病の弟をもつ若者が、みずから選んだ道が介護であったということに、わたしは深く納得すると同時に、とても考えさせられました。

そうした介護の現場を志す若者たちのためにも、きちんと引き受けるべき問題があるのだと思います。

「津波てんでんこ」の陰影

今回の震災の被災地では、隣り合った集落で犠牲者の数が極端に違う例がありました。ほとんど犠牲者を出さなかった地区の方に話を聞いてみると、「オレたちは律儀に避難訓練をしていたからな」といわれました。

とても示唆的だと思います。犠牲者をできるだけ少なくする、災害の度合いを減らすのは、ハードではなくソフト面でのさまざまな方策なのではないか、と感じさせられることが多かったのです。

地方では、高齢化も過疎化も進んでいます。今回の震災に際しても、高齢者がさらに自分より年上の高齢者を避難させることが、ごくあたり前に見られました。ふだんからコミュニティがきちんと生きていて、どこに誰が住んでいるか、たとえばどこそこのおばあちゃんは足が悪いといったことが、お互いに情報共有できている地域では避難がうまくいっているのです。

「津波てんでんこ」という言葉が知られるようになりました。「てんでんこ」というのは「銘々に」、「それぞれに」という意味ですね。津波のときには、たとえ家族であっても「てんでんこに逃げろ」と、三陸辺りでは教えられてきました。

明治、昭和の大津波のときに、家族が助け合おうとして共倒れになり、たくさんの犠牲者を出してしまった。その悲惨な経験が生んだ教えなのです。

東北では、あまりにも家族の絆が強い、情愛が深い、それゆえに避難するのが遅れていたずらに犠牲を増やしている。だからこそ、親は子どもたちに、「津波のときは自分を捨てて逃げろ」と教えなければならなかったのだと思います。それはあまりに哀しい教えでした。

ですから、一時期、これがおもしろおかしく語られたことには、違和感を覚えました。家族の絆や地域の濃密な人間関係といったものが、間違いなく今回の震災の後、たくさんの人たちが生き延びることの助けになったのです。それがしかし、ときには、たくさんの犠牲を生むことになったのです。同じことが、たとえば東京でも語られるべきなのだろうか。震災が起こったら、人のことはどうでもいいから、自分の身を守るために逃げろ、と教えることは、何をもたらすのか。

正しいのかもしれませんが、そこは間違いなく弱肉強食の巷になるだろうと思います。もしかしたら、われわれは逆に、いま、「都会のなかにいかにして無理のない形で相互扶助のモデルのような、システムのようなものをつくれるのか」という厳しい課題を突きつけられているのかもしれない、と感じています。

東北の被災地では、なんとか弱肉強食の巷になることを避けることができました。避難所では、とても小さなおにぎりが女性や子どもを中心に配られて、それさえも回ってこない男たちは体育館から外に出てじっと耐えた、といった話もくりかえし聴きました。

少数者が多数派になる社会

われわれは、どういう時代を生きているのか、ずっと考えてきました。

少なくとも二つのことは、きちんと視野に組み込んでおくべきだと感じています。

一つは、先ほども触れましたけれども、人口が減少に転じているということです。日本列島の人口は、五千年前の縄文時代には三〇万人くらいだったといわれています。江戸時代のはじめは二五〇〇万人、明治時代のはじめが三千万人です。現在は一億三千万人で、明治以降の近代、その一五〇年間で途方もなく人口が増加したのです。それにともなって社会の形も変わらざるを得なかった。

さまざまな統計資料が出されていますが、四〇、五〇年後には日本の人口は八千万人台になるといわれています。大胆な移民政策へと舵を切るか、若いお母さんたちが安心して子どもを産める環境をつくれるか。劇的に少子化の流れを変えるような政策が打ち出せるか、なかなかむずかしいと思います。

五〇年後の人口は八千万人、高齢者の割合は四〇パーセントから四五パーセントといわれています。超高齢化社会がすぐそこまで迫っている。

社会のモラルは大きく変わっていくのだろうと思います。人口の半分近くが高齢者の社会では、あらゆる場面でまず速度を落とさざるを得ない。若い人たちが大半の社会では、前を高齢者がゆっくりと歩いていることがいらだちの対象になります。しかし、人口の四割、五割が高齢者の社会を想像してみてください。社会全体の速度というものを落とさざるを得ません。

たとえば、今ある電車の「優先席」は無意味になるでしょう。最近では、通勤時間帯に座席を設けない電車が都内では見られるようになりました。強者を基準にした選択ですね。優先席すら否定されています。弱肉強食を暗黙の前提とした社会。体力のある若い者が席に座り、その前で一生懸命つり革につかまっている高齢者の姿が目に浮かびます。

高齢者やハンディのある人びとのために設けられた優先席が、無意味になる時代が訪れようとしています。しかし、われわれはまだ、いわば少数者が多数派になる社会をうまく思い描くことができずにいるのです。

労働人口は確実に減っていきますから、経済力も落ちていかざるを得ない。そうした「縮小」や「撤退」を視野に組み込まずには、これからの社会をデザインしていくことができない。今は、目の前のさまざまなことをクリアすることで精一杯です。しかし、時間がたてばたつほど、そうしたことにゆとりをもって向かい合う、対処することがむずかしくなることもまた現実だと思います。

弱者を基準にした社会のデザイン

いま一つ、「災間」という言葉を紹介してみたいと思います。

仁平典宏さんという若い東北出身の研究者が、震災後に「災間」という言葉を提案しました。「災後」という言葉も使われましたが、これはどうも定着しませんでした。

わたしは民俗学者ですから、おじいちゃん、おばあちゃんに戦後のことをずいぶんと聴き、書いてきました。皆さん口を揃えて言われます。「焼け跡、闇市、大変な時代だったけれど、戦後は明るかったよ」と。厳しい戦争の時代が終わり、たとえ敗戦ではあれ、あとはそこから浮上していくしかない。だから、みんな夢や希望をもって明るかったというのです。

でも、今回の震災後、われわれは決して明るい気持ちにはなれなかった。だからこそ、忘れたい、なかったことにしたいという思いが膨らむのだと思います。けれども、それは不可能です。

われわれは、巨大な東日本大震災を体験しました。そして、首都圏直下型か、南海トラフかわかりませんけれども、やがてやって来るにちがいない巨大な震災の影に不安を覚えています。それは避けがたく必ずやって来ます。それを想定せずには、いま・ここで生きることができない時代になってしまったのです。

仁平さんはそれを、巨大な災害と災害の間を生かされているということで、「災間」という言葉を使ったのです。とてもクリアな言葉だと思います。

やがて巨大な災害が避けがたくやって来るということを前提にしてしか、いまを生きることができないとしたら、われわれは震災を忘れてしまうのではなく、なかったことにするのではなく、そこから少しでも多くのことを学んで備えなくてはならないはずですね。

今年の春、ある北陸の高校生の卒業スピーチを聴きました。彼女は、そのスピーチのなかで「私たちは、阪神大震災の後に生まれて、東日本大震災に遭遇しました。私たちは震災の世代です」と語っていました。

昨日、わたしは会津若松から高松まで八時間くらいかけて移動してくる間、『避難弱者』という本をずっと読んでいました。原発事故の後、二〇キロメートル圏内の警戒区域で何が起こっていたのか、実はほとんどよくわかっていません。とりわけ、原発間近の老人ホームで何が起こっていたのか。そのとき、避難する人たちが、どういう問題に直面していたのか、まったく語られてきませんでした。

まだ二十歳代の相川さんというジャーナリストが、本当にいい仕事をなさったと思います。扇情的にあおることをせずに、起こったことを淡々と、けれども何が起こっていたのかという本質的なところまできちんと見て描かれている。とてもいい本だと思いました。おそらく相川さんという女性も、十歳くらいで阪神大震災に遭遇しています。

そこで起こったこと。そこから、われわれがくみ上げるべきこと。現実をきちんと引き受けようとする若い人たちが、確実に現われています。

来たるべき世代に対して、そこで何が起こったのか、どういう問題があったのか、どう対処すべきなのかといったことを語り継いでゆくことが、そうした場を創ることが、われわれ大人たちの責務なんだろうと思います。忘却は避けがたいかもしれませんが、忘れてはいけないことがきっとあります。体験と教訓を次代へときちんとつなぐことが必要です。

仁平さんは、「災間の時代をわれわれはどのように生きるべきか」という問いを投げかけ、こう答えています。

「あらかじめ、弱者を基準にして社会の全体をデザインしなくてはいけない」と。

とても鮮やかな提案だと思います。われわれが生きているこの社会は、それとはまったく逆の方向に動いているという現実があります。経済効率が最優先されて、強い者がさまざまな利益を得やすくなるような社会です。「自己責任」という言葉がにわかに浮上してきた時にも、何かいやな予感がありました。

仁平さんは、「弱き人びと、障害をもった人びとを基準にして、社会のなかに溜めをつくることだ」というのです。

「自己責任」という責任放棄

「溜め」というのは、たとえば洪水に備えてあらかじめ池をつくって、あふれる水を誘導する仕掛けのようなものです。あるいは、車のハンドルの「遊び」のようなものです。「遊び」があることで、安定した運転が可能になります。

あるいは、隙間。隙間のない社会は、逃げ場がなく窮屈です。どこかに隙間があって、そこにすっと入りこむことで息抜きをして、また戻ってくることができる。

ひたすら、社会からムダを省いて、経済的な効率を高めることが良いことだと信じて、それを一〇年ぐらいわれわれは必死にやってきたのだと思います。グローバル化の時代ゆえの、それが避けがたい選択であると信じられています。そして、リスクや責任は個人に負わせる。若い人たちの就職先がないのは、みずからが努力をしないからだ。入社した会社で長続きしないのは、その若者に堪え性がないからだ、と。

そうして個人にリスクや責任を負わせる社会というのは、少し遠くから見ると、脆弱さと不安定さを抱えこんでいるのではないか、と感じてしまいます。「自己責任」という言葉が、二十一世紀に入ってからにわかに浮上して来ました。自己責任で乗り越えられる状況であればいいですが、若者たちがきちんと就職できないのは、果たして自己責任なのだろうか。

わたしは、バブルが壊れてからの二〇年間、学生たちとつきあってきました。彼らが就職の現場で何をしてきたのか、ずっと見てきました。自己責任という言葉で、社会がみずから担うべき責任を放棄しているのではないか、と感じてしまう場面がたくさんありました。

今回の震災の中でも、それが見える場面が少なからずあったと思います。

平成の市町村合併が行なわれました。被災地で何が起こっていたのか。たとえば大きな町があって、まわりの四つの村と合併して市になりました。それに伴って役場の職員がそれぞれ三〇人、五〇人いたのを半分に減らしました。そして、合併後の四つの旧村域には半分になった職員が送られました。これもまた、経済効率の側面から押し進められましたね。

被災地では、とりわけ合併してから五、六年しかたっていない地域は悲惨でした。流された地区に、誰がどのように暮らしていたのか。旧町から送られ、その地域に地縁も血縁もない職員たちはわからない。

ですから、行政の目が届かずに震災から半年、一年経過してもほとんど手つかずのまま放置されているような地域がありました。それらは、市町村合併が行なわれた際の、いわば周辺部にあたる地域です。そこで避難している人たちからは、呪詛のように「俺たちのところには誰も来やしない」、「俺たちは見捨てられている」という声を繰り返し聴きました。

おそらく余裕がなかったのです。職員は半分に減らされている。そして、どこに誰が住んでいて、どのような人間関係があって、誰に声をかければ情報が流れるか、そうしたことがわからない状況のなか、ある意味では仕方がなかったのかもしれません。

では、合併前の状態で震災にぶつかったらどうだったか。たぶん、小さなコンパクトな村では、役場の人たちはそれぞれの顔が浮かぶぐらい住民を把握していて、あの地区がやられたと聞けば、そこに誰がいて、あの辺は危険な場所だとみんなわかったうえで、動くことができたのだと思います。

合併を進めることで、ムダをなくして経済効率をよくする。それよりほかに、財政の厳しい時代を乗り越える方法はないのだ、と考えられた。一面ではそうなのかもしれません。でも、こうした巨大な災害を経験してみると、ムダの排除ということが、逆に被害を拡大してしまっている。結果として、逆に経済的な負荷を深刻なレベルにまで広げてしまっている。

津波の被災地では、消えてゆく集落があるだろうと思います。すべての集落が復旧・復興することはおそらくむずかしい。それを誰もが感じている。巨大なコンクリートの防潮堤をつくっても、その内側に住む人がいなくなるような状況。われわれは、それを奥尻島の災害で体験したはずなのですが、生かされていないと思います。

セーフティネットとしてのすきま

いま、ふと思い出したことがありました。

二〇年くらい前に、比叡山で不幸な事件が起きました。比叡山の境内には、いわゆる浮浪者といわれる人たちがたくさん暮らしているエリアがあった。いまもあると思います。それはアジールです。さまざまな事情で追いつめられ生きることが困難になった人たちが、比叡山のなかに隠れるように暮らしている。そこに一人の女子大生が紛れ込んで、不幸なことに彼女は殺されてしまった。

わたしが記憶しているのは、その事件が騒がれているときに、週刊誌で読んだ比叡山のお坊さんの言葉でした。取材する記者に対して「大変不幸な事件が起こってしまいました。本当に残念で申し訳なく思います。しかし、だからといって私たちはあの人たちを比叡山の外へ追い出すことはできません。なぜなら、あの人たちは、生きる場所を失って、ここにようやく逃れてきた人たちなのです。その人たちをアジールとして守ってきたのが、私たちの中世以来の歴史でもあるのです。寺はそうした役割を果たしてきたのです」と語られていました。わたしは、立派なお坊さんだと思いました。

彼が語ったことの意味は、社会のなかには弱き人びとのためのアジールや溜めや隙間をきちんと用意しておくべきだ、それが社会のセーフティネットになる、ということです。われわれの社会は、そうした駆け込み寺的な場所をたくさんつくってきたのです。ところがいま、それがムダということで否定されようとしています。

たとえば生活保護制度に対する批判、攻撃。本当にこの制度を縮小したり潰したり、その制度の恩恵を受ける人たちに肩身の狭い思いをさせることが、いいことなのだろうか。お金を節約するために、そうした選択をすることが、そのリアクションのように新たな事件を起こしたり、不安定な状況をつくりだす元になるではないか。

少数の不正受給を事件として取り上げてそれをすべての人に推し広げるようなやり方は、なんだか自分で自分の首を絞めているような気がしますね。

弱き人びとこそ、あらかじめ安全な場所に

震災に備えるとはどういうことなのだろう。

コンクリートによって海岸線を固めて国土を強靭化することが、災害への備えになるとはとても思えません。実際に、宮古市の田老町では、地区の人たちが五〇年もかけて一〇メートルの高さの巨大な防潮堤を築いてきました。しかし、そこに押し寄せて来た津波は、二〇メートル、三〇メートルの高さだったのです。巨大な壁の向こうから、津波が押し寄せて来るのに気づかなかった人たちが逃げ遅れました。巨大なコンクリートの防潮堤では、津波の被害を防ぐことができないのです。

われわれが今回の大震災ではっきり学んだことは、震災は防ぐことはできない、できることは災いを減らす「減災」だ、という転換であったと思います。仁平さんの提案にひきつけて考えますと、弱者を基準としたやわらかい「減災」ということです。おそらく、大きな発想の転換が求められているのです。

たとえば、弱き人びとが避難がむずかしいとしたら、そういう人びとこそあらかじめもっとも安全な場所に、という発想に転換するしかない。避難しなくてもすむ環境をあらかじめつくっておくわけです。たぶん、経済的にはむずかしいことですけれども、そのほうが犠牲は少ない。介護する人の犠牲もまた少なくてすむ。社会全体が、きちんとそのことを理解して、合意形成を行なう開かれた議論の場をつくる必要があります。

大震災の現場で何が起こったのか。それをきちんと語り継ぐ必要があると思います。次に、どこが震災に見舞われるかはわからない。手をこまねいて、なかったことにして忘れてしまうには、あまりにも尊い犠牲が出てしまった。私たちは、そこからくみ上げられる学びや知恵を次の世代へと受け渡すことが必要なのです。

だからこそ議論を尽くして、発想の転換をしなくてはいけない。人口の四割、五割の方たちが高齢者である社会が、すぐそこに姿を現わしつつあります。高齢者が自分よりも高齢の方たちを避難させるにしても、もう限界だと思います。だとしたら、弱き人びとこそもっとも安全な場所に、といった発想の転換をしなくてはいけないのではないか。コンクリートで固めたとしても、人を守ることはできないのです。

わたしは、それを被災地を歩きながら学んできたような気がします。こうした話は歓迎されませんね。でも、話さなければ伝わりません。少しでもやわらかく災害を受けとめ、被害や犠牲を少なくするためにできることを、いま・ここから始めるしかないのです。

おつきあいいただきまして、ありがとうございました。

2013.1.19　富岡町

コミュニティパワー国際会議2014 in 福島　基調メッセージ

――「あとがき」にかえて――

2014年2月2日

二〇一一年三月十一日、巨大な災厄が始まりました。

巨大な地震と津波が起こり、たくさんの犠牲者が生まれました。

そして、巨大な原発事故がひき起こされました。

われわれは「安全で、安価で、環境に優しい」と語られてきた原子力発電所が、無残に爆発しメルトダウンを起こす姿を、映像を通して目撃したのです。

いまだに、そこで何が起こったのか、明らかにはされず、途方もない災厄の垂れ流し状態が続いています。

むろん、福島第一原子力発電所がコントロールなどされていないことは、誰もが知っています。

事故の責任を問う声は無視され、責任そのものが曖昧なままに宙吊りにされています。

いま、日本社会は思考停止のなかで、怖るべきモラルハザードに覆われようとしているのかもしれません。

人智が制御しえぬモノに未来を委ねるのか、それを拒絶して、どんなに困難であれ新しい未来に向けて歩み出すか、われわれはその分岐点に立たされています。


福島の人々はすでに早く、原発事故の三カ月後には、原発に「NO」を突きつけました。

六月のある日、地元の新聞の一面から三面にかけて、「脱原発」という活字が躍ったのです。

しかし、東京のマスメディアの多くは、それを黙殺しました。

だから、日本国民の大半はいまだに、それをはっきりとは知りません。

いわんや、世界の人々が知ることはなかったことでしょう。

福島の人々は、未曾有の災厄の底にいて、原発に依存せずに持続的に地域社会が発展してゆく道を求めて、困難ではあれ、足を踏み出したのです。

それを高らかに宣言したのです。

いま、福島の地に踏みとどまり、そこで生きてゆくことは、何を意味するのか。

見えない放射能の不安のなかで、生存そのものが脅かされているのです。

それでも、この故郷の地に誇りをもって生き続けることは、いかなる生の可能性への問いかけであり得るのか。

いま福島に生きることは、まったく新しい暮らしと生業のスタイルを創造してゆく努力なしには不可能なのです。

傷付き、足掻いている福島は、あくまで前向きにみずからの将来を創造してゆく、そのための始まりの土地になりたいと願うようになりました。

震災から四カ月あまり、二〇一一年七月二十日に、この会津の喜多方の酒造会社の蔵のなかで、ささやかな集まりが持たれました。

福島の復興と再生のために、この会津の地から何ができるのか。

その日、思いや意見を異にする二百人の人々が、厳しい議論を交わしました。

再生可能エネルギーは大切な将来への導きの仕掛けのひとつにはなりそうだ、と多くの人が知りました。

その日の終わりに、一人の参加した女性が呟いた言葉は、やがてみなが共有する思いになりました。

——これは自由民権運動よね、二十一世紀の新しい、もうひとつの自由民権運動が始まったのよね。

それから、何十回にも及ぶ勉強会が行なわれました。

意見も立場も異にする人たちが議論の輪を囲んだのです。

たとえば、野鳥の会の人、大企業の巨大な風力発電に反対する人、再生可能エネルギーを進めようとする人、てんでんバラバラの意見がやわらかく飛び交い続けました。

そして、われわれはいくつかのことを学んだのです。

野鳥の保護と、風力発電がお互いを全否定して、まともな議論を交わすこともなく、争いを続けることを許していたのは、原発モラトリアムのゆえではなかったか、ということです。

一羽の野鳥も傷つけることなく、いわば自然にまったく負荷を与えることなく、エネルギーを手に入れることは、とても難しいことです。

われわれはエネルギーなしには生存することができないことも、明らかなことです。

巨大な原発の群れが、巨大なエネルギーを作り供給してくれていたから、安心して不毛な論争を続けることが許されていたのかもしれません。

それこそが原発モラトリアムではなかったか。

われわれは原発を拒んだ以上、しなやかに、したたかに、さまざまな難しい問題について折り合いを付ける努力を惜しんではいけない、それを学んだのです。

とはいえ、再生可能エネルギーがそのままに正義でも善でもないことを、われわれは同時に学んできました。

大企業が地域の人々の意志を無視して、あくまでメガの発想で進める再生可能エネルギーは、ときに小さな原発と変わらないのです。

テクノロジーはそれを支え、コントロールする倫理を必要としているのです。

再生可能エネルギーとは、風土とテクノロジーの結婚である、と言ってみたい誘惑に駆られます。

だからこそ、それはわれわれの暮らしや生業にかかわる、トータルな、新しい風景の創出と無縁ではありえないのです。

そして、再生可能エネルギーはわれわれにとって、地域社会の自治と自立のための大切な拠り所であり、方法でもあります。

原発事故によって深く傷付いた福島の地に生きる人々は、原子力エネルギーという人智が制御しえぬ荒ぶる神の火にたいして、はっきりと「ＮＯ」を突きつけました。

そして、風や太陽の光や水の流れ、大地の熱や森の木々など、自然や環境からエネルギーを贈与していただく再生可能エネルギーへの転換を進めようとしています。

昨年の夏に起ち上げられた会津電力は、そうした会津の、福島の人々の再生への祈りの結晶です。

そうして前向きに歩みだした福島には、日本中から、そして世界のあちこちから、知恵や技術や、人やお金が集まることでしょう。

やがて福島は、再生可能エネルギーに仲立ちされて、新しい自治と自立の創造拠点となるのです。

福島こそが、始まりの土地になることを心より願っています。

2011.10.6　仙台市

著者紹介

赤坂憲雄（あかさか・のりお）
1953年生。学習院大学文学部教授。一般社団法人「ふくしま会議」代表理事。福島県立博物館館長。遠野文化研究センター所長。1999年、責任編集による『東北学』を創刊。2011年、東日本大震災復興構想会議の委員に就任。著書『東北学／忘れられた東北』『岡本太郎という思想』（講談社学術文庫）『民俗学と歴史学』『歴史と記憶――場所・身体・時間』（玉野井麻利子、三砂ちづると共著、以上藤原書店）『3・11から考える「この国のかたち」』（新潮選書）、編著『鎮魂と再生』『世界の中の柳田国男』（R・A・モースと共編、藤原書店）等。

震災考《しんさいこう》 **2011.3–2014.2**

2014年2月28日　初版第1刷発行©

著　者　赤 坂 憲 雄
発行者　藤 原 良 雄
発行所　株式会社 藤 原 書 店

〒162-0041　東京都新宿区早稲田鶴巻町523
電　話　03（5272）0301
FAX　03（5272）0450
振　替　00160 - 4 - 17013
info@fujiwara-shoten.co.jp

印刷・製本　中央精版印刷

落丁本・乱丁本はお取替えいたします
定価はカバーに表示してあります
Printed in Japan
ISBN978-4-89434-955-1

専門家がいち早く事故分析

福島原発事故はなぜ起きたか

井野博満・後藤政志・瀬川嘉之
井野博満編

「福島原発事故の本質は何か。制御困難な核エネルギーを使いこなせるという過信に加え、利権にむらがった人たちが安全性を軽視し、とられるべき対策を放置してきたこと。想定外でもなんでもない」（井野博満）。何が起きているか、果して収束するか、大激論！

A５並製　二二四頁　**一八〇〇円**
（二〇一一年六月刊）
◇978-4-89434-806-6

人びとの怒り、苦悩、未来へのまなざし

大石芳野写真集

福島 FUKUSHIMA 土と生きる

大石芳野　小沼通二＝解説

戦争や災害で心身に深い傷を負った人びとの内面にレンズを向けてきたフォトジャーナリストの最新刊！　東日本大震災と福島第一原発事故により、土といのちを奪われた人びとの怒り、苦悩、そして未来へのまなざし。

２色刷　全二二八点
四六倍変判　二六四頁　**三八〇〇円**
（二〇一三年一月刊）
◇978-4-89434-893-6

東北人自身による、東北の声

鎮魂と再生

（東日本大震災・東北からの声100）

赤坂憲雄編
荒蝦夷＝編集協力

「東日本大震災のすべての犠牲者たちを鎮魂するために、そして、生き延びた方たちへの支援と連帯をあらわすために、この書を捧げたい」（赤坂憲雄）――それぞれに「東北」とゆかりの深い聞き手たちが、自らの知る被災者の言葉を書き留めた聞き書き集。東日本大震災をめぐる記憶／記録の広場へのささやかな一歩。

A５並製　四八八頁　**三二〇〇円**
（二〇一二年三月刊）
◇978-4-89434-849-3

私たちの手でする、本当に効果的な除染。

除染は、できる。

（Q＆Aで学ぶ放射能除染）

山田國廣
協力＝黒澤正一

自分の手でできる、究極の除染方法が、ここにある!!　二〇一三年九月末の「公開除染実証実験」で成功した〝山田式除染法〟を徹底紹介！　「本書の内容は、『元に戻そう！』という提案です。そのために〝必要な〟除染とは、『安心の水準』にまで数値を改善することであり、『風評被害を打破するために十分な水準』でもあります。」（本書より）

A５並製　一九二頁　**一八〇〇円**
（二〇一三年十月刊）
◇978-4-89434-939-1

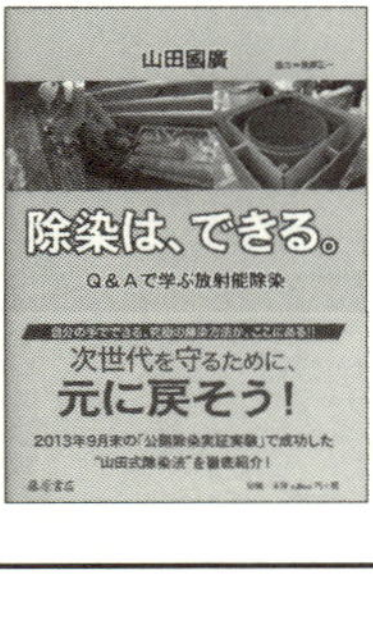